La Coquill

309

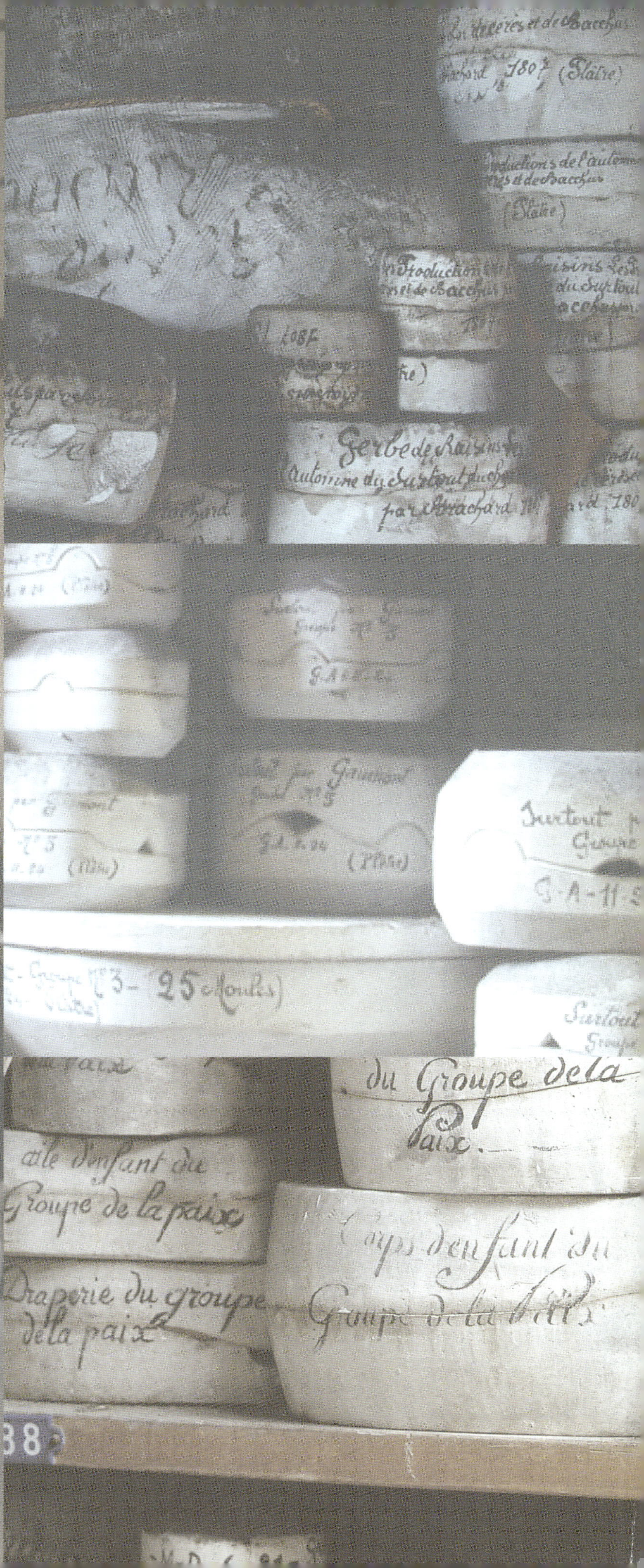
Gerbe de Raisins
par Strachard
Surtout
Groupe
25 Moules
du Groupe de la
paix.
aile d'enfant du
Groupe de la paix
Corps d'enfant du
Groupe de la paix
Draperie du groupe
de la paix
88

Aux Éditions Eyrolles

M.-A. FIGUERES & J.-P. DELPECH, Empreintes et moulages du corps humain, 2005

J-P. DELPECH, M-A. FIGUERES & N. MARI, Techniques du moulage, 1998

J-P. DELPECH, M-A FIGUERES & N. MARI, Techniques du latex, 1997

J.-C. BIDAUX, Plâtre : murs, formes et volumes, 2002

T. BIRKS, L'Art de la Fonte de Bronze, Alchimie de la sculpture, 2006

J. FESTA, Techniques et pratique du plâtre, 1998

J. PLOWMAN, Sculpture, guide des finitions, 2005

G. RONDEAU, S. RONDEAU & M. PONS, Techniques et pratique du staff, 2000, 2004

D. WELDON, 580 profils de tournage : bois, plâtre, terre, 2002

VOIR AUSSI PAGE 160

ET BIEN D'AUTRES TITRES A DECOUVRIR SUR WWW.EDITIONS-EYROLLES.COM

Secrets d'artisans

Jean-Pierre Delpech
Marc-André Figueres

Le guide du moulage

EYROLLES

Éditions Eyrolles
61, Bld Saint-Germain 75240 Paris Cedex 05
www.editions-eyrolles.com

Cet ouvrage est paru en 2001 sous l'ISBN 2-212-02680-3.
À l'occasion de cette nouvelle édition, il bénéficie d'une nouvelle couverture.
Le texte et les illustrations restent inchangés.

Sommaire

Préface

Lorsque Jean-Pierre Delpech et Marc-André Figueres, il y a quelques années, m'ont fait part de leur intention d'écrire un livre sur le moulage et l'empreinte, je me suis interrogé sur le niveau et l'intérêt de ce travail. Actuellement, on trouve quelques titres sur ce thème. Certains initient l'amateur, d'autres, très spécialisés, traitent le sujet en sculpture, en archéologie, en paléontologie ou bien en conservation-restauration. Ces ouvrages très différents ne sont pas sans intérêt, car ils répondent à certains besoins d'amateurs ou de spécialistes.

En effet, de l'activité manuelle scolaire (la découverte chez l'enfant du positif et du négatif de la forme) au loisir adulte du type « je réalise moi-même des décors d'intérieur », ce domaine est déjà très riche. Enfin, il est indispensable de décrire certaines méthodes professionnelles du mouleur statuaire, car celui-ci exploite des savoir-faire résolvant de grandes complexités de reproductions. Les techniques et les matériaux devant être mis en œuvre sont en effet très variés. C'est cette palette de techniques qu'il fallait offrir au public. Jean-Pierre Delpech et Marc-André Figueres ont, me semble-t-il, bien réussi ce défi.

Il faut être conscient que lorsque l'on parle de moulage, on ouvre une porte sur un domaine très vaste ayant des applications très variées. L'art du moulage, car c'est bien d'un art dont il s'agit, demande la connaissance de nombreuses techniques. En effet, ces techniques permettent soit le transfert d'une forme d'un matériau à un autre, soit l'exploitation par collage, remontage de volumes moulés, ou d'empreintes estampées ou coulées.

Depuis l'origine du moulage, l'homme a utilisé le fonctionnement du négatif et du positif de la forme. Très tôt, une multitude d'objets ont été réalisés grâce au moulage. Les exemples en sont nombreux – bijoux, armes, ustensiles... Plus tard, la Rome antique, grâce aux copies en bronze moulées, nous transmettra la mémoire des sculptures grecques depuis longtemps disparues. Plus près de nous, la période de la Renaissance, grâce au moulage, permettra la multiplication de sculptures antiques retrouvées lors de fouilles, facilitant là aussi la connaissance du passé artistique.

Dans le courant du XIXe siècle, un grand nombre de monuments en bronze, en pierre, en marbre, en terre cuite, seront créés, utilisant à un moment de leur conception le moulage. Ils présentent des personnages de l'histoire passée ou contemporaine, des allégories, etc. L'œuvre de Rodin est, sans doute, un des meilleurs exemples des utilisations variées des techniques de moulage.

Enfin, nos artistes contemporains – Picasso, César, Arman, et bien d'autres – nous permettent des regards différents sur la forme. Forme mêlée, compressée, soudée, expansée, accumulée, découpée, éclatée, brûlée, etc. et là aussi le moulage participe pleinement à la création des œuvres.

On peut dire que le moulage est omniprésent dans l'histoire et c'est pourquoi, lecteur mouleur ou futur mouleur, il est de mon devoir de vous prévenir. Vous êtes en danger, la passion du moulage vous attend dans cet ouvrage. Alors n'hésitez pas... Laissez derrière vous quelques empreintes !

Jacques LAURENT

Chef d'atelier de moulage de la Réunion des Musées Nationaux.
Meilleur ouvrier de France 1986.

Charte française du moulage

Arts plastiques et appliqués,
monuments historiques, archéologique, paléontologie

L'intervention guidée par la réflexion, la sensibilité et le respect absolu de l'œuvre font du mouleur un acteur privilégié de la préservation du patrimoine.

« Le travail du mouleur est gouverné par le respect de l'intégrité physique et historique de l'objet.

Le mouleur a une conduite professionnelle sérieuse, en ayant constamment à l'esprit l'importance capitale de sa responsabilité lorsqu'il porte la main sur la pièce à reproduire. Il s'engage à ne pas exécuter un travail de reproduction si l'œuvre originale devait en subir quelque dommage.

Le mouleur n'accepte pas d'entreprendre des travaux qui excèdent les limites de ses compétences et de ses moyens matériels.

La pratique, qui constitue la part essentielle de l'activité du mouleur, est étayée par des connaissances théoriques solides. Le mouleur est animé du désir d'approfondir sans cesse ses connaissances et de se tenir informé des nouvelles techniques.

Avant toute prise d'empreinte, le mouleur s'assure de la provenance de l'objet et des droits de reproduction qui doivent être respectés. Le mouleur ne reproduit pas d'objet appartenant à une autre personne sans un accord écrit et mise en place d'une convention.

Tout moulage est pleinement documenté. Avant toute intervention, un examen complet de la pièce est donc effectué. Le mouleur regroupe toute la documentation disponible afin d'établir et d'enregistrer l'état de l'objet, son histoire et les causes éventuelles de son altération. Un projet de traitement est proposé au propriétaire ou au responsable de l'objet. Les matériaux prévus pour la reproduction sont répertoriés dans un dossier technique qui constitue une documentation accessible. Les procédures et les produits employés sont choisis en fonction de leur compatibilité optimale avec l'objet et de leur stabilité dans le temps. Les traitements engagés respectent le principe de la réversibilité, leur emploi permettant les traitements futurs.

Aucun secret n'existe sur les techniques et les matériaux utilisés en moulage. Le mouleur est à même de diffuser ses recherches et expériences, même dans le cas d'un travail en équipe.

Le mouleur recherche et prend en considération l'avis de ses confrères et des personnes compétentes.

Le mouleur qui prend en charge des stagiaires a les connaissances, les possibilités matérielles et la disponibilité suffisante pour assurer correctement l'apprentissage de la profession. Cet enseignement comporte le développement de la sensibilité artistique et de la dextérité manuelle ainsi que la transmission d'un savoir théorique concernant les matériaux et les technologies.

Le mouleur est responsable des travaux pour lesquels il se fait assister ou qu'il sous-traite ; dans ce cas, il veille à ce que son sous-traitant ne sous-traite pas lui-même tout ou partie du travail qui lui est confié. »

Introduction

Nous avons souhaité faire figurer en ouverture de cet ouvrage la Charte française du moulage, à laquelle nous adhérons pleinement, et avons évidemment rédigé notre livre dans le même souci de respect de ces principes.
En réalisant cet ouvrage, nous nous sommes également efforcés en permanence de nous mettre à votre place, nous souvenant d'avoir été nous-mêmes débutants.

Dans cette optique, nous nous sommes attachés aux petits détails et aux astuces qui permettent à tous de réussir le premier moule. De nombreuses années d'expérience, tant sur le plan pratique que pédagogique, nous ont permis d'acquérir une maîtrise des diverses techniques de moulage que nous allons avoir le plaisir de vous faire partager.

Les explications que nous vous proposons sont avant tout d'ordre technique. Elles ont été réduites à l'essentiel dans un souci permanent de clarté et de simplicité. Les exemples de réalisations proposés, décrits et illustrés étape par étape, sont donc compréhensibles par tous, mais n'excluent cependant pas un haut niveau de technicité. Ainsi ce livre, qui présente un panorama exhaustif des principales techniques de moulage, conviendra aussi bien aux amateurs qu'aux professionnels.

L'ouvrage comporte :

- une première partie préparant au moulage et détaillant les notions indispensables et la réflexion préalable à une prise d'empreinte ;
- une deuxième partie traitant des différents produits et techniques de moulage et de reproduction, en insistant sur leur spécificité et leur complémentarité ;
- une troisième partie décrivant les principales techniques de tirage selon les matériaux de coulée utilisés, ainsi que les finitions - imitations et patines.

Nous vous souhaitons un bon travail et beaucoup de plaisir à réaliser vos propres moulages.

Jean-Pierre Delpech, Marc-André Figueres

Le modèle

Les notions de base

1

Le **modelage** est l'action de modeler un matériau malléable, comme la terre glaise ou la pâte à modeler, pour lui donner une forme déterminée. C'est donc l'art de pétrir une matière pour obtenir une forme, la pièce originale, appelée *modèle*, *pièce maîtresse* ou simplement *original*.

Le **moulage** est la réalisation en négatif d'un objet par la prise de son empreinte, qui sert ensuite de moule. Dans ce moule sera donc coulé un matériau particulier en vue du tirage, c'est-à-dire de la reproduction, en un ou plusieurs exemplaires, du modèle original.

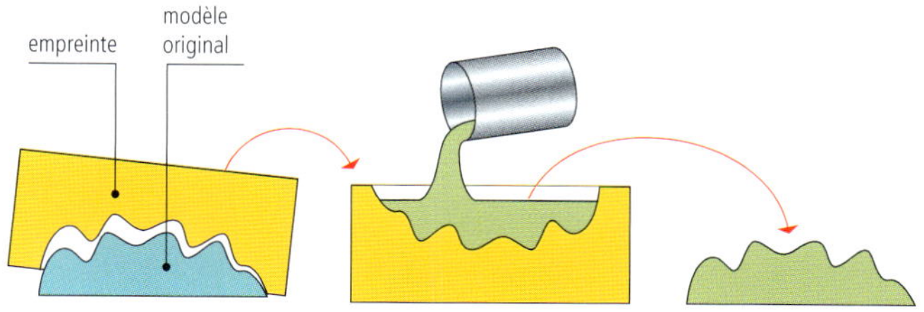

1 Le modèle

2 L'empreinte devient moule

3 Tirage

Le moule à bon creux

Le moule est généralement dit *à bon creux* et peut être composé d'une ou plusieurs parties appelées *pièces*.

Moules à 1 pièce

Modèle (en noir)
Moule à 2 pièces (en élastomère rose)
Contre-moule à 3 pièces (en plâtre blanc)

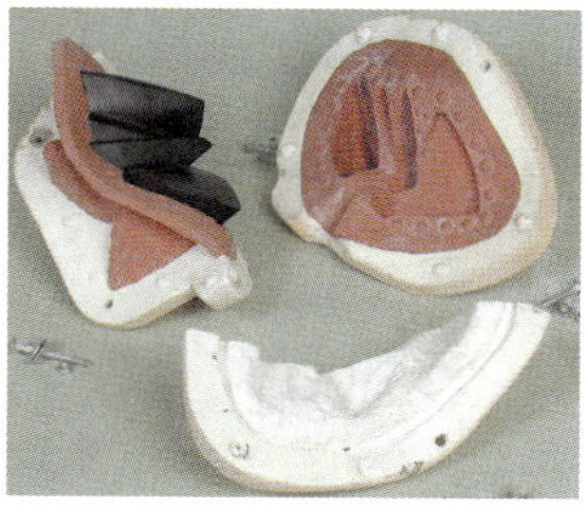

On parle alors d'un moule à deux, trois ou x pièces.
Le matériau de tirage ou de reproduction va donc être versé dans ce moule, pour en épouser toutes les formes intérieures. Lorsqu'il aura durci, on pourra alors procéder au démoulage.
Si le modèle est composé de bosses et de creux peu prononcés – c'est le cas d'un bas-relief – on dit qu'il est *de dépouille*.

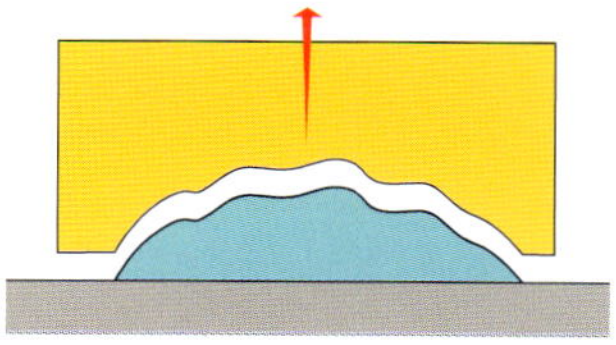

Modèle dit de dépouille

Dans ce cas, le démoulage s'effectue sans difficultés particulières. Même en utilisant un produit de moulage fragile comme l'alginate, ou rigide comme le plâtre, il n'y a aucun risque d'accrochage mécanique, donc aucune crainte de déchirure ou de cassure pour le moule. Par contre, si vous choisissez du plâtre, un élastomère de silicone, de l'alginate ou du latex comme produit de moulage, vous devrez traiter préalablement le modèle avec un *agent isolant* s'il est poreux ou pour en faciliter le démoulage (voir pages 26-31).

Si le modèle est à dos plat (comme un haut-relief) **ou** *en ronde-bosse* (c'est-à-dire observable sur toute sa circonférence comme une statuette), **et s'il possède des parties rentrantes ou des noirs** (un fond plus large que l'ouverture) créant ainsi des zones d'accrochage, le moule est dit *en contre-dépouille*.

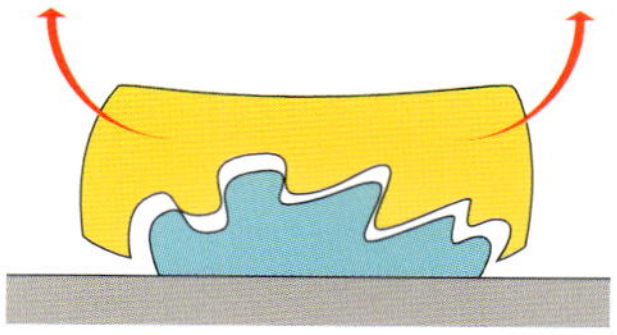

Moule souple, démoulage sans problème

Moule rigide, indémoulable ou par creux perdu

Modèle avec légères contre-dépouilles

Il doit alors être réalisé avec un produit de moulage souple et déformable comme l'alginate, le latex ou l'élastomère de silicone, qui facilitera son démoulage.

L'élastomère offre une grande souplesse au démoulage.

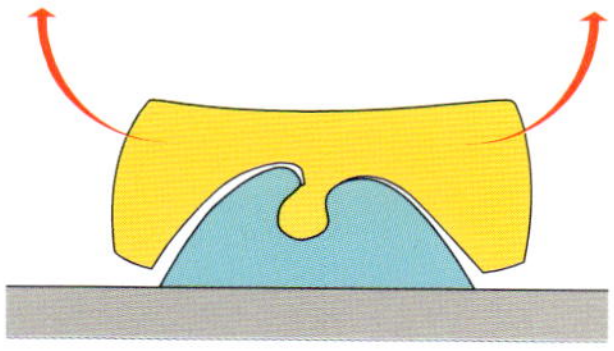

Moule souple : démoulage sans problème

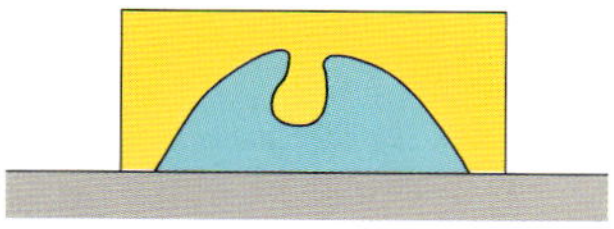

Moule rigide, indémoulable ou par creux perdu

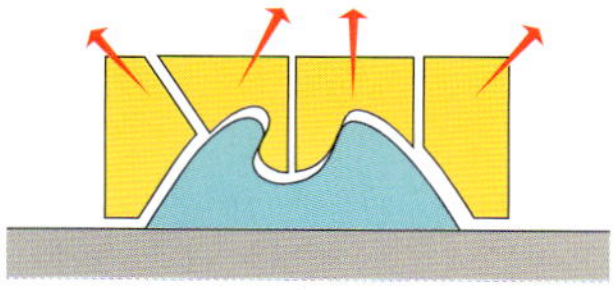

Moule rigide à pièces : démoulage sans problème

Modèle à fortes contre-dépouilles ou noirs

Si le matériau de moulage est rigide, le moule doit impérativement comporter plusieurs pièces.
Si vous utilisez un produit de moulage souple, le démoulage s'effectue par simple déformation du moule pour l'alginate et les élastomères de silicone, ou en retroussant la membrane comme une chaussette pour le latex, spécialement avec un modèle en ronde-bosse.

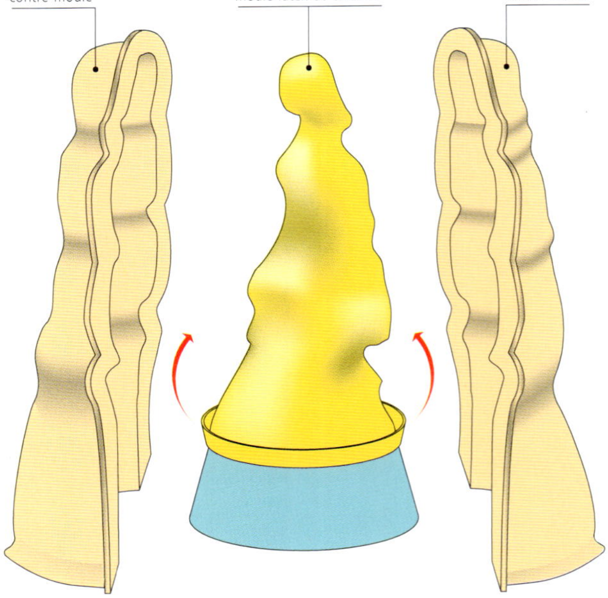

Modèle en ronde-bosse

Un moule en élastomère ou en latex est déformé au moment du démoulage, mais reprend aussitôt sa forme initiale, ce qui permet de nouveaux tirages. Les moules à membrane souple sont souvent doublés d'une coquille de maintien rigide, en plâtre ou en résine, appelée *contre-moule*. Celui-ci empêche le moule d'être déformé sous le poids du matériau de reproduction, mais permet également, dans le cas d'un moule à plusieurs pièces, de les réunir.

Moule à membrane souple et son contre-moule

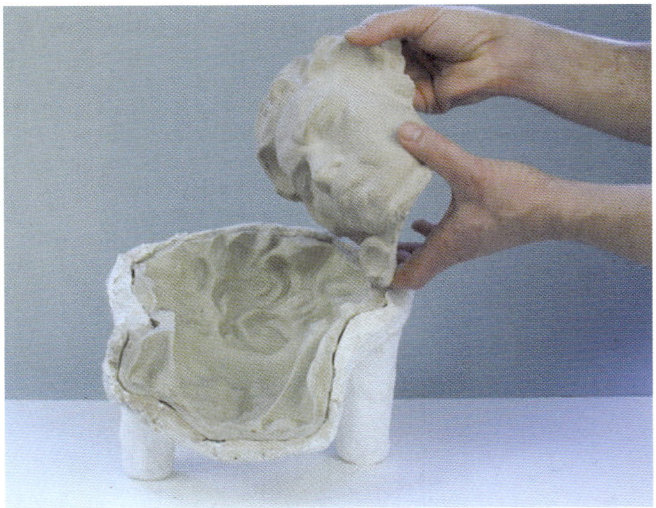

Le moule à creux perdu

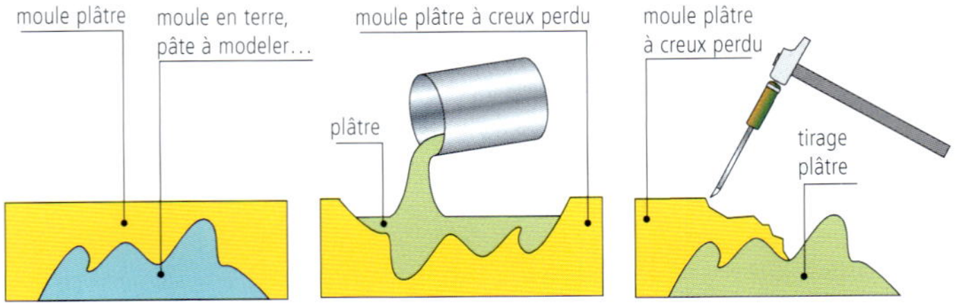

Le moule à creux perdu

Le moule *à creux perdu* est un moule que l'on ne peut utiliser qu'une seule fois. Le plus souvent réalisé en plâtre ou en alginate, il permet de mouler des modèles mous – en terre, en pâte à modeler, en cire – ou de prendre des empreintes présentant de fortes contre-dépouilles ou des empreintes corporelles.
Le moule à creux perdu permet la coulée en masse du matériau de reproduction. Le tirage unique obtenu est appelé *épreuve originale*. Celle-ci peut être modifiée afin de servir de modèle pour la création d'un nouveau moule, cette fois en latex, en silicone, ou même en plâtre à pièces, pour permettre plusieurs tirages.
Le moule à creux perdu offre l'avantage de réduire, voire de supprimer, sur l'épreuve les petites barbes en relief laissées à l'endroit du plan de joint par les différentes parties d'un moule à pièces. Il n'y aura donc pas d'ébarbage à effectuer sur le tirage. Ce moule assure ainsi une réplique fidèle du modèle. Si ce moule est réalisé en plâtre, il faut appliquer à l'intérieur un agent isolant avant d'y verser le matériau de tirage (plâtre liquide par exemple). Après la prise de ce dernier, le démoulage s'effectue en cassant le moule par morceaux (voir p. 59 et suiv. *Le moulage à creux perdu*). Si le moule est réalisé en alginate, il doit être épluché progressivement par morceaux, pour dégager le tirage.

Moule à creux perdu : le démoulage de la main se fait par « épluchage ».

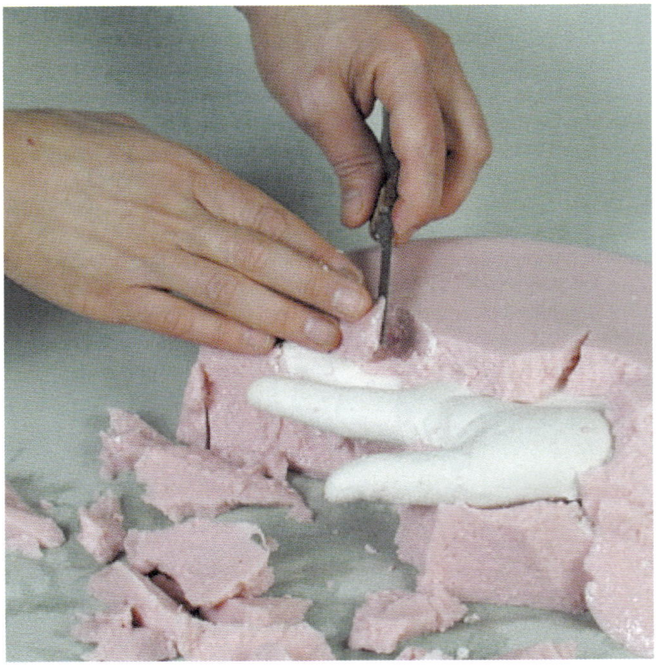

Attention

Dans la pratique, il n'y a pas de règle absolue. Chaque moulage est différent.
Il ne suffit pas de prendre un produit, d'en recouvrir le modèle et d'attendre que cela durcisse pour réaliser un moule ! Le moulage exige en effet de la réflexion et du goût. Il faut, avant toute opération, *raisonner* le modèle, c'est-à-dire l'observer sous tous ses angles, en étudier les formes, en sentir les beautés, afin de déterminer le choix de telle ou telle technique – la plus adaptée à votre projet – et des produits utilisés.
Pour ce faire, posez-vous impérativement la question du choix du nombre de pièces nécessaires en fonction de la complexité du modèle, comme du choix du produit de moulage adapté au matériau de tirage désiré ; prévoyez également de traiter la surface du modèle en vue de sa compatibilité avec la décoration souhaitée – patine, peinture à l'eau, dorure, etc. (voir tableaux p. 140 à 144).

Le plan de joint

Le plan de joint est la ligne de séparation des différentes parties d'un moule à pièces. Il se détermine en *raisonnant* le modèle, avant la prise d'empreintes, et se trouve toujours situé à la médiane.

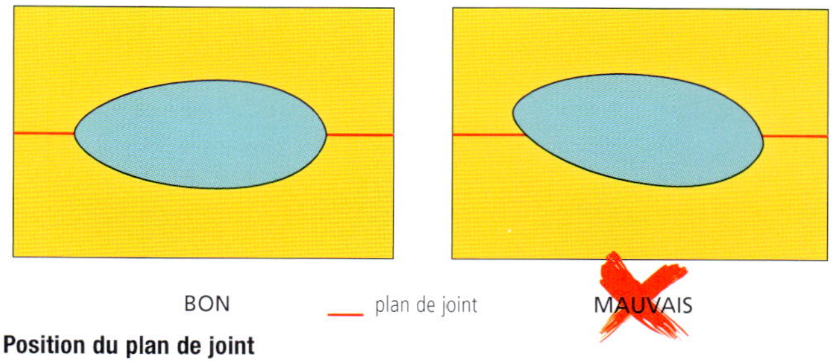

Position du plan de joint

Il doit être autant que possible perpendiculaire au haut du relief afin de favoriser le démoulage.

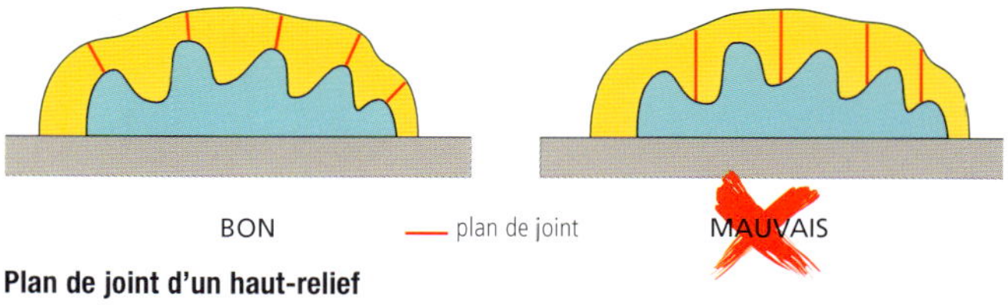

Plan de joint d'un haut-relief

Pour faciliter cette recherche, simulez le plan de joint sur un modèle de votre choix en installant sur cette ligne imaginaire un petit muret de plastiline ou de pâte à modeler.

Plan de joint marqué ici par la plastiline

Quelques exemples

- Pour une tête en résine, le démoulage sera facilité si le plan de joint passe sur le crâne, redescend de chaque côté sur les arêtes des oreilles (et non en plein milieu du pavillon) pour finir sur le cou. Si vous situez le plan de joint au milieu du visage, le tirage sera modifié car vous aurez à le poncer au niveau du nez, de la bouche et du menton ; il ne saurait donc être une réplique exacte du modèle.
- Pour cette timbale en étain, situez le plan de joint sur une des arêtes de chaque poteau et non pas en plein milieu sur les veines du décor. L'ébarbage éventuel sera ainsi facilité.

Moulage d'une timbale en étain avec détail du plan de joint

- Pour le moulage en deux parties d'une pièce ou d'une médaille, placez également le plan de joint sur une arête, et non au milieu de l'épaisseur. La tranche, souvent striée ou gravée, ne peut pas en effet être poncée sans être modifiée.

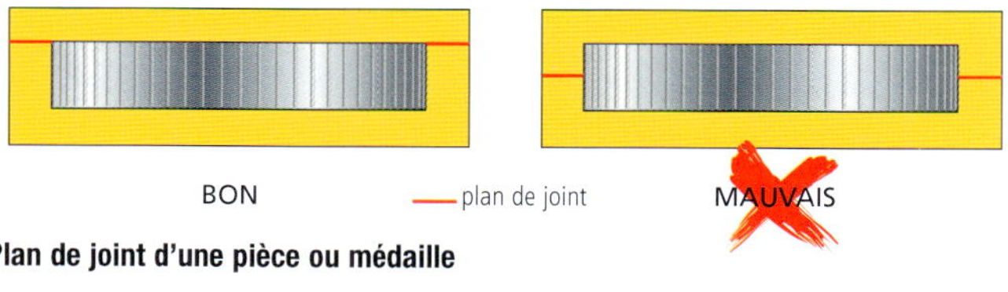

Plan de joint d'une pièce ou médaille

Le moule à pièces

Le choix du nombre adéquat de pièces pour le moule, tout comme la définition correcte du plan de joint, sont des étapes déterminantes dans la préparation et la réussite du moulage. Si le nombre de pièces est mal évalué ou si le plan de joint est mal situé, le moule – voire même le modèle – va se casser au démoulage s'il est en plâtre, ou se déchirer s'il est en élastomère de silicone.
Quel que soit le produit de moulage et le soin apporté à la prise d'empreinte, des petites barbes vont apparaître, sur chaque tirage, à l'endroit des différents plans de joint. L'importance de ce défaut varie en fonction de la qualité du moule.

Observez attentivement les objets moulés qui vous entourent et qui sont souvent mal ou pas ébarbés : bouteilles, soldats de plomb ou en résine, jouets en caoutchouc ou en plastique, pièces de maquettes, poignées de porte, prises de courant... Étudiez, dans chacun des cas, l'emplacement judicieux des plans de joint et le nombre de pièces nécessaires.

Quelques exemples

- Sur des flacons ouvragés, la ligne du plan de joint ne doit pas passer en plein milieu des motifs, mais suivre les arêtes. Même sans avoir été ébarbée, elle se confond ainsi avec le relief.

Pour une statuette, ici une reproduction de la Vénus de Milo, le plan de joint doit passer sur les côtés. Voir aussi page 122.

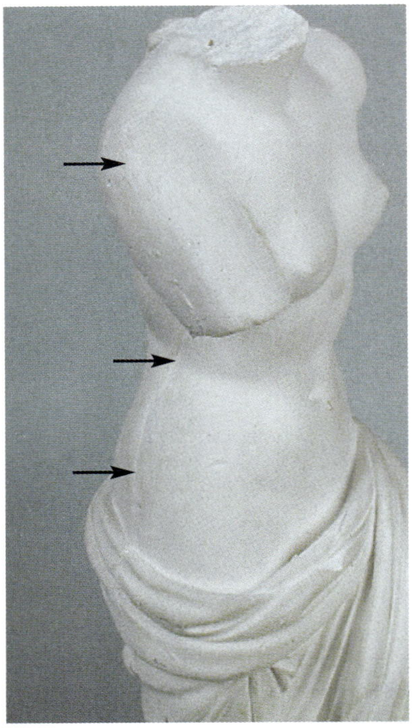

- Pour toute forme possédant quatre angles, comme la base d'une statuette ou d'une colonne, le plan de joint devra passer par deux angles et non sur les côtés.

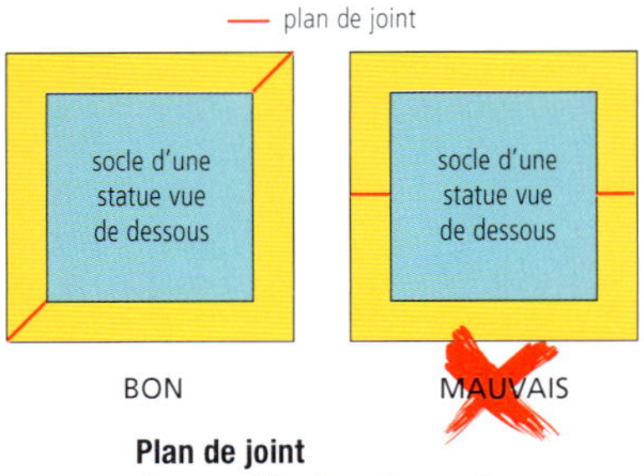

Plan de joint d'un modèle à quatre angles

Dans ce dernier cas, si le moule est réalisé en plâtre et le tirage en barbotine, la pièce ne peut être démoulée sans être déformée ou abîmée. Même en utilisant un élastomère de silicone, plus souple, situez le plan de joint sur l'arête pour faciliter le démoulage et éviter le frottement du moule sur des produits de tirage fragiles comme la cire ou la paraffine, mais aussi le chocolat ou la gelée.

Côte à côte, flacons de parfum avec plan de joint correct à gauche, et incorrect à droite

- Pour un animal, l'empreinte peut être composée de deux à quatre pièces selon la position des pattes de l'animal.

Moule à 2 pièces avec socle et ses différents tirages

Plan de joint apparent sur une tête réalisée en élastomère de silicone

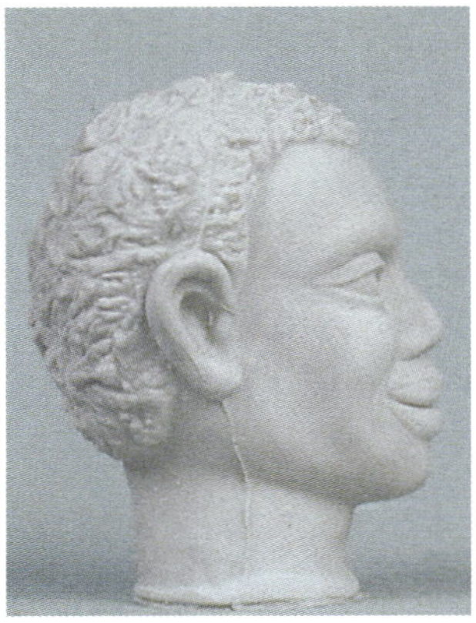

Essayez de repérer les différents plans de joint de ces objets.

Dans le cas d'un animal au trot, le moule comportera deux parties.

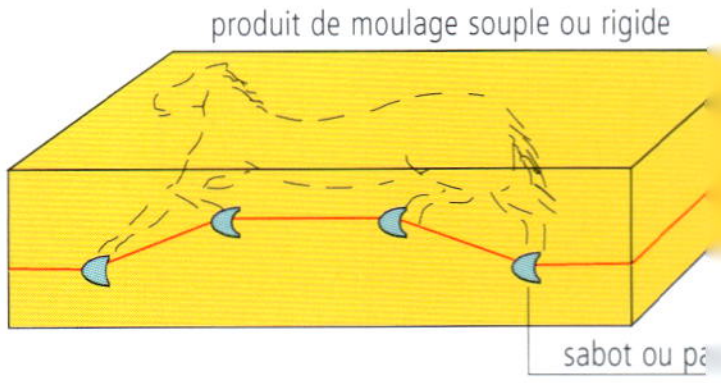

Moule à 2 pièces pour un animal au trot

Pour un animal à l'arrêt, le moule sera réalisé en trois ou quatre pièces minimum.

Moule à 3 pièces pour un animal

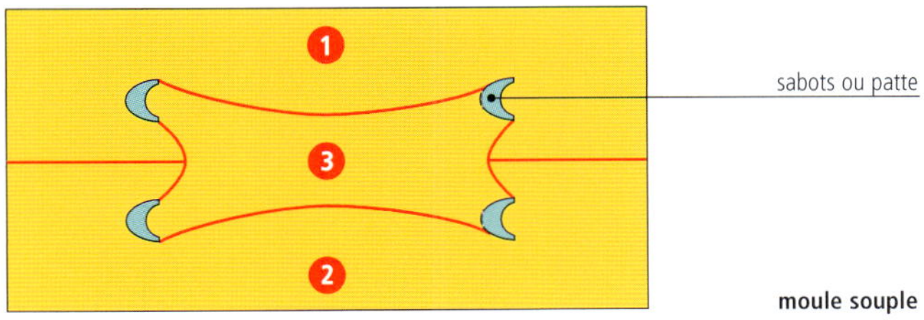

Moule à 3 pièces pour un animal à l'arrêt

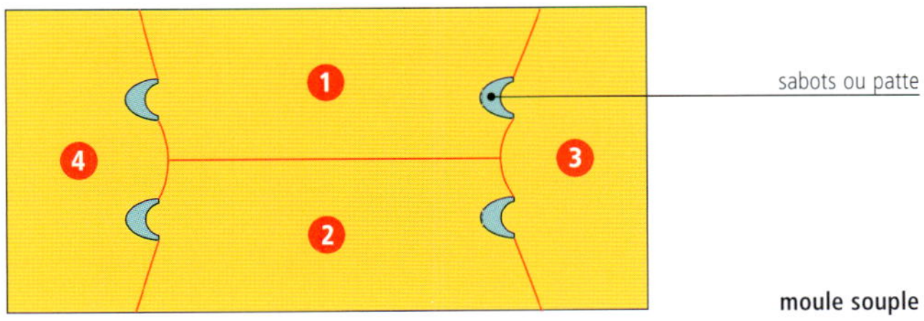

Moule à 4 pièces pour un animal à l'arrêt

• Pour réaliser un tirage souple en latex, d'un jouet d'enfant ou de petits animaux, le moule en plâtre ne comportera que deux pièces, le modèle étant toujours simple.

• Dans le cas d'une sphère rigide, si l'on réalise le moule en plâtre, l'empreinte devra comporter au minimum trois pièces pour être démoulable, et non deux comme dans le cas d'un moule réalisé en élastomère de silicone.

Attention

Pour fabriquer un moule en plâtre destiné à une coulée de barbotine, les différentes pièces doivent être, autant que possible, d'égale épaisseur afin que le plâtre absorbe régulièrement l'eau.

Pour la céramique, où chaque tirage est destiné à être cuit et émaillé, il faut savoir qu'une différence d'épaisseur provoque des zones de tension à la cuisson, se traduisant par des cassures ou des fissures.

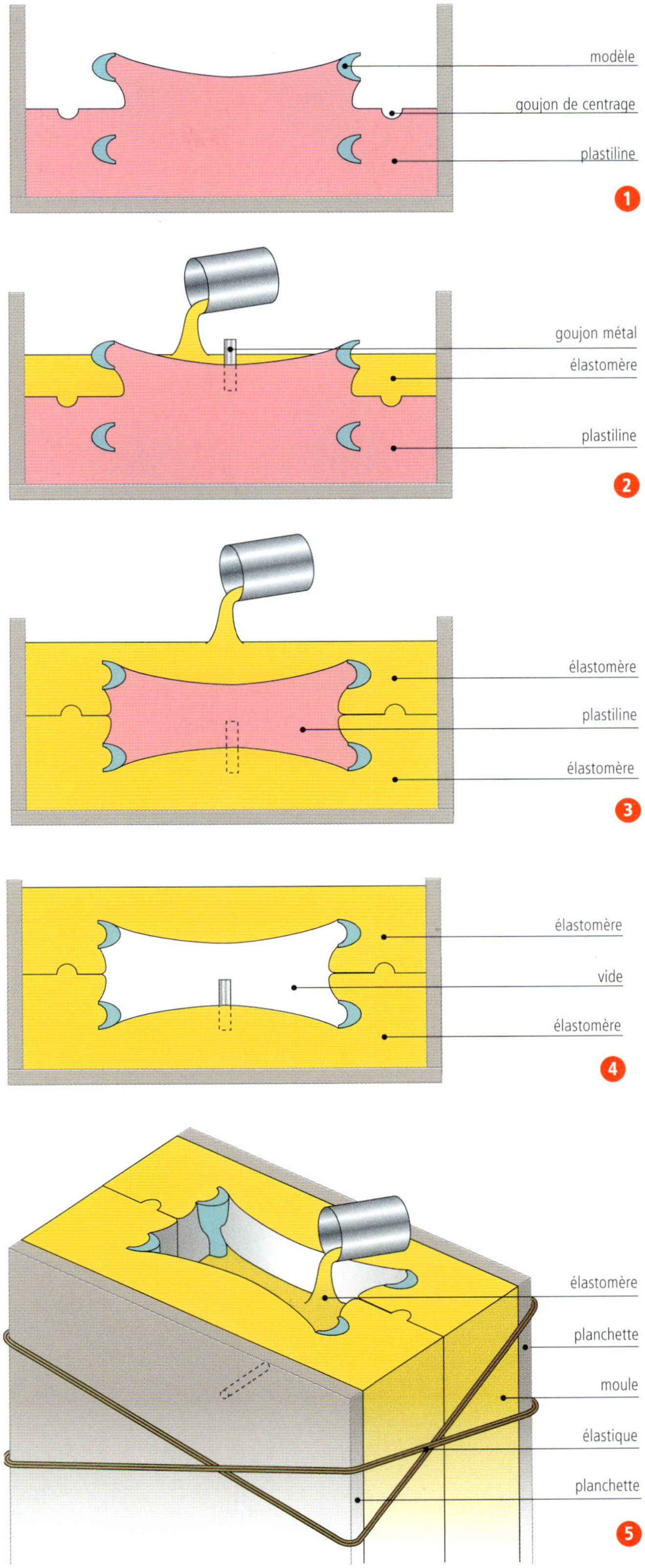

Réalisation du moule à 3 pièces

Le modèle

2

Les outils de modelage

Les principaux outils pour travailler la terre ou la pâte à modeler sont les mains. Toutefois, certaines matières étant plus collantes, il n'est pas toujours très facile de retirer le surplus, d'étaler ou de lisser la surface. Les outils traditionnels du modeleur constituent une aide précieuse, car ils peuvent, de par leur forme particulière, accéder à des endroits où les doigts ne peuvent aller.
Pour poncer, servez-vous de papier de verre, de toile émeri, de laine d'acier, voire de limes à ongles, etc.

a. Mirettes

Bandes ou fils métalliques dont les extrémités sont montées dans un manche en bois pour former une boucle.
Les mirettes peuvent être coupantes et de formes différentes en fonction de la surface à travailler. Elles servent à retirer l'excédent de matière.

b. Ébauchoirs

Outils en bois en forme de spatule longue dont les extrémités sont, au choix, plates, rondes, biseautées, pointues ou recourbées. Ils sont utilisés pour ajouter, écraser, étaler, ou lisser le matériau de modelage. Étant en bois, ils peuvent être nettoyés à l'eau après utilisation ; pour un meilleur entretien, pensez à les huiler régulièrement.

c. Rifloirs

Ébauchoirs métalliques dont le bout peut être rond, droit, pointu, triangulaire ou carré, recouvert de stries parallèles comme une lime, ou composé de petites piqûres comme une râpe, pour dégrossir. Ils sont utilisés pour rectifier et améliorer le modelage après la cuisson ou le séchage, quand la pâte à modeler ou la terre sont devenues trop rigides.

d. Fil d'acier

Muni à ses deux extrémités d'une poignée en bois, il sert, lorsqu'il est tendu, à couper la terre. Il est indispensable pour tronçonner le modelage, avant de l'évider à l'aide des mirettes.

e. Vaporisateur

Il sert à humidifier la terre en cours de travail ou lorsqu'on veut l'interrompre. Dans ce dernier cas, l'ébauche sera recouverte d'un linge humide, puis d'un sac plastique pour ne pas la sécher.

f. Éponges

Elles peuvent être naturelles ou synthétiques, de formes et de grains divers. Elles sont utilisées pour lisser ou pour obtenir des effets de rayures ou de granité sur la terre ou la pâte à modeler.

Astuce

Pour débuter, vous pouvez piocher dans votre environnement familier ou votre boîte à outils pour vous constituer un jeu d'outils de modelage moins conventionnels : couteaux ronds ou pointus, lames de scie à métaux, spatule métallique, cutter, plioir, cure-dents, aiguilles, etc. (Pour lisser, utilisez par exemple le dos d'une petite cuillère ou le biseau d'une carte téléphonique...) Vous pourrez toujours par la suite acquérir des outils de professionnels (ébauchoirs, rifloirs, mirettes…) !

À savoir

Les outils métalliques des dentistes sont fréquemment utilisés pour les modelages de miniatures ; leur solidité et leur grande finesse permettent en effet un travail de précision.

Les outils du modelage

Les *Chevaux de Marly*, de Coustou. Moules à pièces et contre-moules en résine ayant servi à la reproduction des *Chevaux de Marly*

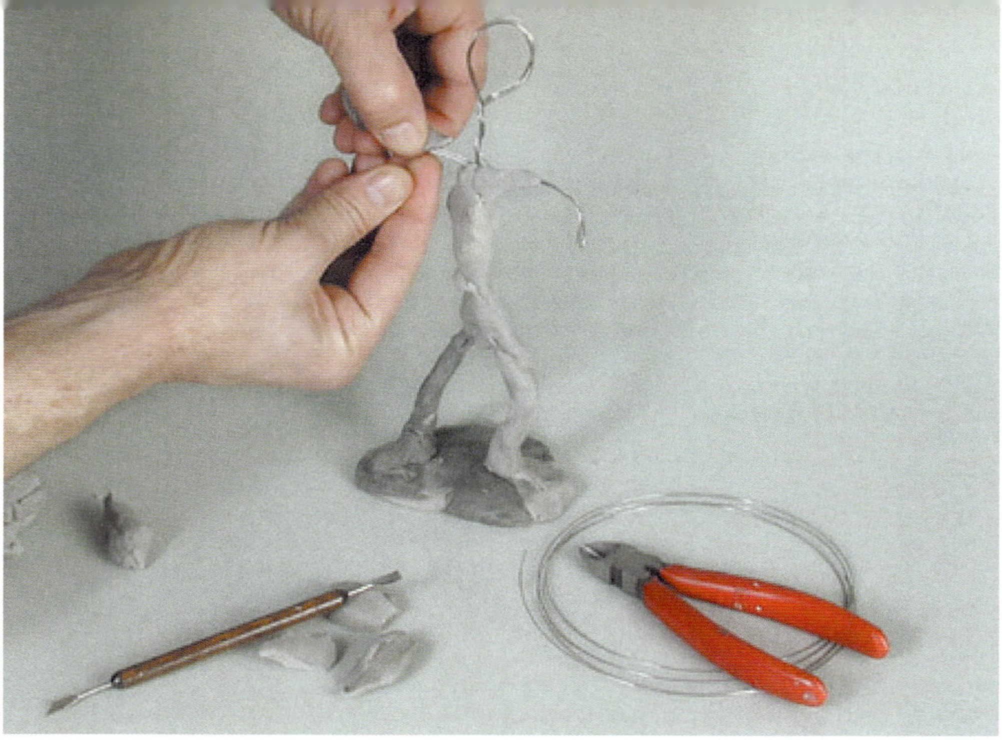

Armature-squelette recouverte en partie de plastiline

La création du modèle

Il existe un grand nombre de matériaux permettant de réaliser la pièce maîtresse, ou modèle : bois, terre, plâtre, cire, pâtes à modeler séchant à l'air, thermodurcissables ou accompagnées d'un durcisseur, papier mâché, bandes plâtrées, etc. Face à la multiplicité des produits et de leurs techniques d'utilisation, nous vous proposons une présentation rapide des produits les plus couramment utilisés.

Attention

Référez-vous systématiquement à la fiche technique du fabricant.

La plastiline

Présentation. C'est une pâte à modeler de qualité spéciale et de plasticité variable, allant de très souple à dure. Elle se travaille comme la terre, ne sèche pas à l'air, ne colle ni aux doigts ni au modèle et peut être réutilisée. On peut la ramollir en la malaxant entre les mains ou la durcir en la plaçant dans un réfrigérateur. Enfin, pour la réalisation des modèles, son excellente tenue plastique fait qu'aucune déformation de la masse n'est à craindre.

Astuce

Il se peut, à l'usage, que des impuretés viennent se mélanger à la plastiline. Vous pourrez la réutiliser en la faisant chauffer au bain-marie (le point de fusion étant de 50 à 60°C), puis en la filtrant dans une passoire à mailles fines.

Elle se présente sous forme de boudins ou pains de différentes couleurs, les plus fréquentes étant le gris et l'ivoire. On la trouve dans les magasins de travaux manuels et beaux-arts.

Utilisation. Comme elle est plus chère que la terre, elle n'est généralement employée que pour des petits modelages. Cependant, comme elle ne s'affaisse pas, elle est couramment employée par les modeleurs et les sculpteurs pour réaliser des études de formes. Elle est également utilisée par les créateurs de films d'animation pour créer les différentes étapes des mouvements des personnages.
En boulettes, elle peut recouvrir des armatures ou des formes diverses comme le polystyrène, le plâtre et le papier d'aluminium froissé. Lissez éventuellement le modelage avec un pinceau souple imbibé d'essence.
Elle peut aussi être utilisée pour réaliser des petites empreintes par simple pression, par exemple pour réparer des moulures de cadres, pour reproduire la face d'une médaille ou de petits bas-reliefs sans contre-dépouilles, etc. Cependant, cette technique ne donne pas une réplique exacte du modèle car l'empreinte doit être légèrement déformée pour permettre le démoulage.
Enfin, elle sert souvent à préparer les moules, les mouleurs appréciant sa mise en œuvre rapide, facile et propre. Elle est indispensable pour les moulages sous chape et les moulages bateau. La reproduction des *Chevaux de Marly* de Coustou par Jean-François Gavoty a, par exemple, nécessité 300 kg de plastiline pour sa mise en œuvre.
Utilisez la vaseline, la gomme-laque (notamment avec les résines), et un film polyéthylène comme agent isolant.

Astuce

Vous pouvez mouler un modèle en plastiline avec des élastomères de silicone, du plâtre, etc. Mais, la plastiline étant grasse, le moule et donc le tirage le seront aussi, surtout si vous utilisez un matériau absorbant comme le plâtre. Pour l'éviter, dégraissez votre moule au préalable avec de l'alcool ou du trichloréthylène, avant la coulée du matériau de tirage.

Les pâtes à modeler

Présentation. Les pâtes à modeler séchant à l'air sont généralement fabriquées à partir de substances végétales ou minérales. Certaines, adhérant parfaitement à toutes les surfaces même lisses (plastique, verre, bois, carton...), peuvent servir à recouvrir des objets.

Astuce

Pour économiser de la pâte, prendre du polystyrène, une boule de papier d'aluminium ou des boudins de papier ficelé et les enrober de pâte à modeler.

Les pâtes à modeler sont commercialisées sous diverses appellations (Plastibo, Plastiroc, Playpat, Patplus, Efaplast, Darwi, Pâte Milliput Epoxy, etc.), dans les magasins de travaux

manuels et de beaux-arts.
Elles sont conditionnées en pains prêts à l'emploi de 250 g, 500 g, 1 kg, voire en seaux de 2 kg, ou alors sous forme de poudre à laquelle il faut ajouter de l'eau.
Les critères de choix sont nombreux et englobent souplesse, affaissement, retrait, dureté, légèreté, temps de séchage, rendu de surface désiré, sans oublier le prix de revient. La pâte peut être plus ou moins fine, imitant ou non la terre, la pâte à papier, etc. Pensez donc à la prise d'empreinte que vous souhaitez réaliser, en sachant que le moule et le tirage refléteront fidèlement l'aspect de surface plus ou moins grenu de la pâte à modeler.

Mode d'emploi. Pour réaliser des modèles de grandeur moyenne, fabriquez un squelette en fil de métal ou de grillage.

Astuces

Certaines pâtes à modeler sèchent assez rapidement. Prélevez donc la quantité nécessaire et rangez le reste dans son emballage d'origine.
Avant le modelage, pétrissez la pâte pour qu'elle devienne compacte. Moins elle contiendra d'air, plus le modelage sera solide. Évitez également, en général, de travailler en couches de moins de 5 mm d'épaisseur à cause du risque de déformation ou de fendillement au séchage.

Comme pour la terre, assemblez les éléments du modelage en humidifiant les deux parties à coller. Pour uniformiser la surface, lissez avec le doigt ou un ébauchoir, ou encore une éponge fine légèrement humide. Veillez cependant à ce que la pâte n'absorbe pas trop d'eau car cela accentuerait sa rétractation au cours du séchage. En cas de pause dans votre travail, recouvrez l'ébauche d'un linge légèrement humide. En cas d'interruption de plusieurs jours, ajoutez sur l'ensemble un sac plastique.
Si vous souhaitez modifier le modelage en cours de séchage, il est préférable d'effectuer les retouches pendant les premières heures ; au-delà, vous risquez une moins bonne adhérence des deux pâtes se superposant.
Le temps de séchage varie selon l'épaisseur de la réalisation et la température ambiante.

Astuce

Des petites fentes ou des craquelures peuvent apparaître après le séchage. Comblez-les avec la même pâte en appuyant tout en lissant avec les doigts légèrement humidifiés.

• Après séchage, vous pouvez rectifier ou améliorer l'aspect de la surface en la polissant avec un papier de verre très fin, une lime à ongle cartonnée ou une éponge abrasive. L'idéal est d'utiliser une mini-perceuse sur laquelle s'adaptent toutes sortes d'outils miniatures. Vous pouvez également peindre, vernir ou même cirer le modelage. Dans ce cas, pour obtenir une surface sans aspérités (notamment s'il s'agit de pâtes à modeler très absorbantes), appliquez au préalable un bouche-pores.

• **Les pâtes époxydes de modelage** sont des pâtes bi-composants à mélanger à la main en parts égales. Elles sont couramment utilisées par les artistes spécialisés dans la « micro-sculpture ». Elles possèdent de nombreux avantages : simplicité d'utilisation (modelage analogue à la plastiline), disparition des risques de craquellement ou de retrait, dureté permettant de réaliser des pièces riches en détails et durables dans le temps, possibilité d'effectuer des reprises et corrections à tout moment.

Astuces

Talquez-vous les mains si la pâte époxyde fraîchement mélangée semble trop collante. Trempez vos spatules de modelage dans l'eau pour leur permettre de mieux glisser sur la surface ; de même, pour une meilleure finition, lissez les surfaces à l'eau à l'aide d'un pinceau.

La pâte à bois

Présentation. Fabriquée à base de sciure, de glycérine et de conservateur, sa spécificité est de devenir à la fois très légère et très dure après séchage.
La pâte à bois est commercialisée sous diverses appellations (Plastibois, Plasmolegno, Papydur ou Hobby Pat), dans les magasins de travaux manuels et de beaux-arts. Elle est conditionnée en pains de 500 g ou sous forme de poudre à mélanger avec de l'eau, en sacs de 1 kg.

Cheval de 10 cm de haut, réalisé par Gilles Odérigo (pâtes Milliput et Model-Epox) © avec l'aimable autorisation des Étains du Graal et Gilles Odérigo

Les différentes pâtes et outils de modelage

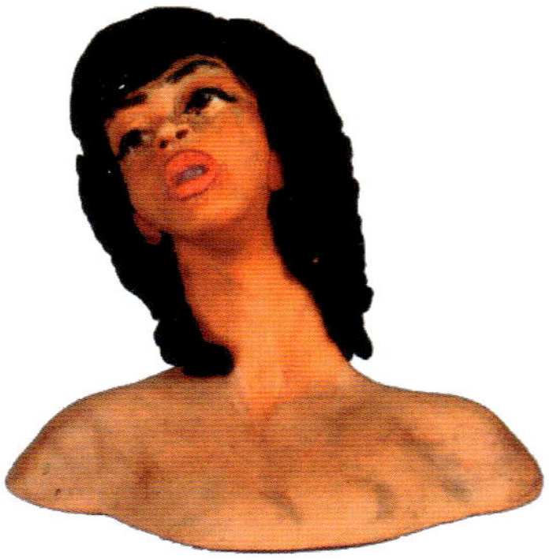

Réalisations en pâte thermodurcissable

Utilisation. Elle sert souvent à créer des sujets de moyenne ou grande taille. Elle peut être percée, poncée et limée comme le bois, et peut ensuite recevoir une finition (peinture, vernis ou cire).

Mode d'emploi. Elle se travaille comme les autres pâtes à modeler. Dès qu'elle devient craquante, humidifiez vos doigts et malaxez-la comme une pâte à pain jusqu'à ce qu'elle redevienne homogène. Le séchage sera fonction de la grosseur du modelage. En règle générale, il varie entre deux à quatre jours maximum à température ambiante.

Astuce

Pendant le séchage, apparaissent souvent de petites craquelures. N'attendez pas le durcissement complet de la pâte pour les rectifier sous peine de les voir s'amplifier. Lissez celles-ci à l'aide de vos doigts, humidifiés au préalable, en ajoutant au besoin un peu de pâte légèrement diluée.

La pâte thermodurcissable

Présentation. C'est une pâte à modeler synthétique, imperméable à l'eau et durcissant à la cuisson.

La pâte thermodurcissable est commercialisée sous diverses appellations (Fimo, Sculpey III, Cernit, etc.), dans les magasins de travaux manuels et de beaux-arts. Elle est conditionnée en bâtons de 16 g et en pains de 250 ou 500 g. La pâte entamée se conserve très bien plusieurs mois dans une boîte ou un sac hermétique.

Utilisation. Étant donné son prix élevé, cette pâte sert principalement à réaliser des modèles de petite taille.

Mode d'emploi. Synthétique, cette pâte d'aspect plastique ne colle pas aux doigts lors du modelage. Par contre, elle adhère aux supports lisses. Évitez donc de travailler sur un tel support, et préférez-lui une feuille d'aluminium, qui pourra être tournée pour faciliter le modelage.

Pour des modèles de taille moyenne, confectionnez un squelette en fil de métal ou en froissant une feuille d'aluminium ; cela vous permettra d'économiser la pâte, mais surtout de renforcer le modèle et d'éviter qu'il ne s'affaisse sous son poids. Habillez ensuite cette armature de boulettes de pâte, que vous aurez chauffées entre vos mains afin d'obtenir la plasticité adéquate, avant de les assembler par simple pression.

Le modelage achevé, placez le modèle dans un four de cuisine préchauffé à une température de 120-130°C (thermostat 4 à 5).

Astuce

Avant d'enfourner le modèle, testez la température du four en y plaçant un échantillon de pâte. Si elle cloque, c'est que le four est trop chaud !

Le temps de cuisson varie de 20 à 30 minutes suivant l'épaisseur de la réalisation. À sa sortie du four, la pâte chaude est encore un peu molle ; elle ne durcira qu'après refroidissement.

Attention

Ces pâtes thermodurcissables ne peuvent être cuites dans un four à micro-ondes.

La cire à modeler

Présentation. À base de cire d'abeille de différentes couleurs, la cire à modeler est particulièrement adaptée au modelage de précision. Très malléable, elle permet d'enlever facilement un excès de matière (ou d'en ajouter) au cours de la création, voire même plusieurs jours après. Conditionnée sous forme de pains ou en plaques, la cire à modeler se trouve dans les magasins de travaux manuels et de beaux-arts. Choisissez-la en fonction de la dureté, la malléabilité et surtout de la brillance que vous souhaitez obtenir.

Utilisation. Elle est utilisée dans la technique dite *de la cire perdue*, où elle peut être fondue et versée dans un moule souple en latex ou en élastomère de silicone. Après refroidissement, elle est démoulée et recouverte d'un ciment réfrac-

Statuette réalisée en petite fonderie suivant la technique de la cire perdue

taire. Le tout est placé dans un four pour fondre la cire et l'éliminer, permettant ainsi d'obtenir une empreinte en négatif (creux à l'intérieur du ciment). La cire sera alors remplacée par du métal en fusion, comme le bronze, la fonte, le plomb ou l'étain. Le ciment réfractaire est brisé au final pour dégager l'épreuve.
Cette technique permet le moulage et la reproduction d'originaux ayant de très fortes contre-dépouilles et des positions délicates, qui nécessiteraient traditionnellement un moule à multiples pièces.
La cire à modeler est un produit particulièrement apprécié des figuristes, car elle permet une définition de surface extraordinaire, ainsi qu'un travail précis et délicat. Elle est également prisée des artistes en joaillerie et orfèvrerie, car c'est le matériau idéal pour créer de très petites pièces finement détaillées.

Mode d'emploi. Lors du modelage, elle doit être pétrie jusqu'à obtenir une bonne malléabilité, la chaleur des mains la rendant rapidement prête à l'emploi. Certaines cires, plus dures, doivent être fondues au bain-marie. Le liquide obtenu sera ensuite versé sur un marbre huilé (comme pour le sucre cuit ou la nougatine), avant d'être rassemblé au centre à l'aide d'une spatule. La cire sera alors pétrie et saisie au bon moment lors du refroidissement.
Le travail s'effectue en ajoutant des boulettes les unes à côté des autres ou les unes sur les autres tant que la cire est encore malléable. Modelez les petits détails avec le bout d'une spatule métallique.
Comme pour la pâte à modeler, certaines pièces requièrent une armature pour éviter de s'affaisser.

Astuce

La cire à modeler ne sèche jamais. Pour la durcir, placez-la quelques heures dans un réfrigérateur.

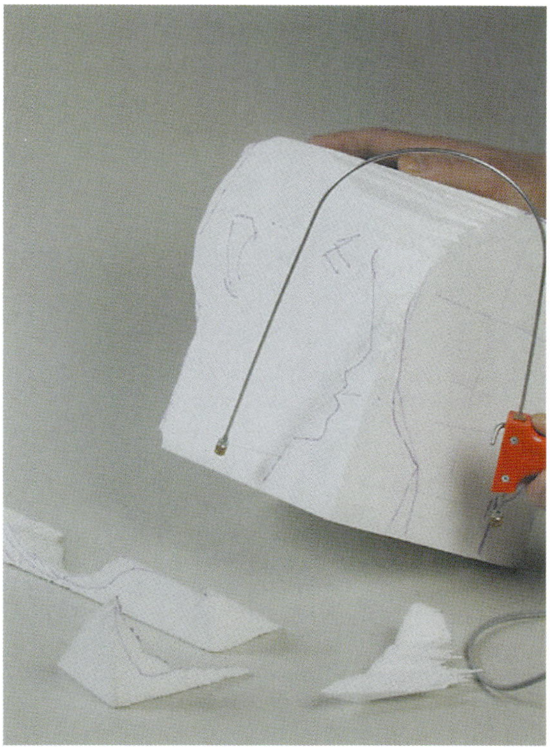

Découpe du polystyrène avec un filicoupeur

Les outils de découpe du polystyrène

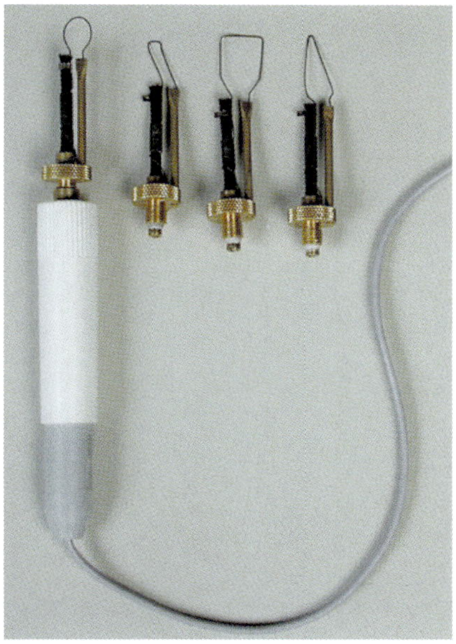

Les mousses synthétiques

Présentation. Ces mousses sont expansées par réaction après ajout d'un produit chimique. Elles peuvent être rigides, semi-rigides ou souples.
Qu'il s'agisse de polystyrène expansé ou de mousse polyuréthane, les mousses synthétiques s'achètent dans les magasins de travaux manuels et de beaux-arts, et dans les magasins de bricolage ou spécialisés dans le moulage. Elles sont conditionnées soit sous forme solide, en blocs prêts à être sculptés, soit pour les mousses polyuréthane, en bombes prêtes à l'emploi, ou encore à l'état liquide, avec deux composants à mélanger soi-même permettant de l'expanser selon la masse désirée.

Utilisation. Ce type de mousses sert à la création de modèles légers, de moyenne ou grande taille, à moindre coût. C'est enfin un produit irremplaçable dans le domaine de l'isolation thermique et phonique. La mousse polyuréthane est souvent coulée dans des espaces vides comme l'intérieur des murs, les conduits, etc., et le polystyrène utilisé pour l'emballage d'objets fragiles, pour les caissons de bateaux, les congélateurs…

Le polystyrène expansé

Cette mousse blanche, obtenue par polymérisation du styrène, est constituée de petites billes souples et comme soudées entre elles. Elle ne doit pas être sculptée avec des outils tranchants (cutter, scie, etc.) car, les billes se séparant facilement les unes des autres, il est difficile d'obtenir un travail précis et des surfaces ou des arêtes nettes. Par contre, elle ramollit à la chaleur.
La seule manière de travailler le polystyrène sera donc de le faire fondre ou de le découper avec des outils chauffants. Vous pouvez utiliser un filicoupeur à piles ou électrique, dont le fil très fin et chauffant découpe la mousse par morceaux.
Pour un travail plus fin et précis, surtout en profondeur, utilisez de préférence un pyrograveur équipé de pointes spéciales pour polystyrène.

Attention

Lorsque le polystyrène fond, il dégage un gaz dangereux. Veillez à toujours travailler dans une pièce bien ventilée, ou si possible en extérieur ! Mettez un masque.

Si vous souhaitez modifier votre réalisation en ajoutant des morceaux de polystyrène, fixez-les avec une colle adaptée à cette matière. Vous pouvez également recouvrir le modèle de bandes plâtrées, de résine, de latex, ou le peindre à la gouache, et autres couleurs acryliques ou vinyliques de votre choix.

Attention

N'utilisez jamais de résine polyester ou de produits à base d'acétone et de térébenthine ! La résine polyester, contenant le même produit chimique (styrène) que le polystyrène, détruirait en effet celui-ci. Seule la résine époxy peut directement recouvrir le polystyrène sans craindre aucune attaque de la mousse.

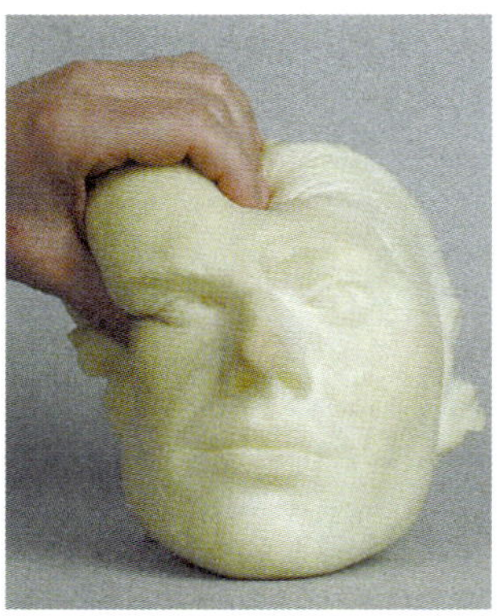

Tête en mousse polyuréthane souple

La mousse polyuréthane

C'est une résine à deux composants qui mousse et durcit après mélange. On obtient une mousse souple ou rigide, qui ne fond pas à la chaleur et n'est pas dissoute par les produits à base d'acétone. Sous sa forme liquide, la mousse polyuréthane possède un grain beaucoup plus fin et plus dur que le polystyrène. Sa haute résistance au déchirement et à la cassure permet des tirages de pièces dans des moules comportant de fortes contre-dépouilles.
Elle peut également être sculptée pour la création de modèles.

Préparation. Le composant A est conditionné dans une boîte métallique et la base B dans une bouteille plus grande en plastique. Pour préparer le mélange, versez le composant A dans la base B. Obturez l'extrémité du bec verseur et secouez vigoureusement pendant 10 secondes environ. Selon le type de mousse choisi, 10 à 40 secondes sont nécessaires, après agitation, pour provoquer la réaction chimique et l'épaississement progressif du mélange.

Création d'un bloc de mousse pour réaliser un modèle en le sculptant.
Choisissez un coffrage ou un emballage de carton, et traitez au préalable l'intérieur avec un agent isolant pour que la mousse n'adhère pas, soit en le passant à la cire, soit en le recouvrant d'une feuille de polyéthylène. Versez le mélange en orientant rapidement le bec verseur à l'intérieur du carton car la mousse, à ce moment, va sortir très vite. Le durcissement définitif est obtenu en 5 minutes. Le pourcentage d'expansion pour 1 kg de produit peut être de 1 à 100 selon les marques, avec une densité située entre 10 à 40 kg au m^3.

Sculpture et finitions. Vous pouvez désormais sculpter le bloc de mousse obtenu avec des outils à main tels que cutter, scie, couteau électrique, etc.
Pour coller des morceaux de mousse polyuréthane, utilisez de la colle époxy à deux composants ou de la colle contact néoprène. Pour égaliser, servez-vous d'une râpe ou d'un rifloir courbe de sculpteur sur bois. Poncez avec du papier de verre ou de la toile émeri.
Vous pouvez également parfaire la surface en appliquant au pinceau plusieurs couches de résine polyester, chacune d'elles étant éventuellement renforcée avec du mat ou des tissus de verre.

Sculpture d'un bloc au cutter

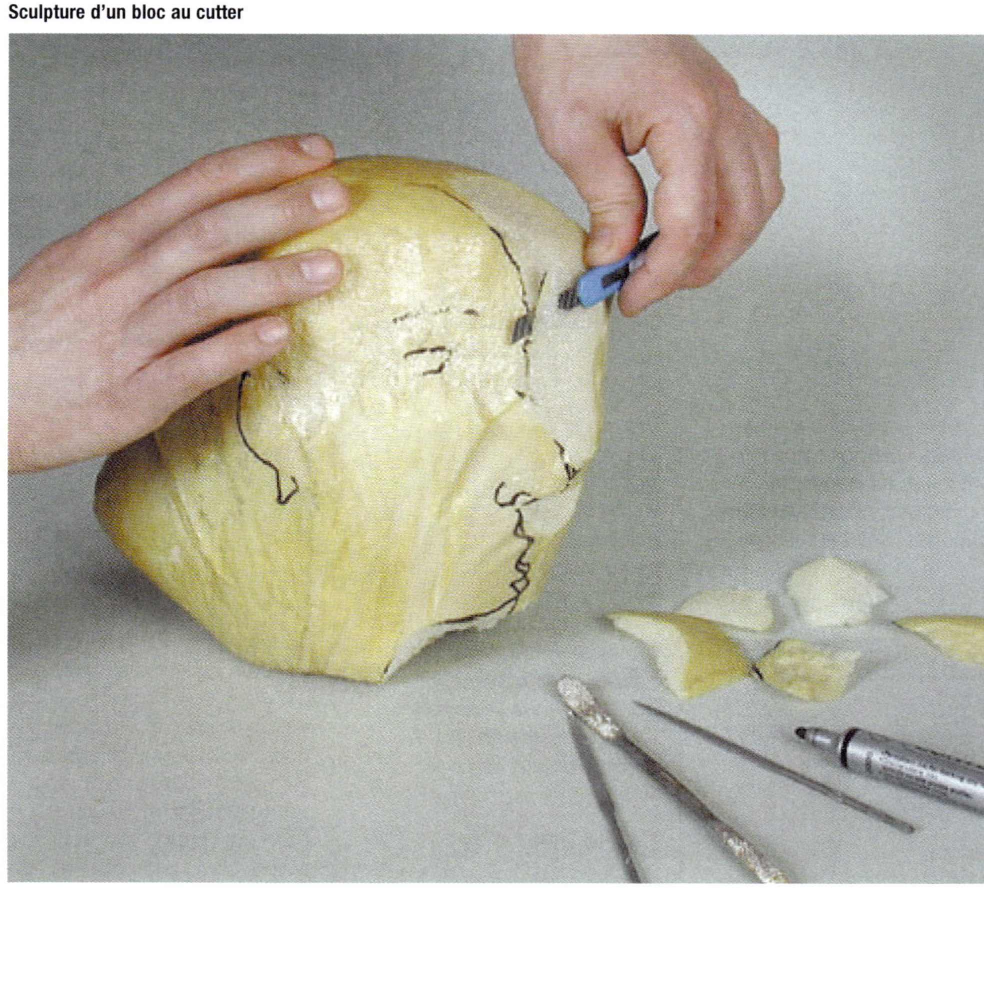

RÉALISATION D'UN TIRAGE EN MOUSSE

1 Préparez la mousse bi-composants comme indiqué ci-contre. Traitez l'intérieur du moule choisi à la cire (moule fermé ou en partie fermé si celui-ci possède un orifice, comme par exemple ici le socle d'un buste). Versez tout le mélange régulièrement sans interruption.

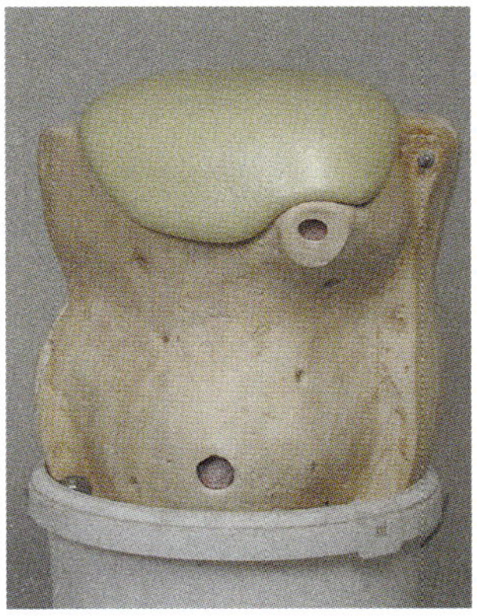

2 Pour obtenir une mousse plus compacte ou pour lui faire épouser les moindres détails, bouchez un moment le trou de coulée en pressant une planchette également isolée à la cire pour éviter qu'elle ne colle à la mousse. Ainsi l'expansion sera bloquée et la mousse pénètrera jusque dans les moindres recoins. Relâchez lorsque la poussée devient trop importante et risque de déformer le moule s'il a été réalisé avec un matériau souple. La mousse va déborder du moule.

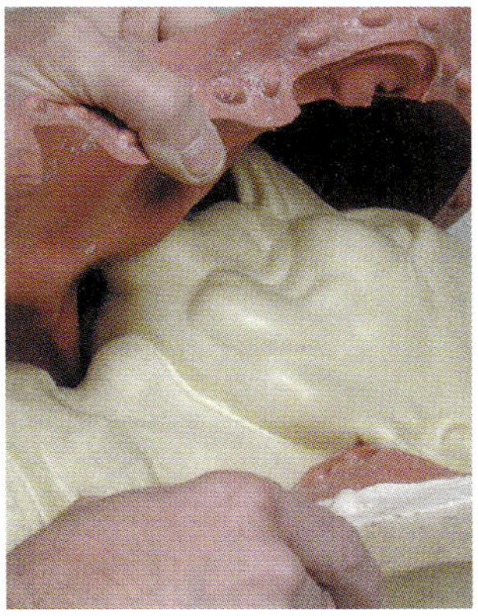

3 Attendez son durcissement complet et procédez au démoulage.

4 À l'aide d'une scie à métaux, coupez le surplus sortant du moule pour obtenir le tirage définitif.

La préparation du modèle

La plupart des matériaux de moulage reproduisent avec exactitude l'aspect de surface du modèle avec, pour certains, une précision de l'ordre du micron. Par leur fluidité, ils pénètrent partout et reproduisent les moindres petits détails. Le modèle doit donc être parfaitement propre, spécialement aux endroits d'accès difficile (angles, interstices, contre-dépouilles, etc.).
Pour le débarrasser de toute poussière ou tout corps étranger, utilisez une bombe d'air comprimé (vendue généralement pour le matériel photo ou informatique).
Si le modèle le permet, nettoyez-le avec de l'eau savonneuse ou un solvant adapté.

Attention

Vérifiez que le produit de nettoyage n'affecte pas le modèle en effectuant un essai sur un endroit peu apparent. Dans le cas d'un solvant, assurez-vous de son évaporation complète avant de démarrer le moulage. Certains mélanges peuvent en effet provoquer une réaction chimique inopportune, voire dangereuse.

Pour certains supports, il est parfois conseillé d'améliorer l'état de surface du modèle pour éliminer les défauts (petites fissures, rayures, trous...), en un mot, lui redonner sa finesse initiale. Bouchez ces imperfections avec de la pâte à modeler, de la pâte à bois, de la plastiline ou un produit compatible avec le matériau de moulage.
Le modèle doit également pouvoir conserver son aspect d'origine, et donc être si possible sec et dur. Si le modèle est encore humide ou collant (pour la terre par exemple), il risque de se mélanger au produit de moulage, empêchant la prise. De plus, la pression du pinceau risque de le détériorer. Ceci est particulièrement vrai dans le cas d'un moule à plusieurs pièces, qui exige une manipulation importante du modèle.
Pour obtenir un modèle sec au toucher ou rigide, laissez sécher la pâte à modeler le temps nécessaire, faites cuire une terre ou une pâte thermodurcissable, ou entreposez une cire ou une plastiline à l'intérieur d'un réfrigérateur.

Astuce

Pour isoler et durcir la surface d'une création réalisée avec de la terre encore humide, appliquez à l'aide d'un pinceau souple, plusieurs couches de vernis polyuréthane, spécialement utilisé pour le traitement des surfaces humides.

INFLAMMABLE
VERNIS POUR LA GRAVURE
ETCHING GROUND
e 250 ml
COULEURS VINYLIQUES DILUABLES A L'EAU

3

Les agents de transformation et isolants

Parmi les différents produits de moulage, l'élastomère de silicone et l'alginate sont ceux qui permettent la réplique la plus fidèle de l'original en reproduisant avec exactitude l'aspect de surface de tous les matériaux.

- Si le modèle est brillant, l'intérieur du moule et le tirage le seront également, surtout avec des matériaux de coulée comme les résines, la cire, le chocolat, le sucre cuit...
- Si par contre l'empreinte d'un modèle brillant est réalisée en plâtre, l'intérieur du moule gardera son aspect lisse mais en perdra le brillant. Aussi le tirage ne reflétera-t-il pas exactement l'aspect de surface de la pièce maîtresse. Dans ce cas, c'est le moule qui devra être traité avant d'effectuer le tirage.
- Enfin, si le modèle est mat et que vous souhaitez obtenir un moule brillant, le modèle devra subir un traitement pour être transformé avant la prise d'empreinte. Vous avez alors le choix entre vernir, cirer, lacter, peindre, polir...

Attention

Pour des modèles destinés à la réalisation de moules à usage alimentaire, le vernis, la cire ou autre produit de transformation appliqué doit obligatoirement être alimentaire, afin de respecter la réglementation en vigueur.

Les agents de transformation

Leur utilisation est à réserver exclusivement aux modèles ayant peu de valeur sentimentale, historique ou marchande. Ils ne peuvent en aucun cas s'appliquer sur une œuvre originale.

Les vernis

Il existe toutes sortes de vernis (vernis à bois, de carrosserie, marin, vernis à ongles...) plus ou moins brillants. Choisissez celui correspondant à votre attente en tenant compte du degré de dureté et de porosité du modèle.

Attention

Certains vernis ne peuvent adhérer parfaitement sur des supports contenant de l'humidité : c'est le cas de matériaux absorbants comme le plâtre et la pâte à modeler.

Si vous ne pouvez mesurer le degré d'humidité du modèle, préférez un vernis polyuréthanne qui, lui, a besoin d'humidité pour prendre. Vous pouvez également sécher le modèle en l'exposant à la chaleur du soleil ou d'un radiateur.

Astuce

Un vernis trop épais ajoute de l'épaisseur. Pour obtenir une réplique exacte, utilisez un vernis pénétrant, par exemple à base de gomme-laque et d'alcool à 95° (voir page 33). Ce type de produit est utilisé par les mouleurs professionnels pour traiter l'intérieur des moules en plâtre.

Si le modèle est en cire ou en paraffine, appliquez, à l'aide d'un pinceau à poils fins, un vernis adapté aux supports gras, de type alcool polyvinylique.

Les cires, encaustiques, cirages

Pour obtenir une surface légèrement satinée à partir d'un support absorbant et lisse, appliquez au pinceau de l'encaustique ou du cirage à chaussures. Attendez au moins 2 h l'évaporation de l'essence de térébenthine, puis frottez avec une brosse à chaussures ou mieux, avec une brosse végétale en racine de tampico (utilisée par les antiquaires, elle permet d'ôter le surplus d'encaustique dans les creux sans rayer le support). Lustrez ensuite à l'aide d'un chiffon de laine.

Le lait

Pour transformer une surface (boucher les pores), une recette très ancienne préconise d'appliquer du lait sur des matériaux absorbants comme le plâtre, la terre sèche, la pâte à bois ou à papier.

À savoir

L'ancêtre de la résine est la gélalithe, également appelée *pierre de lait*. La base de ce produit – la caséine – était obtenue par précipitation du lait écrémé à l'aide d'un acide.

Procédez à l'opération par trempage (environ 10 mn) si la hauteur du modèle le permet, ou passez le lait au pinceau autant de fois que le matériau peut l'absorber. Laissez sécher. Pour finir, frottez à l'aide d'une brosse à chaussures et d'un chiffon de laine.

Les peintures

Il existe toutes sortes de peintures brillantes : acrylique, vinylique, cellulosique, à base de résine... pouvant s'utiliser sur de nombreux supports. Choisissez-en une en fonction du modèle et du résultat escompté.
Pour des supports en matière plastique, préférez des peintures cellulosiques ou à base de résine à séchage rapide, ou encore des laques. Pour étendre facilement ces produits au pinceau, ajoutez un solvant volatile tel que l'acétate d'éthyle ou l'acétone : celui-ci va dissoudre légèrement la résine en surface, permettant ainsi à la peinture de mieux accrocher.

La pâte à polir

Pour donner du brillant à un modèle en résine, frottez-le en rond avec un tampon de lustrage imbibé de pâte spéciale (voir *Résine liquide pour inclusion*, pages 108 et 110), ou de produit ménager pour faire briller le cuivre, laiton, etc.

Astuce

Ajoutez sur le tampon une ou deux gouttes de produit à vaisselle afin qu'il glisse bien sur la résine.

Le matage

Si vous souhaitez obtenir un moule à intérieur mat, il faut que le modèle le soit également. Plusieurs techniques sont envisageables :

• Pour un modèle brillant en résine, utilisez de la laine d'acier fine ou extra-fine. Trempez-la dans de l'eau savonneuse pour faciliter le glissement. Portez un masque pour éviter d'inhaler la poussière, nocive. Pour les recoins difficiles d'accès, utilisez une brosse en acier fin ou laiton. Vous pouvez également dissoudre en surface la résine en frottant le modèle avec un chiffon légèrement imbibé d'acétone.

• La poudre abrasive comme la ponce ou les crèmes à récurer sont aussi très efficaces. On les applique en frottant avec une brosse à ongles légèrement humide.

• Enfin, la solution la plus simple consiste à appliquer une à deux couches de vernis mat, qui a toutefois l'inconvénient d'ajouter une légère épaisseur au modèle. Pour que le vernis adhère parfaitement sur la surface brillante, matez avec une poudre abrasive et dégraissez avec de l'alcool à 95°.

Les agents isolants

« La déontologie du mouleur est de choisir la méthode et le produit permettant une complète réversibilité pour ne pas laisser une œuvre d'art polluée par un produit. Tout matériau respire et doit continuer à le faire sans obstacle. La durée d'un original dépend de ses possibilités d'échange avec l'extérieur. »

Jacques Laurent.

L'agent isolant permet de traiter un modèle avant la réalisation du moule. Utilisé comme agent de démoulage, il permet aussi de traiter l'intérieur du moule avant la coulée en fonction du produit de tirage et de son agressivité.
Dans les deux cas, il permet de créer une barrière entre deux produits pouvant, par leur composition chimique ou leur porosité, réagir au contact l'un de l'autre, s'amalgamer et créer des zones d'accroche ou provoquer quelques risques au démoulage.

Attention

Les produits doivent être choisis en tenant compte du critère de réversibilité. Il est donc très important de bien connaître le couple *contenu-contenant* afin de déterminer la compatibilité des différents agents (isolant, de démoulage mais aussi produit de tirage). Cette démarche garantit de retrouver l'état initial du modèle.

Si l'on prend l'exemple d'un produit d'empreinte comme l'élastomère de silicone, contenant de l'huile et donc graissant le modèle sur lequel il va être appliqué (surtout si celui-ci est absorbant comme le plâtre), les questions suivantes se poseront nécessairement : Comment nettoyer le modèle après le démoulage ? Quels sont les risques d'altération de cet original ?
Il n'existe pas de recette générale pour traiter les modèles, mais des traitements spécifiques choisis selon que le modèle, moule ou tirage sont réalisés avec des matériaux divers ou identiques. Le traitement va donc différer selon que les différents éléments sont en résine ou en plâtre :

Modèle	Moule	Tirage
résine	plâtre	plâtre
résine	résine	plâtre
résine	résine	résine
plâtre	plâtre	plâtre
plâtre	plâtre	résine
plâtre	résine	plâtre

• **L'agent isolant est donc la première recherche et la première action du mouleur devant une œuvre qu'il doit reproduire et respecter.** L'idéal est de ne rien appliquer afin d'obtenir la meilleure fidélité possible et de n'apporter aucune modification, que ce soit au niveau de la structure ou de l'aspect de surface du modèle. Mais ce n'est pas toujours possible. L'agent isolant est alors un mal nécessaire pour réussir une prise d'empreinte et éviter tout problème d'adhérence qui empêcherait le démoulage.

• **Si le modèle est une œuvre originale,** choisissez l'agent le plus neutre possible.

• **Si le modèle est une pièce rare,** éventuellement peinte, vernie ou dorée à la feuille, le produit de moulage risque, par effet chimique ou mécanique, de décoller au démoulage la finition du support, surtout si celui-ci n'avait pas été enduit correctement ou dégraissé au préalable. En cas de doute, n'hésitez pas à vous adresser à un spécialiste qui vous donnera un avis pertinent.

• **Si le modèle a peu de valeur** sentimentale, historique ou marchande, appliquez le traitement de votre choix.

• **Si le modèle a été fabriqué dans un matériau dit *fermé*** comme le verre, la résine, la cire ou le métal, il n'y a pas de risque d'absorption de l'agent isolant, à condition que celui-ci ne l'altère pas en surface.

Astuce

Pour traiter le modèle ou l'intérieur du moule de la manière la plus neutre possible, appliquez une liqueur de savon noir ou mou, c'est-à-dire dilué avec de l'eau. Contrairement à toute solution grasse (vaseline ou cire), le savon a l'avantage de se retirer aisément, avec juste un peu d'eau.

• **Si vous réalisez un moule en plâtre à partir d'un modèle préalablement graissé,** le plâtre, chauffant pendant sa prise, va absorber le gras déposé sur le modèle et donc le transférer dans le matériau de tirage, surtout si ce dernier est poreux comme un plâtre ou une pierre reconstituée.
Pour patiner, peindre, décorer ou dorer l'épreuve avec des produits à base d'eau, il vous faudra la dégraisser au préalable avec de l'alcool à 90° ou du trichloréthylène.
Pour les mêmes raisons, il est impossible de verser, dans un moule gras, des produits de tirage à base d'eau comme le latex ou la barbotine, afin de réaliser des pièces creuses : la pellicule grasse déposée sur les parois internes empêche l'absorption de l'eau.
Enfin, théoriquement, un modèle lisse non poreux (par exemple en métal ou en plastique) n'a pas besoin d'être traité avec un agent isolant. Cependant, en présence de fortes contre-dépouilles ou de noirs présentant des risques d'accrochages mécaniques, vous pouvez en appliquer un pour faciliter le démoulage.

• **L'importance du traitement est donc également liée à la porosité du support** recevant le matériau de moulage. Pour un modèle très poreux, appliquez plusieurs couches d'agent isolant jusqu'à saturation.

De nombreux produits peuvent servir d'agents isolants. Nous vous présentons ici les plus couramment utilisés. Procédez à des essais et faites votre choix en ayant à l'esprit un seul souci : la préservation du modèle.

Attention

Vérifiez au préalable que l'agent isolant n'affecte pas la surface du modèle en le testant sous l'objet ou dans un endroit peu apparent.

Les agents isolants : lubricérafine, savon noir, graisse de vaseline, cire liquide classique ou en aérosol, cire en pâte, alcool polyvinylique, cire siliconée, vernis gomme-laque

La lubricérafine

Présentation. C'est un produit liquide particulièrement utilisé par les mouleurs (mais aussi par les dentistes pour les moulages dentaires). Il est inodore, non gras, et a un pouvoir de pénétration important dans le plâtre, ce qui fait qu'il ne change pas sa structure de surface.

Utilisation. La lubricérafine s'utilise comme agent isolant ou de démoulage plâtre sur plâtre, même encore humide. Très concentrée, elle ne peut être utilisée telle quelle. Diluez-la avec de l'eau dans la proportion d'un volume de produit pour un volume d'eau. Appliquez-la à l'aide d'un pinceau doux sans faire mousser. Sur un plâtre neuf, passez deux à trois couches. Laissez sécher 15 minutes entre deux applications et 30 minutes après la dernière.

Attention

La lubricérafine est un produit irritant pour les yeux et la peau ! En cas de contact avec les yeux, lavez immédiatement et abondamment à l'eau et consultez un médecin.

Le savon noir

Présentation. Ainsi nommé par les staffeurs à cause de sa couleur ambre foncé, pour le différencier du savon blanc à paillettes utilisé sur des matériaux clairs comme le plâtre ou le marbre blanc, le savon noir est simple d'emploi, peu onéreux et facile à trouver (drogueries). Fabriqué à base de glycérine, de suif et de stéarine, c'est l'agent isolant idéal car il peut être appliqué sur de nombreux supports et se nettoie facilement à l'eau.

Utilisation. Les mouleurs l'emploient depuis de nombreuses années pour couler ou estamper du plâtre dans un moule de même matière, et traiter les surfaces absorbantes.
Sa consistance épaisse et filandreuse empêche cependant son application directe sur le support. Il doit donc être dissous dans de l'eau bouillante sous forme de *liqueur de savon*. Le dosage est d'un volume de savon pour trois volumes d'eau. Remuez et raclez souvent le fond du récipient pour activer la dissolution. Évitez l'ébullition, sinon retirez l'écume avec une écumoire. Laissez refroidir avant utilisation.

Astuce

La liqueur de savon épaissit en refroidissant. Si elle ne pénètre pas bien le plâtre, c'est qu'elle est trop onctueuse. Ajoutez alors un peu d'eau chaude jusqu'à obtenir la consistance d'une huile.

Passez la liqueur de savon à l'aide d'un pinceau-brosse en une ou plusieurs applications, jusqu'à saturation du matériau. Pour boucher les pores, faites mousser le savon jusqu'à ce qu'il blanchisse en frottant vivement, afin de le faire remonter en surface et de permettre son maintien sur des parois obliques ou verticales. Laissez reposer et sécher pendant 30 minutes. Éventuellement, appliquez ensuite un peu de cire liquide et lustrez avec un chiffon doux pour ôter le surplus.

Astuce

Dans le cas d'un moule à pièces en plâtre, laissez tremper chaque pièce dans la liqueur de savon pendant 15 minutes environ pour une meilleure pénétration.

La graisse de vaseline

Présentation. C'est, à l'état brut, un mélange d'huiles lourdes (résidu de la distillation du pétrole, effectuée pour recueillir toutes les essences volatiles en dessous de 360°) et de paraffine, fortement coloré par des matières brunes et fluorescentes. Pour la purifier et la blanchir, elle est filtrée un grand nombre de fois dans une étuve sur de l'argile sèche.
Sa consistance est ensuite augmentée par l'ajout de 2 à 5 % de paraffine.
La graisse de vaseline est neutre, inaltérable à l'air et inattaquable par la plupart des matériaux.

Utilisation. C'est un agent isolant idéal élastomère / élastomère, pouvant également être utilisé pour graisser la peau lors de prises d'empreintes corporelles. Comme elle n'est absorbée ni par la peau ni par les muqueuses, elle sert d'ailleurs couramment en pharmacie dans la fabrication des pommades.

Attention

Ne pas confondre avec l'huile de vaseline qui est fluide, plus pénétrante et qui ne tient pas régulièrement sur l'élastomère de silicone.

Évitez d'utiliser la graisse de vaseline sur des modèles ou dans des moules en plâtre, surtout si vous devez couler un matériau de tirage à base d'eau comme le plâtre, le latex ou la barbotine. La vaseline migrerait du modèle au moule, graissant ensuite le tirage final qui ne pourrait plus être ni peint, ni doré, ni vernis sans être au préalable dégraissé à l'alcool à 90°. Or, ce dégraissage de surface pourrait altérer le modèle.

Les cires

La cire liquide classique

Présentation. C'est une solution de cire d'abeille dure diluée dans du perchloréthylène. Une fois sèche et lustrée, elle ne graisse pas et ne migre pas sur le moule ou le tirage.

Utilisation. C'est un bon agent isolant résine / résine. Elle peut également être utilisée pour boucher les pores d'un marbre, d'un modèle ou d'un moule en plâtre avant l'application éventuelle d'alcool polyvinylique (dans le cas de coulage d'une résine).

Astuce

Utilisez de la cire de préférence à de l'huile ou de la vaseline, spécialement si vous choisissez le plâtre comme matériau de coulée.

Déposez la cire sur le modèle ou sur les parois internes du moule à l'aide d'un pinceau doux, jusque dans les moindres recoins. Nettoyez le pinceau avec de l'eau tiède savonneuse. Au bout de quelques minutes, après évaporation des solvants, la surface ainsi traitée devient mate. Lustrez-la alors avec un chiffon doux avant de procéder à une autre application, si besoin est. Dans ce dernier cas, il n'est pas nécessaire d'attendre que la cire soit complètement sèche.
Si le modèle possède des petits détails fins et si la dureté du support le permet, retirez le surplus de cire dans les creux en frottant à l'aide d'une brosse à chaussures en effectuant un mouvement de balancier.
Tant qu'une partie reste mate, c'est qu'elle contient un surplus de cire ; polissez-la pour rectifier. Cette opération doit être exécutée soigneusement pour éviter que des impuretés ne souillent le produit de tirage.

Mains en latex pendant le séchage

Attention

Après plusieurs utilisations du moule, les petits détails ou les contre-dépouilles seront encrassés. Nettoyez le moule à l'eau tiède et laissez-le bien sécher avant de recommencer l'opération de bouchage des pores à la cire.

La cire liquide en aérosol

Présentation. Le conditionnement en aérosol est très pratique à utiliser, surtout pour des modèles possédant des noirs ou de fortes contre-dépouilles. Il est de plus économique car il permet de déposer un film très fin et régulier.

Utilisation. La cire liquide en aérosol s'utilise sur de nombreux supports : résines époxy, polyuréthanne, polyester, mousse polyuréthanne souple ou rigide, plâtre, etc.
Agitez la bombe, puis vaporisez à une distance d'environ 30 cm pour éviter les bavures. Brossez pour retirer le surplus et lustrez aussitôt avec un chiffon doux.

Astuce

Le nettoyage de la valve de l'aérosol s'effectue avec de l'acétone ou du trichloréthylène.

La cire en pâte

Présentation. Elle a la consistance d'une encaustique et son rendu brillant est plus efficace que celui de la cire liquide. Attention toutefois à l'encrassement !

Utilisation. Pour des supports très poreux comme certains plâtres, la terre, le bois ou la pâte à modeler. La cire en pâte est parfaite pour les opérations de bouche-porage.
Appliquez la cire à l'aide d'un chiffon doux non pelucheux, en effectuant des cercles. Laissez sécher 1 à 2 h, le temps que les solvants s'évaporent. Une fois la surface devenue mate, lustrez-la avec un chiffon de laine jusqu'à ce qu'elle soit parfaitement lisse. Si le modèle ou le moule le permet, retirez le surplus de cire dans les petits recoins en frottant avec une brosse.

Attention

Évitez les traces de doigts : elles cassent le brillant obtenu au lustrage ; un tirage en résine restera donc mat à ces endroits.

Après cette opération de cirage, le moule, s'il est en plâtre, est prêt pour éventuellement recevoir une couche d'alcool polyvinylique dans le cas du coulage d'une résine.

L'alcool polyvinylique

Présentation. L'acétate de polyvinyle est fabriqué avec de l'acétylène et de l'acide acétique. Au contact de la soude, il donne l'alcool polyvinylique. L'alcool polyvinylique est soluble dans l'eau, mais insoluble dans la plupart des solvants organiques, à l'exception de l'alcool. C'est le seul produit tenant sur de la cire.

Utilisation. La pose d'alcool polyvinylique est une précaution supplémentaire pour fabriquer un moule en plâtre à partir d'un modèle en résine ou pour réaliser un tirage en résine. Utilisé comme agent isolant liquide, il laisse un écran plastique microscopique aussi bien sur le modèle que sur le moule en plâtre.
Il peut également être utilisé comme agent de démoulage, pour traiter les parois internes du moule avant d'appliquer ou de verser la résine.
Le film déposé étant brillant, il va transformer la surface du modèle et rendre le moule en plâtre lisse, permettant au tirage en résine d'être brillant. Il empêche également l'huile, contenue dans un produit de moulage comme le silicone, de pénétrer et d'abîmer le modèle. Appliquez le produit avec un pinceau à poils fins pour éviter les traces, ou en pulvérisation lorsqu'il est conditionné en spray. Laissez sécher 1 h environ.

Attention

Pour appliquer de l'alcool polyvinylique, produit liquide, directement sur un support absorbant, il est indispensable de le recouvrir au préalable de cire liquide pour en boucher les pores.
Dans ce cas, le film polyvinylique aura deux avantages : il empêchera la cire de graisser le produit de tirage, mais sans adhérer, ce qui formera sur le tirage une pellicule se rinçant facilement à l'eau tiède. Le tirage pourra donc être peint, verni ou doré sans problèmes.

Le durcissement complet s'obtient au bout de 24 h (pour laisser le temps aux solvants de s'évaporer progressivement).

Attention

Certains alcools polyvinyliques sont teintés et peuvent laisser des traces de couleur aussi bien à l'intérieur du moule que sur le modèle ou le tirage. Dans ce cas, lavez-les avec une solution d'eau savonneuse tiède ou avec de l'alcool à 95°. Ces alcools sont à éviter évidemment si le modèle est une pièce rare ou absorbante, l'humidité favorisant les risques d'altérations (graissage, oxydation, etc.).

La cire siliconée

Présentation. Fabriquée à base de silicone modifié, la cire siliconée a l'avantage d'être soluble dans l'eau, même froide ; le support peut ainsi être nettoyé sans crainte. Elle permet d'obtenir des surfaces très lisses, même à partir d'un support mat.

Utilisation. C'est un bon produit antiadhérent pour la plupart des matériaux ; elle s'utilise donc pratiquement sur tous les supports. C'est un agent isolant idéal pour des coulées de résines polyuréthane, époxy et polyester. Son mode d'application dépend de son conditionnement.
Appliquez-la à l'aide d'un pinceau doux si elle est sous forme liquide, en vaporisation si elle est en aérosol, ou encore avec un chiffon doux si elle se présente sous forme de pâte.
Si le support est très poreux, traitez-le au préalable avec un vernis gomme-laque pour garder la structure de surface du modèle. Pour obtenir une surface lisse, appliquez un vernis polyuréthanne.
Dans le cas d'un support absorbant, diluez la cire siliconée à la première application afin de nourrir l'intérieur ; à la seconde, passez-la pure. Laissez sécher 1 h à température ambiante et lustrez avec un chiffon de laine.

Astuce

Il est préférable d'effectuer un essai sur un endroit peu visible, surtout en cas de modèle peint, verni, doré ou patiné.

Le vernis gomme-laque

Présentation. C'est une résine improprement appelée gomme puisqu'elle n'est pas soluble dans l'eau mais dans l'alcool. Celle-ci est constituée par la carapace et les sécrétions d'un insecte vivant dans les Indes orientales, aux Bermudes et en Cochinchine, déposées sur des rameaux qui sont recueillis et chauffés à l'eau bouillante. La masse ainsi fondue est filtrée à travers une toile et étirée sous forme de feuille mince, qui est ensuite coupée en morceaux. Sa dureté, sa résistance et ses propriétés adhésives remarquables en font un produit de premier ordre.

Utilisation. Comme agent isolant, le vernis gomme-laque sert à boucher les pores du modèle avant la prise d'empreinte. Il a la particularité de durcir la fleur du plâtre. Appliqué sur la face interne du moule, il peut également servir d'agent de démoulage. Son avantage réside alors dans sa grande faculté de pénétration, qui lui permet d'isoler tous les matériaux absorbants sans ajouter d'épaisseur, et donc de conserver leur structure de

Le créateur des *Guignols de l'Info*, Alain Duverne, utilise le vernis polyuréthane sur ses créations en terre pour réaliser ses moules en résine polyester.

Un des modèles en terre servant à la réalisation des marionnettes des *Guignols de l'Info*, avant le passage du vernis polyuréthane

surface. Enfin, conditionné sous forme de bâtons, il sert à boucher les petits trous ou les fentes dans le bois.
Le vernis gomme-laque est vendu sous forme liquide, ou sous forme de paillettes de couleur ambrée à diluer dans de l'alcool à 95°. Dosez en fonction de la porosité du support, la proportion étant en règle générale de deux mesures de paillettes pour dix mesures d'alcool.

Astuce

Dans le cas d'un support très absorbant comme certains plâtres ou pâtes à modeler, à papier ou à bois, préparez un vernis légèrement plus épais.

Appliquez le vernis à l'aide d'un pinceau à poils fins et doux pour éviter les traces. Nettoyez le pinceau avec de l'alcool à 95°. Dans le cas d'un moule en plâtre réalisé en vue d'un tirage en résine polyester, appliquez le vernis jusqu'à saturation du plâtre, en deux ou trois fois. Laissez sécher à température ambiante une à deux heures environ entre deux couches, et dix heures après la dernière. Le moule ou le modèle est alors prêt à recevoir de la cire liquide ou éventuellement de l'alcool polyvinylique.

Le vernis polyuréthane

Présentation. C'est un vernis constitué de résine polyuréthane en suspension dans un solvant. Très fluide et de couleur ambrée, il se différencie des produits similaires par son aptitude à durcir au contact de l'humidité contenue dans l'air ambiant. Il peut accrocher sur de nombreux supports tels que ciment, bois, métal, plâtre, résine, pâte à modeler, verre, etc., et résiste à l'abrasion et à certains acides. Il a enfin la particularité de durcir même à une température inférieure à 0°C et de pouvoir, à l'inverse, résister à une chaleur de plus de 100°C.

Utilisation. Le vernis polyuréthane est employé comme produit d'isolation pour les caves et murs humides, dans la fabrication des mortiers de scellement ou de réparation, ou encore pour traiter des sols en ciment… En moulage, appliqué sur un modèle ou un moule en plâtre, il permet d'obtenir une surface miroir. Le support à traiter devra être, si possible, dégraissé avec de l'alcool à 95°. Le vernis polyuréthane sert aussi à traiter la surface d'un modelage en terre, qui doit rester humide pour pouvoir être réutilisée. Il permet également de durcir la terre avant la prise d'empreinte pour éviter qu'elle ne se mélange avec le produit de moulage (voir photo ci-contre).
Appliquez le vernis en une à trois couches avec un pinceau à poils fins et souples. Utilisez de l'acétone pour nettoyer votre pinceau. Dans le cas de supports poreux, si après la première couche la surface n'est pas brillante, c'est que le vernis a pénétré dans les pores. Passez alors une seconde couche après avoir laissé sécher 8 h environ. Pour des supports très poreux, trois couches sont nécessaires pour obtenir une surface unie. Après la dernière couche, laissez durcir 24 h avant une éventuelle application de cire, puis d'alcool polyvinylique.

Astuce

Si vous souhaitez conserver la couleur d'origine du support, choisissez un vernis polyuréthane transparent.

Le moulage

gaine du chandelle
de la toilette de
1782
Bras du Groupe
dela paix
Corne D'abondance
du Groupe dela
paix
aile d'enfant du
Groupe de la paix
Draperie du groupe
dela paix
288
-M-P-6-91-

Choisir la technique de moulage

4

Pour déterminer la technique à employer pour réaliser un moule, il faut tenir compte de trois critères : la forme du modèle, sa taille et sa complexité.
Le choix du produit de moulage dépendra quant à lui de plusieurs paramètres complémentaires : rapidité et simplicité d'exécution, nombre de tirages désirés, aspect de surface du modèle (absorbant ou non, mat ou brillant), position de l'empreinte (verticale ou en surplomb : bas-relief, moulures, rosaces), nature du matériau de coulée, spécificité du moulage (corporel ou alimentaire).

Modèle à reproduire sur une seule face

• Si le modèle ne possède aucun relief susceptible de créer un phénomène d'accrochage (modèle dit *totalement de dépouille*), vous pouvez fabriquer un moule massif en une partie en coulant un matériau souple ou rigide, à votre choix.

• Si le modèle comporte une ou des légères contre-dépouilles, utilisez le même procédé mais avec un matériau de moulage souple exclusivement.

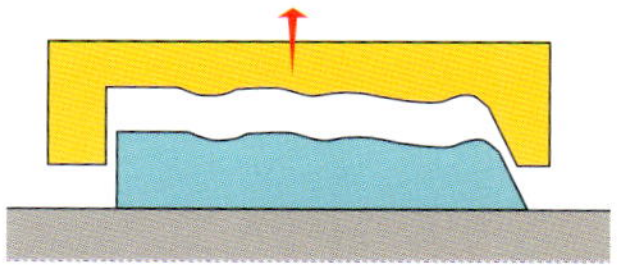

Modèle totalement de dépouille

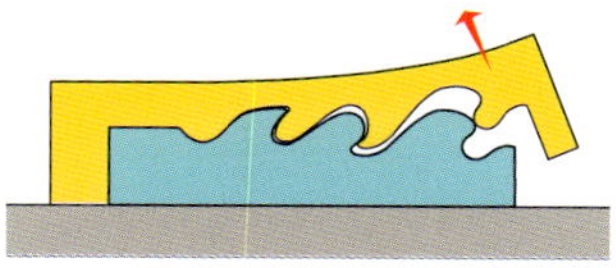

Modèle avec légères contre-dépouilles

• Si le modèle possède des reliefs importants, des fonds plus larges que l'ouverture (noirs) et des contre-dépouilles (comme un haut-relief), vous devez fabriquer un moule souple en utilisant, soit la technique de *coulée sous chape*, soit celle de l'*enduction au pinceau* ou *estampage*. Ce moule souple devra être maintenu dans une structure rigide (le contre-moule), que vous pourrez fabriquer en plâtre, bandes plâtrées ou résine stratifiée.

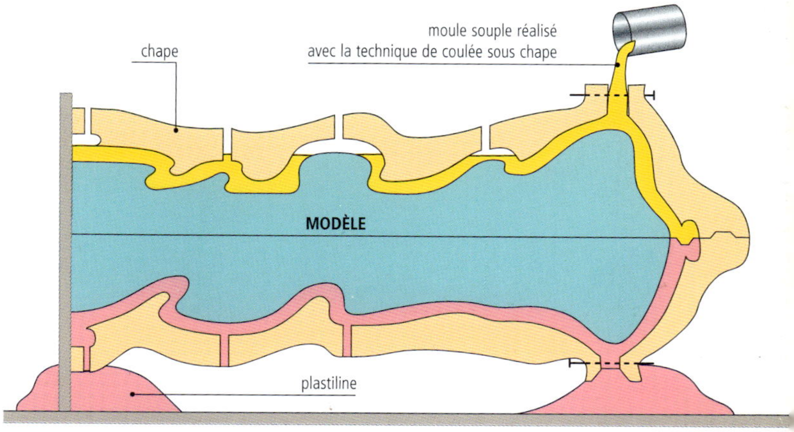

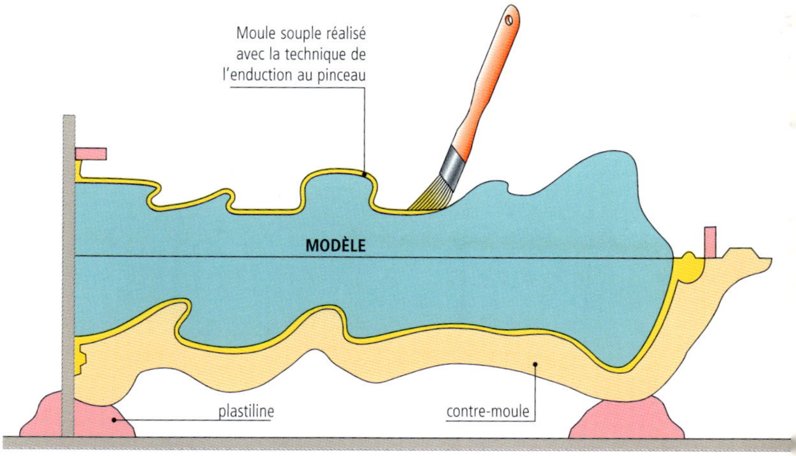

Modèle avec reliefs importants (noirs, fortes contre-dépouilles)

Pages 32 et 33 : Atelier Lorenzi
Ci-contre : moules anciens en plâtre, Manufacture de Sèvres

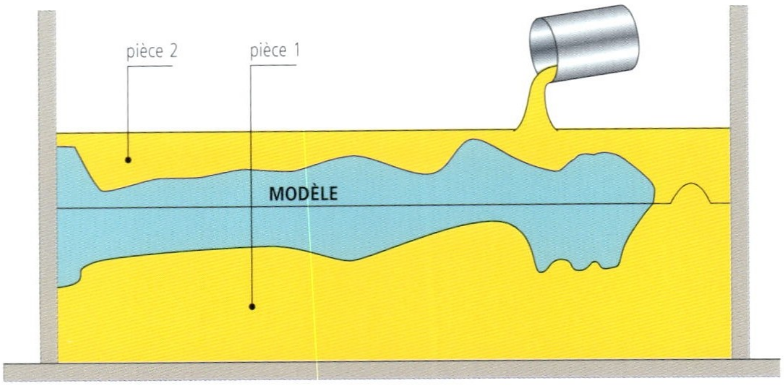

Modèle en ronde-bosse

Modèle en ronde-bosse

à reproduire sur toutes ses faces.

• Si le modèle est de taille réduite et de structure simple, vous devez obligatoirement réaliser un moule à pièces (deux au minimum), celui-ci pouvant indifféremment être massif, souple ou rigide.

• Si le modèle possède une structure plus compliquée et de fortes contre-dépouilles, utilisez de préférence la technique de coulée sous chape ou de l'estampage au pinceau pour réaliser le moule à pièces.

• Si le modèle est de moyenne ou grande taille en position verticale ou en surplomb, vous devez obligatoirement utiliser la technique de l'enduction au pinceau.

Les différentes techniques de moulage proposées
peuvent être classées en deux grandes catégories, selon les moules obtenus :
- les moules massifs utilisant le procédé de moulage dit *bateau*,
- les moules à membrane souple ou à peau, réalisés avec la technique sous chape ou celle de l'estampage.

Choix de la technique de moulage en fonction du modèle

Matériaux souples : alginate, latex, élastomère de silicone

	Caractéristiques du modèle	Le moule	Techniques préconisées	Avantages	Inconvénients
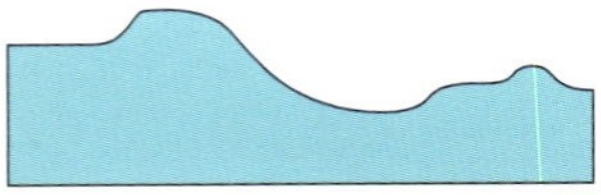 A	Face arrière plate Reliefs peu prononcés (type bas-relief) Légères contre-dépouilles	Moule bateau à 1 pièce	Coulée en masse	Rapidité et facilité d'exécution Bonne stabilité et solidité du moule Manipulation facile	Consommation importante de produit Perte de souplesse due à la masse
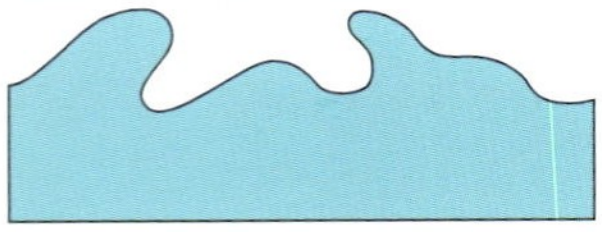 B	Face arrière plate Reliefs plus importants (type haut-relief) Contre-dépouilles	Moule à membrane à 1 pièce	Coulée sous chape Estampage et contre-moule	Faible consommation de produit Démoulage facile Reproduction de modèles à forme complexe Économique	Mise en œuvre plus longue
	Petit et moyen modèles Structure de tous côtés (en ronde-bosse)	Moule bateau à 2 pièces minimum	Coulée en masse	Démoulage facile Bonne stabilité et solidité du moule Rapidité d'exécution	Consommation importante de produit Moule trop volumineux avec risque d'affaissement pour des modèles hauts
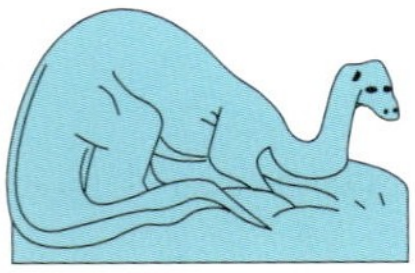	Petit et moyen modèles Structure de tous côtés	Moule chaussette	Trempage ou estampage avec latex ou élastomère de silicone	Pas de plan de joint, donc pas d'ébarbage Faible consommation de produit Démoulage facile	Mise en œuvre plus longue
	Moyen et grand modèles Détails sur toutes les faces (en ronde-bosse) Contre-dépouilles Forme complexe	Moule à membrane à pièces	Coulée sous chape ou par estampage avec contre-moule	Faible consommation de produit Démoulage facile Possibilité de reproduire des modèles complexes	Temps de mise en œuvre important
	Modèle en surplomb ou vertical (rosace, moulure, etc.) Modèle ne pouvant être déplacé	Moule à membrane	Estampage en 1 ou plusieurs parties	Seule solution Économique pour les grandes surfaces	Risque de coulée en cas de surplus de produit

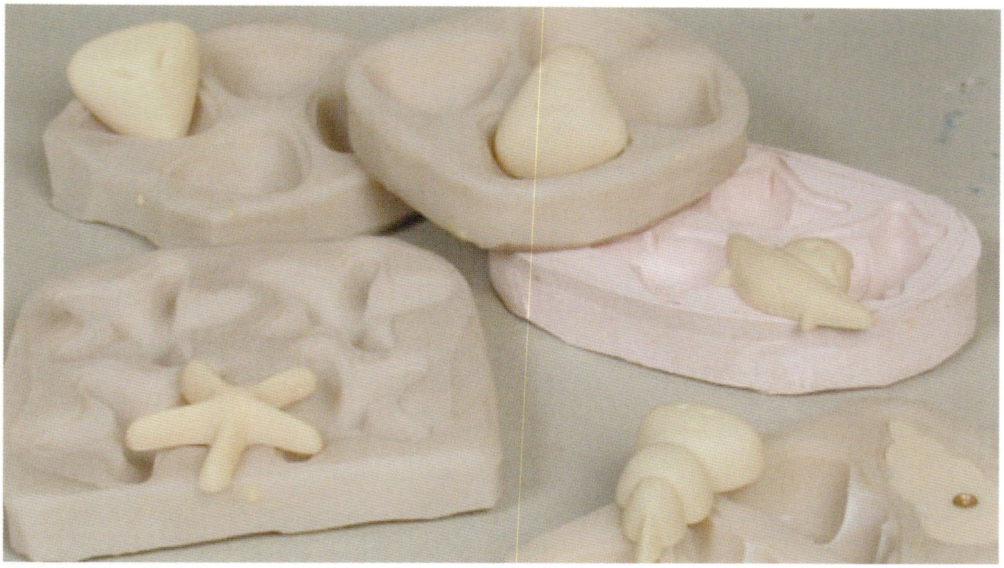

Le choix du moule bateau à une pièce s'imposait pour ces boutons de tiroirs de petite dimension et aux formes simples.

Matériau rigide : plâtre

	Caractéristiques du modèle	Le moule	Techniques préconisées	Avantages	Inconvénients
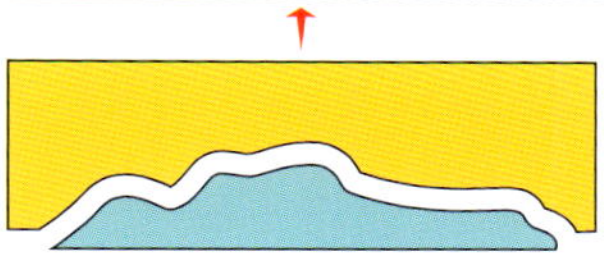	Petit et moyen modèles Face arrière plate Reliefs peu prononcés (type bas-relief) Pas de contre-dépouilles	Moule bateau à 1 pièce	Coulée en masse	Rapidité d'exécution Bonne stabilité du moule Démoulage facile	Moule plus lourd Consommation importante de plâtre
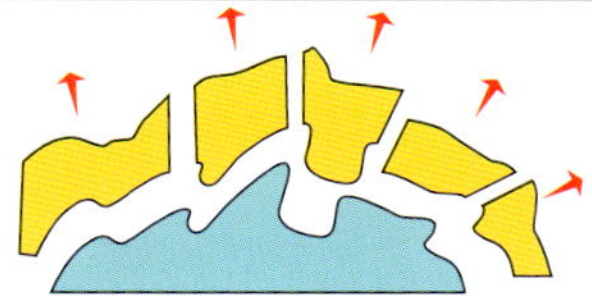	Moyen et grand modèles Face arrière plate Reliefs plus importants (type haut-relief) Contre-dépouilles	Moule chape à pièces	Estampage	Moule plus léger Démoulage facile Consommation moins importante de plâtre	Mise en œuvre plus longue
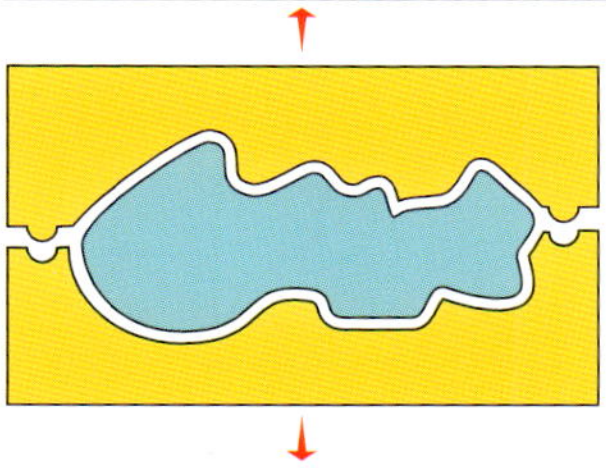	Petit et moyen modèles avec structure de tous côtés (en ronde-bosse)	Moule bateau à pièces	Coulée en masse	Démoulage facile Bonne stabilité du moule	Mise en œuvre plus longue Moule lourd Consommation plus importante de plâtre
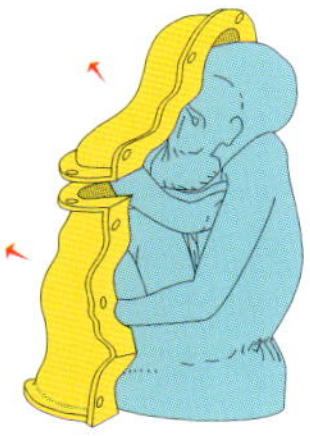	Moyen et grand modèles avec structure de tous côtés Contre-dépouilles Forme complexe	Moule chape à pièces	Estampage	Seule solution Moule plus léger Consommation moins importante de plâtre	Mise en œuvre longue
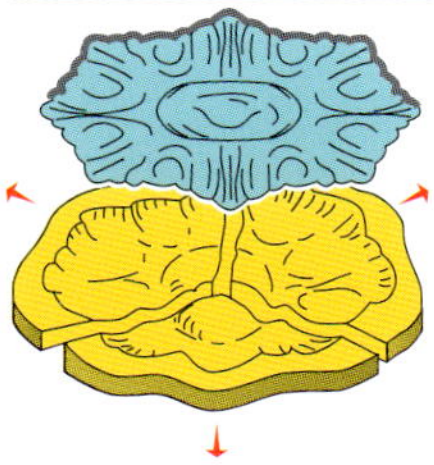	Modèle en surplomb ou vertical (rosace, moulure, etc.)	Moule chape à 1 ou plusieurs pièces	Estampage	Seule solution	Aucun

Nombre de pièces du moule selon le produit de moulage

Petits et moyens modèles

Forme du moule	Produit de moulage						
	Plâtre (Indispensable pour des coulées de barbotine et de latex)	**Élastomère** (Choix technique en fonction du modèle)			**Latex**	**Alginate** (Trop de manipulations pour un moule non-réutilisable)	
		Bateau	Estampage	Sous-chape	Trempage ou estampage	Bateau	Estampage
Pièce ou médaille 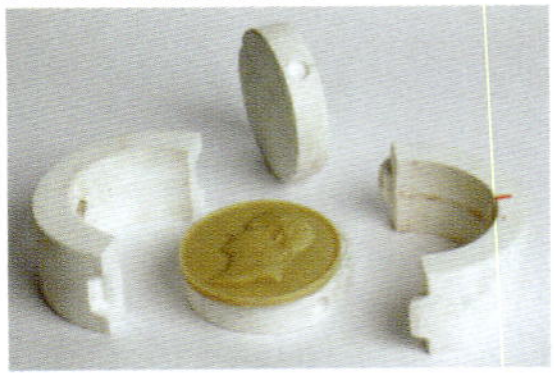	Moule :4 à 5 suivant la tranche	Moule :2	Moule :2 Contre-moule :2	Moule :2 Contre-moule :2	Moule :1 + Contre-moule si nécessaire	Moule :2	Moule :2 Contre-moule :2
Pièce ovale 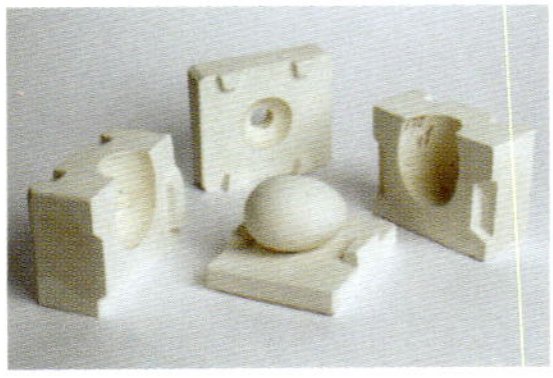	Moule :4 à 5	Moule :2	Moule :2 Contre-moule :2	Moule :2 Contre-moule :2	Impossible	Moule :2	Moule :2 Contre-moule :2
Demi-sphère 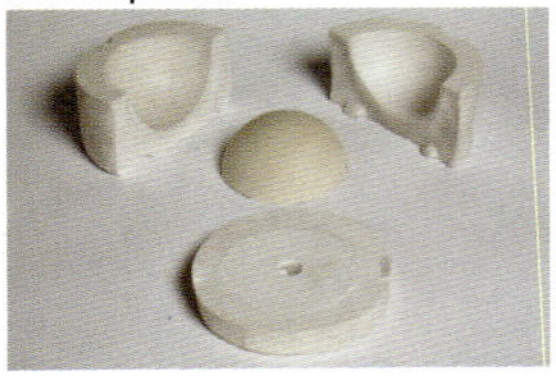	Moule : • 3 pour un tirage creux, barbotine ou latex • 2 pour les autres cas	Moule :1	Moule :1 Contre-moule :2	Moule :1 Contre-moule :2	Moule :1 + contre-moule si nécessaire	Moule :1	Moule : Contre-moule :2
Cylindre 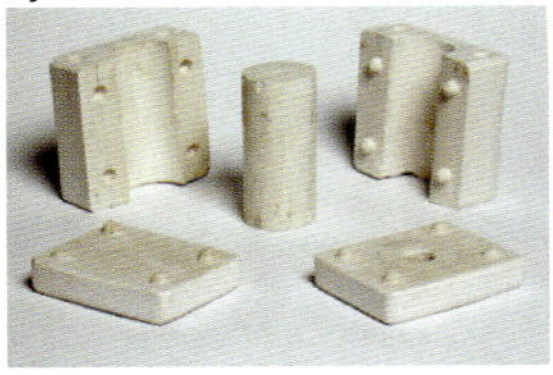	Moule :4	Moule :2	Moule :2 Contre-moule :2	Moule :2 Contre-moule :2	Moule :1 + contre-moule si nécessaire	Moule :1	Moule :2 Contre-moule :2
Carré (Dé) 	Moule :6	Moule :2	Moule :2 Contre-moule :2	Moule :2 Contre-moule :2 un carré	Déconseillé sauf pour sans points	Moule :2	Moule :2 Contre-moule :2
Pyramide 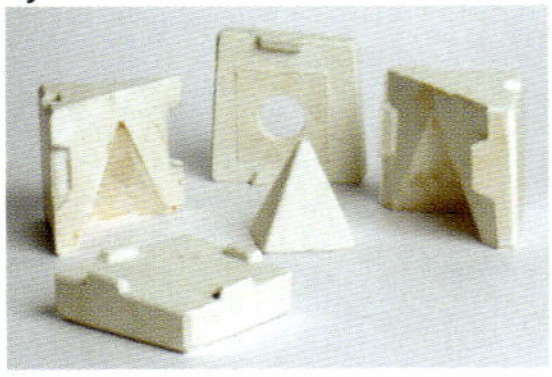	Moule : • 3 pour un tirage creux, barbotine ou latex • 2 pour tirage plein	Moule :1	Moule :1 Contre-moule :2	Moule :1 Contre-moule :2	Moule :1 + contre-moule si nécessaire	Moule :1	Moule :1 Contre-moule :2

Exemples de moules à pièces réalisés à l'atelier Lorenzi...

ou à la Manufacture de Sèvres

5 Le moulage à l'alginate

L'alginate est un produit de moulage constitué principalement d'alginate de sodium, extrait d'algues marines brunes – les *Phaeophyceae* – et de silice fossile appelé *terre de Diatomée*.
Il existe différents alginates, plus ou moins performants, à prise plus ou moins rapide, et adaptés à tel ou tel usage particulier. L'alginate est capable d'enregistrer des détails très fins, à un ou deux microns près, en fonction de la qualité du matériau de tirage. L'élasticité particulière du produit permet la déformation du moule, tout en lui laissant la possibilité de retrouver sa forme originelle après avoir subi une contrainte.
L'alginate est vendu dans les magasins commercialisant les produits de moulage, sous différentes marques et formulations (certaines sont parfumées). Chaque marque exige une technique de préparation, un dosage et un traitement spécifiques.

Présentation

Un peu d'histoire

Les premières études scientifiques sur l'extraction des alginates ont été réalisées par un chimiste britannique, E. C. Stanford, à la fin du XIXe siècle. C'est au cours de travaux sur l'extraction de l'iode à partir d'algues marines, en 1883, qu'il découvrit sur la variété d'algues *Laminaria digitata*, une substance aux nombreuses et intéressantes propriétés, qu'il appela *algine*. Il l'identifia ensuite comme acide, la rebaptisa *acide alginique*, et en conçut quelques applications industrielles, notamment dans le domaine alimentaire pour épaissir et gélifier des solutions (soupes, gelées, etc.).
Mais ce n'est que cinquante ans plus tard, aux États-Unis, qu'a véritablement démarré la production industrielle d'alginate, utilisée d'abord pour conserver des aliments destinés aux marins, l'alginate étant biodégradable et non toxique.

Fabrication

L'algue est coupée et nettoyée après récolte. Puis elle est mise à macérer dans un acide minéral dilué, pour être déminéralisée. L'alginate contenu dans l'algue est ainsi transformé en acide alginique, et les constituants indésirables éliminés. Les algues déminéralisées sont alors broyées en présence d'un alcali ou d'un sel alcalin afin de neutraliser l'acide alginique et de le solubiliser sous forme de sel. L'alginate est ensuite extrait et traité. Il est précipité, pressé, lavé et essoré, puis neutralisé, séché et moulu.
L'alginate utilisé comme matériau d'empreinte est fabriqué à partir d'un alginate soluble de sodium ou de potassium, dilué dans l'eau afin d'obtenir un gel. On y rajoute alors des sels de calcium insolubles qui vont déplacer le sodium ou le potassium et se fixer sur l'alginate. On y adjoint encore un retardateur pour fixer le temps de travail et de prise, des dérivés fluorés pour assurer une bonne compatibilité avec le plâtre, un colorant pour une meilleure lecture de l'empreinte, et un parfum. Enfin, des charges diverses vont favoriser la dissolution de ses principes actifs. Au final, ce produit de moulage se présente sous la forme d'une poudre contenant de douze à vingt composants (dont l'alginate comme matière première gélifiante).

Utilisation

L'alginate est un nom générique. Il est utilisé comme matière première dans des industries aussi diverses que celles du textile, des produits alimentaires ou pharmaceutiques...
Dans l'industrie textile, l'alginate s'emploie pour épaissir la pâte à imprimer et rehausser la brillance des couleurs; son bon coefficient de solubilité dans l'eau améliore le confort des textiles. Dans l'industrie alimentaire, il sert à épaissir, gélifier et stabiliser des aliments comme les crèmes, les confitures, les gelées, les sauces, les sirops, etc. (agents figurant sur les emballages sous les codes E401, E402, E403 et E404). Ses propriétés émulsifiantes l'ont également imposé dans la fabrication de produits d'entretien et de cosmétiques (crèmes, shampoings, pâtes dentifrice…).
Enfin dans l'industrie pharmaceutique, l'alginate sert à enrober pilules et dragées, entre

Conditionnement de l'alginate dans le laboratoire pharmaceutique Dentoria

Marc-André Figueres dans son atelier avec un bas-relief réalisé à l'alginate

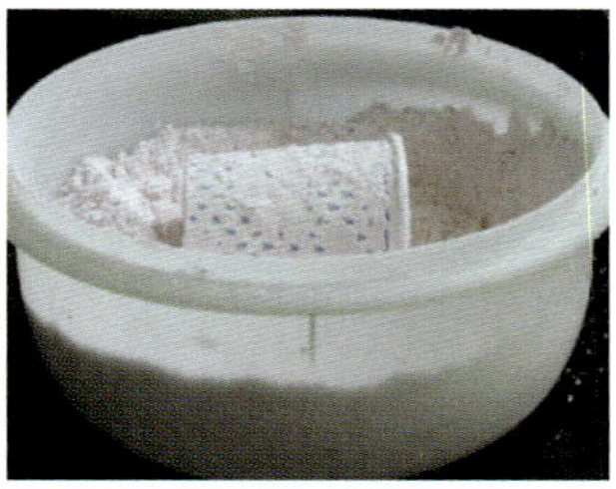

L'alginate en poudre est mélangé dans une cuvette ronde.

dans la confection des gélules et joue un rôle clé dans la prévention des brûlures d'estomac.

Dans les années 80, des artistes ont commencé à s'intéresser à l'alginate, utilisé jusqu'alors exclusivement par les dentistes pour les prises d'empreintes. Ce produit s'est avéré un matériau de moulage unique, particulièrement efficace et performant, et surtout d'une grande souplesse et facilité d'utilisation.

À base d'eau, l'alginate peut s'appliquer sur de nombreux supports. Il est particulièrement utilisé pour mouler des modèles que l'on veut préserver, comme par exemple des objets poreux, vernis, peints ou dorés, qu'il ne risque pas de détériorer (contrairement aux silicones qui graissent le modèle). Non toxique, il est recommandé pour les prises d'empreintes corporelles.

Attention

L'alginate reste souple après sa prise, donc déformable et fragile: pour éviter des déchirures au démoulage, préférez des modèles ne comportant pas de fortes contre-dépouilles.

Mode d'emploi

L'alginate est le seul produit de moulage qui ne nécessite **pas d'agent isolant.** Il peut être mis en contact direct avec la peau et les muqueuses pour la prise d'empreintes corporelles. Veillez cependant à frotter les surfaces pileuses avec du savon humidifié pour éviter à l'alginate d'y pénétrer et d'accrocher. De la même façon, protégez les cheveux avec un film plastique ou un bonnet de bain.

Attention

Dans le cas de supports poreux, donc absorbants, un traitement préalable du modèle est nécessaire pour éviter les risques d'accrochage. Appliquez alors un agent isolant: de la liqueur de savon noir, de la graisse de vaseline ou de la cire si la pièce le permet (voir *Agents isolants*, pp. 26-31).

Préparation. La plupart des alginates sont vendus conditionnés dans des sachets en plastique. À force d'être manipulés, la poudre qu'ils contiennent se tasse: transférez-la dans une boîte munie d'un couvercle. Avant utilisation, retournez la boîte trois ou quatre fois en la secouant. Les dosages indiqués dans les modes d'emploi de chaque marque sont toujours calculés en fonction d'une poudre aérée.

L'alginate doit être mélangé à de l'eau pour trouver sa consistance gélatineuse. Sachez que c'est sa viscosité qui définit son aptitude à se diffuser; plus elle est élevée et mieux l'alginate se répartit autour des détails. Les proportions varient selon les marques et la technique de moulage choisie (bateau, estampage), mais ne nécessitent pas une précision absolue. Essayez toutefois de respecter la fiche technique du fabricant.

Attention

Un surplus d'eau fragilise le moule.

Choisissez de préférence une cuvette ronde en plastique afin de faciliter le mélange. Dosez l'eau dans un récipient séparé et la poudre dans la cuvette. Versez l'eau sur la poudre et, aussitôt, mélangez activement à l'aide d'un fouet en faisant un mouvement de va-et-vient et en frappant d'un bord à l'autre de la cuvette tout en la faisant tourner sur elle-même de l'autre main. Raclez bien le fond et les bords pour obtenir un mélange homogène.

Astuce

Pour obtenir une préparation encore plus homogène, vous pouvez au préalable tamiser la poudre dans une passoire à mailles fines.

Veillez à ne jamais soulever la pâte sous peine d'y enfermer de l'air. Dans tous les cas, après le mélange, saisissez la cuvette à deux mains et tapez le fond, par petits coups secs, pour faire remonter les éventuelles bulles d'air à la surface.

La prise d'empreinte.
Le *temps de prise* est le laps de temps s'écoulant depuis le début du mélange jusqu'au démoulage. Il fluctue selon la température et la qualité de l'eau. Une eau très calcaire ou plus chaude va réduire le temps de prise. Généralement, vous disposez d'un temps oscillant

entre 2 et 8 mn environ selon les marques et la température ambiante. La prise sera plus rapide sur un support chaud comme la peau que sur un support froid comme une médaille. Pour la retarder, utilisez de l'eau froide, même glacée, lors du mélange. Pour l'accélérer, prenez de l'eau tiède.

Astuces

Pour vos premiers moulages en alginate, préférez une eau très froide pour disposer d'un maximum de temps.
Sachez qu'un alginate liquide n'adhère pas sur un alginate qui a déjà pris ou commence à prendre. Préparez bien les quantités d'eau et de poudre nécessaires; comme pour le plâtre, vous ne pourrez pas ajouter d'eau en cours de travail!

Le tirage. Choisissez généralement **le plâtre de synthèse** comme matériau de tirage. Pour éviter d'enfermer de l'air au moment de la coulée, imprimez au préalable l'intérieur du moule au pinceau avant de verser le restant du plâtre. Dans le cas de l'empreinte d'une main, pour être sûr que le plâtre pénètre dans les moindres recoins, remplissez complètement le moule, puis videz-le progressivement en le faisant tourner sur lui-même. Versez de nouveau le produit contre les parois du moule en un mince filet pour éviter la formation de bulles, surtout au niveau des contre-dépouilles. Inclinez le moule en fonction de la position des doigts et tapotez l'extérieur pour faire remonter les bulles d'air. Vous pouvez néanmoins utiliser d'**autres matériaux de tirage** comme la stéarine, la paraffine, la cire de moulage, du plâtre très dur, ou encore certaines résines polyuréthanes compatibles en milieu aqueux. En règle générale, un moule en alginate n'a pas besoin de traitement préalable à la coulée du matériau de reproduction. Toutefois, vérifiez toujours le mode d'emploi des produits.

Le démoulage. Dans tous les cas, attendez le refroidissement complet du matériau de reproduction avant de démouler. L'alginate étant le produit de moulage ayant la plus faible résistance, le démoulage constitue souvent l'opération la plus délicate. Si le modèle ne possède que de légères contre-dépouilles, le démoulage s'effectuera aisément. Dans la technique de l'estampage, si le modèle possède des contre-dépouilles que le moule en alginate n'a pas lissées, déformez légèrement le contre-moule en l'écartant pour le retirer.

Astuce

Pour faciliter le démoulage, vous pouvez éventuellement pratiquer une légère incision sur le moule au cutter.

En règle générale, **un moule en alginate peut être utilisé pendant 2 h environ**. Ensuite, il se déshydrate, ce qui se traduit par un rétrécissement progressif et une déformation du moule. Il est donc impératif d'effectuer un maximum de tirages pendant ce laps de temps.

Astuces

Vous pouvez retarder, voire bloquer l'évaporation, en mettant le moule dans un récipient en plastique muni d'un couvercle et dont vous revêterez le fond d'un lit de coton trempé dans de l'eau froide. Pour le conserver encore plus longtemps, vous pouvez également l'immerger totalement de temps à autre, ou le placer entre chaque coulée dans le réfrigérateur. Ces techniques vous permettront de préserver votre moule plus longtemps.
Enfin, utilisez de préférence un matériau de tirage à base d'eau – comme le plâtre. En effet les cires chaudes ou les résines qui chauffent lors de leur prise, accélèrent le phénomène d'évaporation.

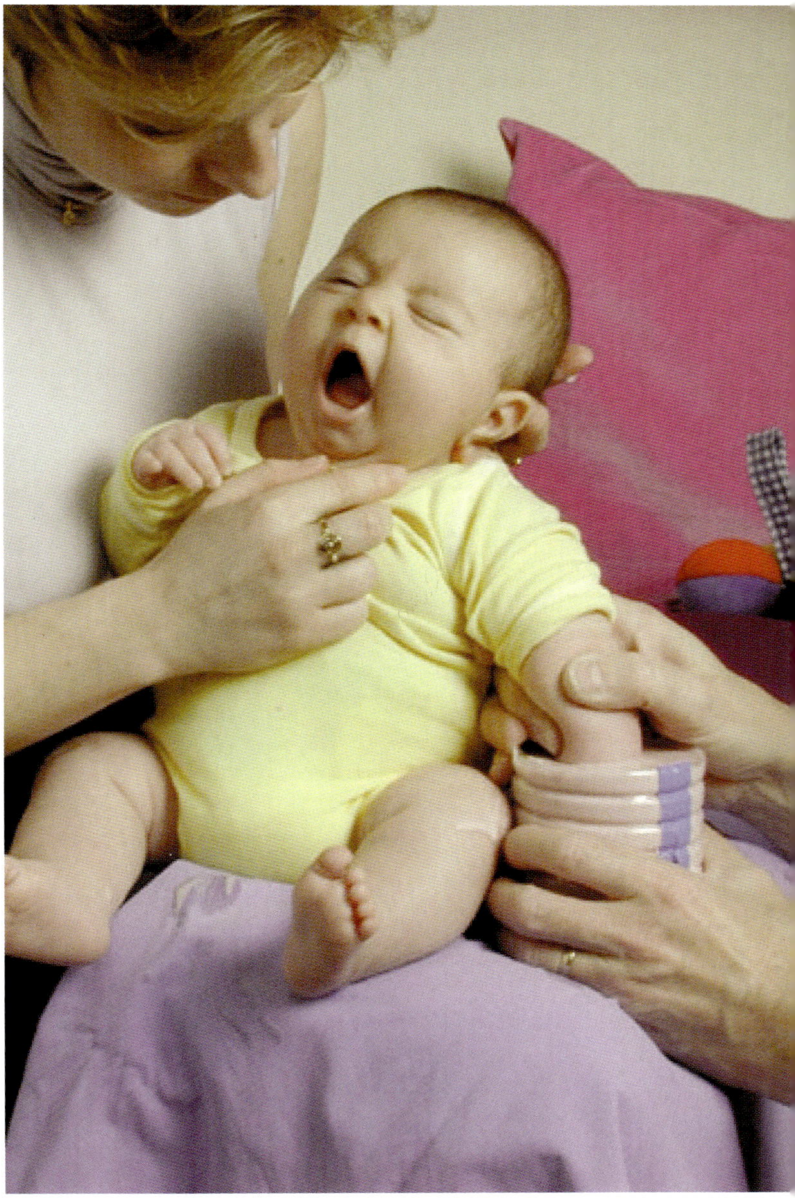

Pour mouler la main de ce bébé, la technique la plus adaptée est celle du moulage à creux perdu. Le bâillement de Margaux montre que la prise d'empreinte à l'alginate se fait tout en douceur.

Les techniques de moulage

Le moulage à l'alginate peut faire appel à différentes techniques – moulage bateau à une ou deux pièces, moulage à creux perdu ou moulage par estampage. C'est la particularité du modèle qui déterminera la mieux adaptée en tenant compte des contraintes spécifiques (voir tableaux p. 36 et 38).

MOULAGE D'UN MODÈLE DE TYPE BAS-RELIEF

1 Fixez le modèle (ici une statuette Maya) avec un peu de plastiline et entourez-le d'un mur de terre ou de plastiline.

2 Préparez une petite quantité d'alginate comme indiqué page 42 (environ 80 g pour 24 cl d'eau). Imprimez le modèle à l'aide d'un pinceau imbibé d'alginate.

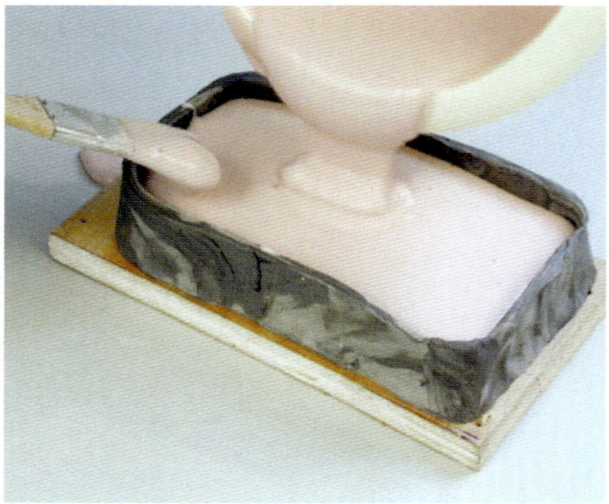

3 Versez ensuite le reste de l'alginate en masse, jusqu'à recouvrir complètement le modèle d'une couche d'une épaisseur de 1 cm environ.

4 Laissez prendre une dizaine de minutes et démoulez. Préparez une petite quantité de plâtre de synthèse spécial moulage (environ 100 g pour 25 cl d'eau). Imprimez au pinceau l'intérieur du moule avant de verser le reste de la préparation en masse. Laissez prendre pendant 30 mn environ. Écartez les bords du moule et soulevez-les progressivement pour dégager le tirage. Le séchage définitif s'obtient au bout de 3 h environ.

Le moulage bateau à une pièce

Cette technique de moulage à bon creux est particulièrement adaptée aux modèles dit de dépouille ou présentant de légères contre-dépouilles. Elle permet d'obtenir un moule épais pouvant supporter plusieurs tirages. Son inconvénient est l'utilisation d'une plus grande quantité de produit, l'alginate étant versé en masse.

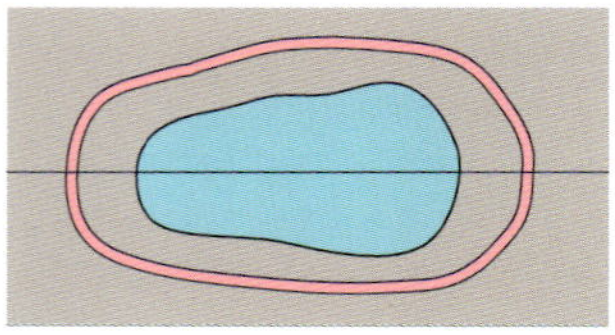

Le mur permet de suivre le modèle

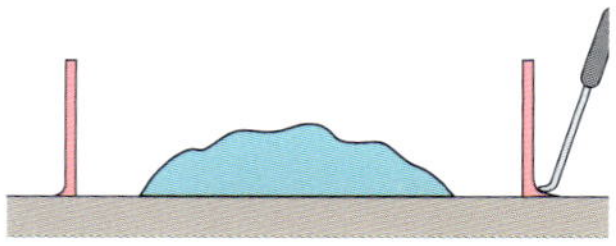

Le moule bateau à une pièce

Le moulage à creux perdu

Le moulage à creux perdu est indiqué pour mouler des modèles plus complexes et comprenant des noirs ou des contre-dépouilles (par exemple, une main avec les doigts en position de très fortes contre-dépouilles). L'avantage de cette technique réside dans sa rapidité et sa simplicité d'exécution. L'alginate permet également, contrairement aux autres produits de moulage, une immobilisation très courte du modèle, particulièrement appréciable dans le cas d'empreintes corporelles. Enfin, dans le cas de modèles présentant de fortes contre-dépouilles, elle permet d'éviter sur le tirage la création de barbes en relief au niveau du plan de joint d'un moule à pièces.
Le moule doit obligatoirement être détruit pour dégager le tirage unique, appelé *épreuve*. Vous pouvez éventuellement modifier cette épreuve ou la rectifier afin de réaliser, ensuite, un moule en élastomère de silicone pour procéder à des reproductions en série.

MOULAGE D'UNE MAIN DE BÉBÉ

1 Préparez le récipient en le coupant au cutter (hauteur et fond). Refermez avec de l'adhésif toile.

2 Préparez l'alginate (ici un verre de poudre pour deux verres d'eau) et plongez rapidement la main de l'enfant dans la préparation pour la première impression.

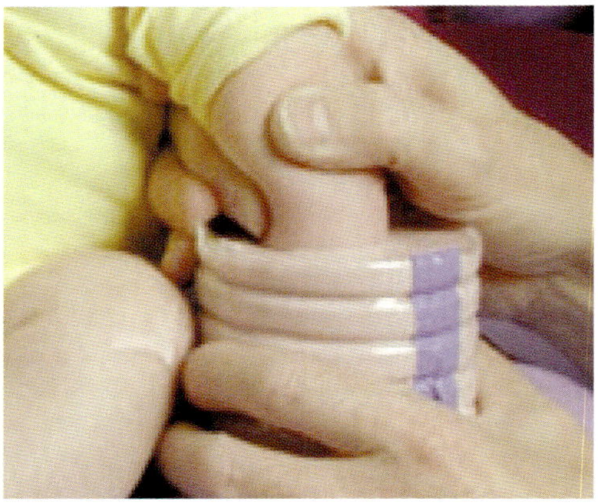

3 Remplissez le récipient aux trois quarts et plongez la main dans l'alginate. Maintenez-la pour qu'elle reste immobile jusqu'à la prise. Faites alors couler un mince filet d'eau tiède entre la main et l'alginate pour faciliter le démoulage.

4 Préparez le plâtre du tirage (environ 100 g pour 25 cl d'eau; il est préférable, pour ce type de tirage, d'utiliser un plâtre de synthèse bien dur) et versez-le dans le moule légèrement penché. Laissez prendre 30 mn au minimum.

5 Ouvrez alors le récipient et retirez le moule. Épluchez délicatement l'alginate avec un couteau. Pensez à effectuer des tests à l'aide d'une aiguille pour ne pas abîmer le tirage.

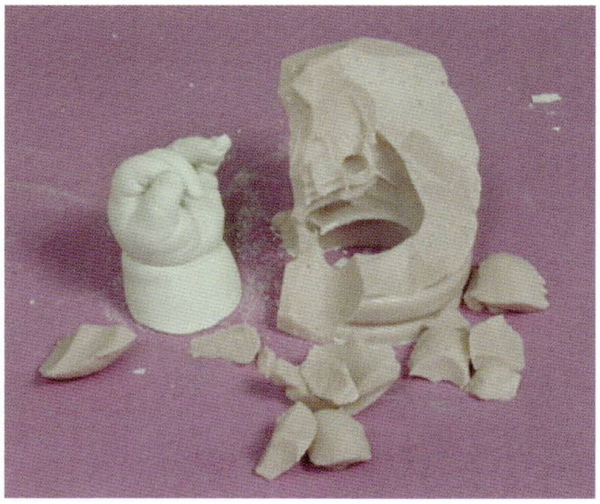

6 La position de la main est une surprise que l'on découvre seulement à cette étape, surtout dans le cas d'un modèle aussi jeune !

Le moulage par estampage à bon creux

Cette technique est recommandée pour les prises d'empreintes de visage ou de buste, les larges moulures, les hauts-reliefs, et tous les modèles usant de plus grandes quantités de produit. Très économique, elle consiste à déposer une couche d'alginate d'environ 2 cm à l'aide de la main, d'un pinceau ou d'une spatule. Pour le dosage, prévoyez en général un mélange moitié alginate / moitié eau à température ambiante.
Le moule souple peut comporter plusieurs pièces, mais il doit être maintenu dans un contre-moule rigide pour éviter tout risque d'affaissement au moment de la coulée du matériau de tirage, et de déchirures au démoulage. Utilisez de préférence des bandes plâtrées pour fabriquer le contre-moule. Démoulez ensuite avec délicatesse : le moule sera ainsi réutilisable pour de nombreux tirages.
Pour des modèles positionnés verticalement, il est parfois difficile de réaliser en une seule application une membrane d'épaisseur suffisante. Le poids de l'alginate engendrant des coulures, le moulage doit alors s'effectuer en plusieurs couches (moulage dit *en stratifié*).

Astuce

L'alginate liquide n'adhère pas sur un alginate déjà pris. Dès que la première couche commence à prendre, frottez-la légèrement du bout des doigts afin de produire de légères aspérités qui constitueront la base d'accrochage de la seconde application.

Avec un peu d'habitude, vous pourrez néanmoins réaliser l'empreinte en une seule fois. Veillez alors à remonter le produit régulièrement jusqu'à la gélification et couvrez rapidement le modèle d'une bonne épaisseur.

MOULAGE D'UN VISAGE

Avant toute chose, prenez le temps de lire attentivement les conseils de préparation psychologique du modèle donnés dans le chapitre *Le moulage en bandes plâtrées*, p. 54. Mouler un visage est en effet une opération complexe, tant pour le mouleur que pour son modèle. Dans la plupart des cas, le stress ne naît souvent qu'à cause d'erreurs psychologiques commises par le mouleur.

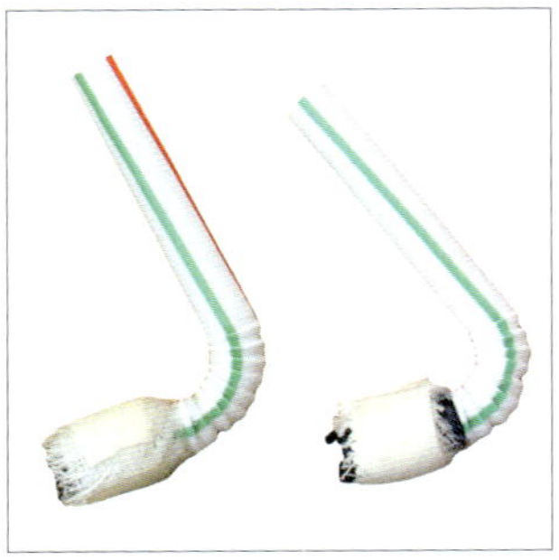

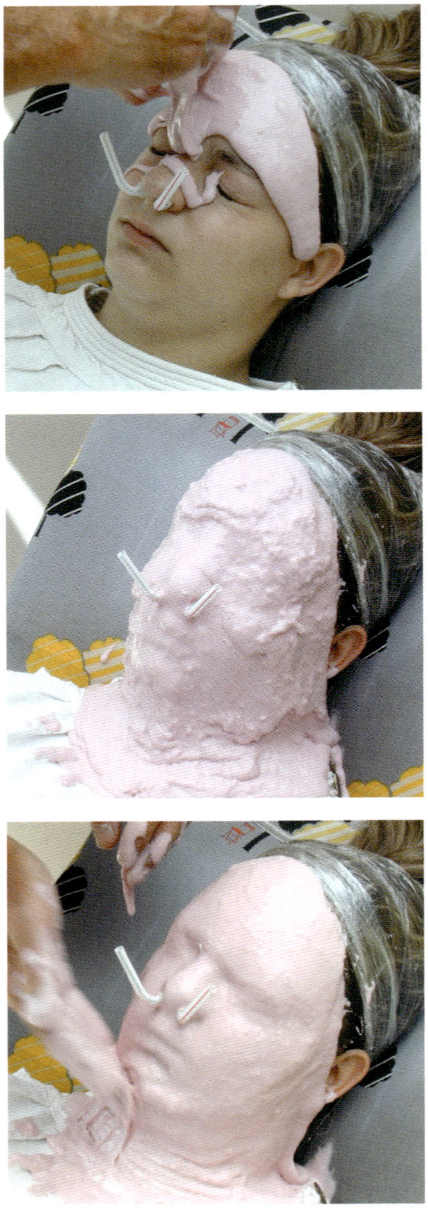

1 Protégez la chevelure du modèle avec un film plastique (ou un bonnet de bain) et ses oreilles avec du coton hydrophile. Préparez l'alginate (300 g pour 300 cl d'eau) et appliquez-le rapidement en commençant par le haut du front et recouvrez intégralement le visage. Pendant un moment l'alginate est coulant, remontez-le régulièrement jusqu'à ce qu'il commence à se gélifier. Laissez prendre (environ 5 mn).

Astuce

Pour plus de sécurité et pour entendre la respiration du modèle, insérez doucement dans chacune des narines du modèle une paille coudée entourée d'un petit morceau de gaze ou de coton, dont l'extrémité sera dirigée vers le haut.

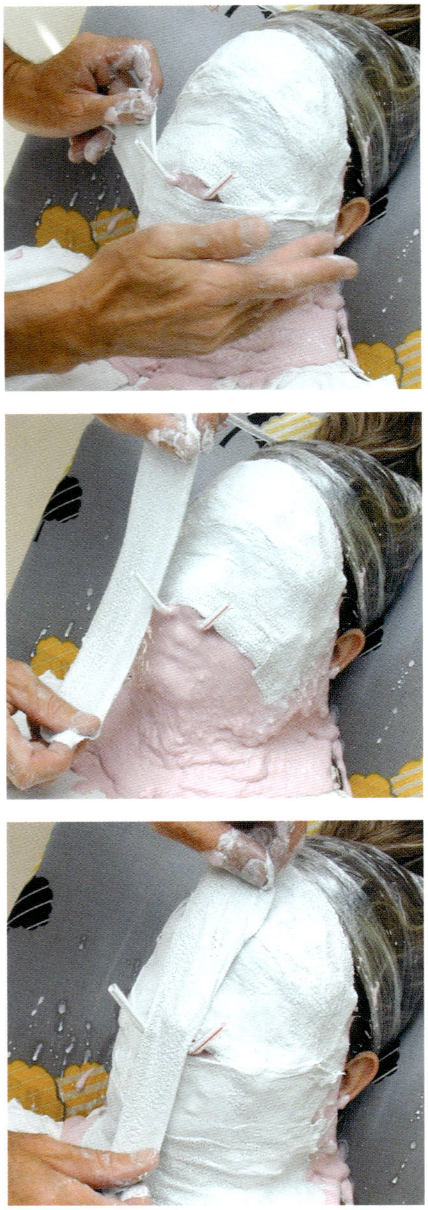

2 Réalisation du contre-moule. Découpez les bandes plâtrées à la longueur voulue. Trempez chaque morceau au fur et à mesure rapidement dans l'eau tiède pour accélérer la prise. Placez-les en les faisant se chevaucher légèrement jusqu'à ce que l'alginate soit entièrement recouvert. Lissez la surface avec la main pour égaliser le plâtre.
Sans attendre que les bandes soient complètement prises, appliquez à nouveau des morceaux de bandes plâtrées, mais cette fois en sens contraire pour obtenir une solidité dimensionnelle. Trois ou quatre épaisseurs sont nécessaires pour fabriquer un contre-moule solide, capable de supporter le poids du moule et du matériau de tirage. À la dernière application, lissez rapidement avec la main en ajoutant éventuellement un peu d'eau. Vous pouvez accélérer la prise avec un séchoir à main.

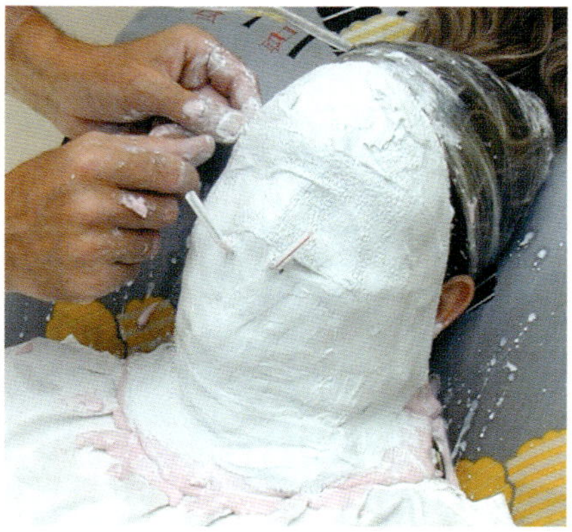

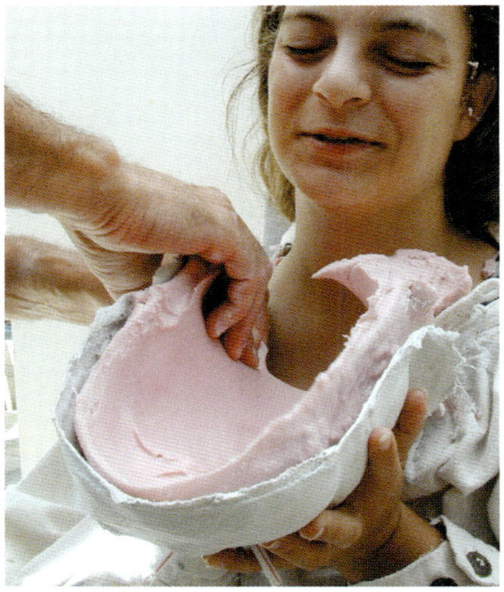

3 Pour retirer l'empreinte, appuyez et tirez légèrement sur la peau tout autour du moule pour créer un appel d'air. Demandez au modèle de vous aider en faisant des grimaces et en penchant sa tête en avant ou sur le côté.

4 **Tirage.** Calez le contre-moule sur un lit de chiffons ou un sac rempli de sable. Fermez les narines avec de la plastiline en reconstituant les creux. Préparez le plâtre de synthèse (1 kg pour 250 cl d'eau). Imprimez l'intérieur du moule avec un pinceau-brosse en remontant le plâtre le long des parois. Pour une bonne épaisseur, prévoyez 2 à 3 applications.

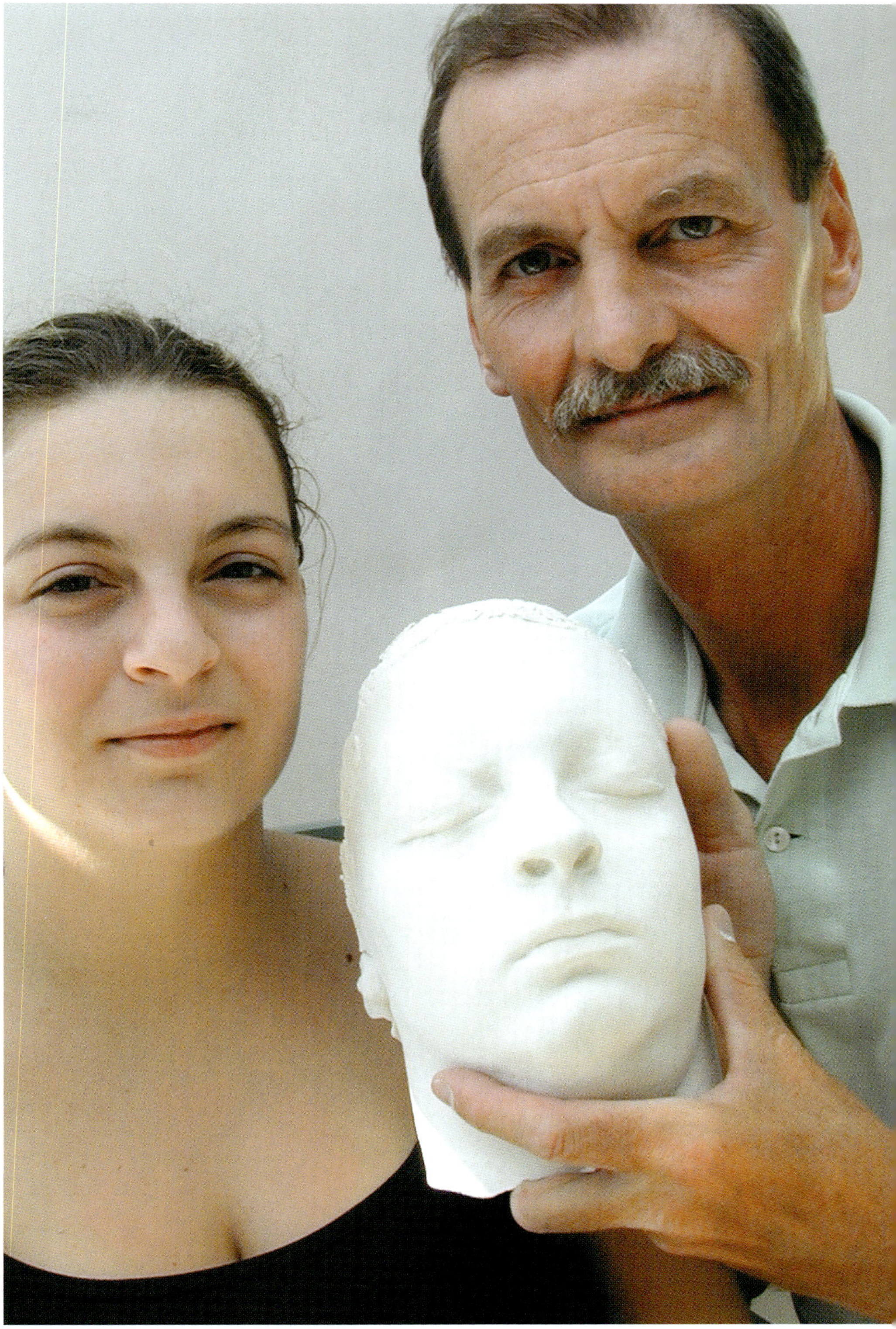

Jean-Pierre Delpech, Lydie le modèle, et son tirage

5 Laissez prendre 1 h environ, démoulez délicatement, puis laissez sécher le tirage. Pour fabriquer le socle vous pouvez positionner le tirage verticalement dans un récipient souple (démoulable) rempli de plâtre liquide.

À savoir

Dans le cas du moulage d'une tête entière, il faudra réaliser deux demi-moules (visage et arrière du crâne), et donc délimiter un plan de joint correspondant à ces demi-moules.

6

Le moulage en bandes plâtrées

Une bande plâtrée est un tressage à fines mailles de lin ou de coton, chargé de plâtre sec. Sa parfaite malléabilité une fois humidifiée en fait un matériau de moulage à la fois simple et rapide à utiliser, et surtout très économique.
Elle offre un temps de modelage optimum (le temps de prise d'une bande étant allongé par la pose de la bande suivante), ce qui en fait un matériau précieux pour le moulage du corps. Sa grande dureté et sa haute résistance au choc, une fois le plâtre solidifié, garantissent la solidité du moule et lui confèrent une forte résistance. Il existe plusieurs sortes de bandes plâtrées, différant par leur teneur en plâtre. De leur choix dépendra la qualité finale de l'empreinte. Achetez de préférence des bandes chargées en plâtre fin; elles offrent une meilleure fidélité d'empreinte (surtout pour les détails) tout en garantissant une bonne résistance du moule.

Astuce

Pour une parfaite conservation des bandes plâtrées, stockez-les toujours dans un endroit sec, à une température inférieure à 30°C, et dans leur emballage d'origine. Si elles sont entamées, placez-les dans un sachet plastique fermé avec un élastique.

Le matériel de moulage : bandes plâtrées de différentes tailles, ciseaux, vaseline, etc.

Présentation

Un peu d'histoire

L'usage de la bande plâtrée a des origines très reculées et méditerranéennes. En effet, les Égyptiens utilisaient déjà le plâtre comme matériau de moulage, tant pour la réalisation de sculptures que pour la prise d'empreintes corporelles.
Le plus ancien masque connu, trouvé à Saqqara, site archéologique situé au sud-ouest du Caire, serait celui du roi Téty, de la VIe dynastie, mort autour de 2400 ans avant Jésus-Christ. Mais c'est la technique du cartonnage (assemblage de plusieurs couches de toiles de lin agglomérées avec du plâtre) utilisée alors pour habiller les sarcophages et les momies, qui peut être considérée comme l'ancêtre véritable des bandes plâtrées.

Fabrication

Une bande plâtrée est constituée d'une gaze de coton pur enduite de plâtre très résistant, auquel sont ajoutés divers colles et liants. Les colles et les liants assurent l'adhérence du plâtre sur tous les matériaux. Ils sont non toxiques, y compris sur l'épiderme. Les bandes plâtrées sont généralement ignifuges.

Utilisation

Les bandes plâtrées sont couramment employées dans le domaine médical pour la réalisation de plâtres d'urgence (fracture des os, entorses, etc.). Elles interviennent également dans des domaines aussi variés que la taxidermie, la restauration et la décoration de surface, l'isolation des tuyauteries et le moulage industriel. En bricolage, elles servent à protéger, renforcer, fixer et caler.

Divisez le modèle en carrés et en rectangles, et définissez les formats de découpe en fonction de son architecture.

CONSTRUCTION D'UN ÉLÉMENT DE CHAR

1 Construction de l'armature

2 Pose des bandes

3 Détail de la queue

En modelage, les bandes plâtrées sont utilisées pour confectionner marionnettes, masques et décors. En sculpture, elles contribuent à l'habillage de châssis métalliques ou de structures supportant le matériau de modelage. **Enfin, les bandes plâtrées jouent un rôle important dans le moulage** où elles sont, avec l'alginate, un matériau privilégié de prise d'empreintes du corps. Elles peuvent s'appliquer sur tous types de supports sans les altérer, mais nécessitent toujours l'emploi d'un agent isolant. Réservez de préférence leur utilisation aux petits ou moyens modèles, totalement de dépouille ou avec de légères contre-dépouilles, et pour des tirages en nombre réduit, le moule se déformant un peu plus à chaque tirage. Les bandes plâtrées sont aussi couramment employées pour fabriquer les contre-moules.

Mode d'emploi

Les bandes plâtrées sont immédiatement **prêtes à l'emploi**, la fine pellicule de plâtre sec déposée sur le tressage de coton réagissant en effet instantanément à l'eau. Cependant, le plâtre ayant un pouvoir adhésif élevé, il est nécessaire de traiter à la fois la surface du modèle et celle du moule avec un **agent isolant**, pour les protéger et faciliter le démoulage. Utilisez de préférence de la vaseline, un gel isolant et anti-adhérent qui ne pénètre pas et ne sèche pas. Son application est décisive tant pour la qualité de l'empreinte, que pour permettre un démoulage facile et un tirage sans défauts. Déposez donc plusieurs noisettes de vaseline sur le modèle, proportionnellement à sa surface, et étalez-la uniformément en veillant à bien recouvrir l'ensemble.

Astuce

La vaseline étant translucide, il est difficile de voir les surépaisseurs. Or, elles risquent de créer des reliefs inopportuns ou de gommer les détails. Graissez donc abondamment la surface du modèle, puis retirez l'excédent à l'aide d'un mouchoir en papier pour ne laisser qu'un léger film d'épaisseur homogène. De cette façon, vous ne boucherez pas les pores de la peau et obtiendrez une reproduction fidèle.

Pour le tirage, isolez de la même manière l'intérieur du moule et laissez sécher avant d'effectuer la coulée. **Le découpage des bandes s'effectue à l'aide d'une simple paire de ciseaux.** Pour ce faire, divisez le modèle en carrés et en rectangles, et définissez les formats de découpe en fonction de son architecture. Prévoyez dès le départ de doubler la quantité de bandes pour la couche de renfort. De la même manière, découpez toujours un jeu de sûreté – environ un quart de bandes supplémentaires – qui vous sera utile en cas de problème.

Attention

Découpez impérativement à l'avance ces jeux de bandes, car il est difficile de procéder à cette opération en cours de travail.
Évitez également de les poser sur une table humide ou de les découper avec des mains mouillées, sous peine de les rendre inutilisables.

C'est le volume d'eau absorbé par la bande plâtrée qui détermine la qualité du moulage. Le temps de trempage doit donc être proportionnel à la charge de plâtre sec afin de ne récupérer que l'eau nécessaire à sa réaction.
Prenez une cuvette (ou autre récipient en plastique assez large) et remplissez-la d'un tiers d'eau. Tenez la bande prédécoupée avec les deux mains par ses angles supérieurs. Trempez-la dans l'eau et ressortez-la immédiatement. Ne l'immergez pas une seconde fois, même si elle vous paraît un peu sèche ou pas assez imbibée. Dans le cas contraire, secouez-la légèrement afin d'évacuer le surplus d'eau.

Attention

Veillez à ne jamais essorer la bande, ni à l'égoutter contre le bord de la bassine sous peine d'ôter le plâtre.

Posez immédiatement la bande sur le modèle, à l'endroit correspondant, en évitant de faire des plis. Lissez ensuite doucement du bout des doigts pour faire disparaître sa trame sous une pellicule homogène de plâtre. Lorsqu'elle a complètement disparu, c'est signe que l'empreinte est bien prise.

Rectifiez immédiatement en cas d'erreur. Appliquez ensuite la bande suivante en la faisant toujours chevaucher la précédente sur un centimètre environ. Recouvrez ainsi la totalité de la surface du modèle.
Posez alors la deuxième couche en croisant les bandes. Évitez impérativement les surcharges de bandes qui gêneraient le démoulage. Deux épaisseurs de bandes bien lissées et croisées entre elles suffisent, la première conférant la précision et la seconde, la solidité. La prise commence une minute après la fin du travail de moulage. Le moule étant encore fragile et déformable, demandez au modèle de ne pas bouger pendant toute sa durée.

Le temps de prise est fonction de la température de l'eau. Pour une eau à température ambiante, il intervient au bout de 2 à 3 mn environ. Il est cependant toujours inférieur à 5 mn.

Astuce

Pour allonger le temps de prise et disposer d'un temps de travail maximum, préférez une eau très froide. Pour l'accélérer, prévoyez au contraire une eau tiède, le plâtre pouvant sécher en moins d'une minute.

Un moule en bandes plâtrées peut en principe être réutilisé plusieurs fois s'il n'a pas été abîmé au démoulage. Mais il va se déformer progressivement à chaque nouveau tirage, diminuant ainsi à mesure leur qualité. Mieux vaut donc le réserver aux tirages uniques.

Astuce

Pour un tirage plus élaboré, passez au pinceau deux couches de gomme-laque à l'intérieur du moule et une cire de démoulage en laissant bien sécher entre chaque application.

Pour conserver longtemps un moule en bandes plâtrées, placez-le dans un endroit sec et fermé ; en effet, il résiste mal à l'humidité ou à une exposition à l'extérieur.

Ébarbage du tirage

Les techniques de moulage

Le moule à une pièce pour modèle à plat avec socle

MOULAGE D'UNE DEMI-MAIN SUR UN SOCLE

1 **Préparation.** Découpez un nombre suffisant de morceaux de bandes plâtrées de différentes tailles (voir pp. 50-51) et gardez-les en attente. Prévoyez des bandes plus longues pour le socle. Choisissez comme support une planche en stratifié légèrement plus large que la taille de la main du modèle. Graissez la surface de la planche, ses bords, ainsi que la main à l'aide de vaseline. Retirez le surplus. Placez la main bien à plat sur la planche.

2 **Première application.** Commencez le moulage en posant un premier carré de bande humidifié sur le dos de la main, dans sa partie la plus large. Lissez délicatement jusqu'à disparition de la trame sous le plâtre.

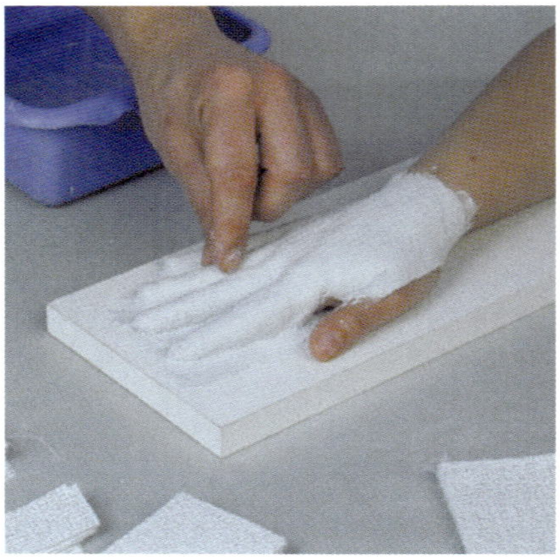

3 Posez les bandes suivantes de la même manière en veillant à ce que chaque nouvelle bande chevauche la précédente d'1 cm. Recouvrez ainsi la totalité de la main et du socle. Veillez à travailler avec soin car c'est de la précision de cette première empreinte que dépendra la qualité du tirage.

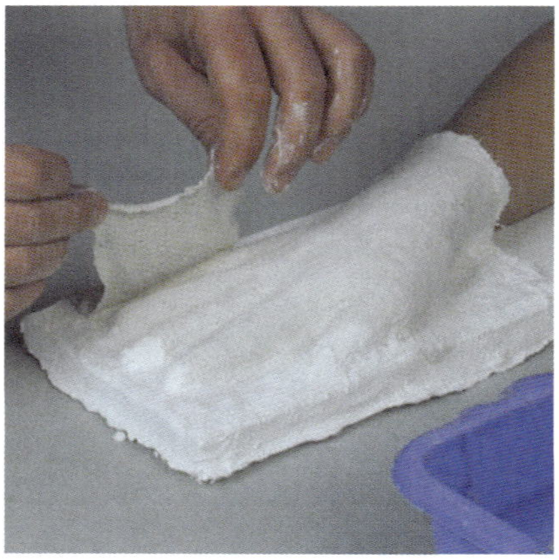

4 **Deuxième application.** Réalisez ensuite la deuxième application en croisant les bandes et en les faisant adhérer sur celles déjà posées. Le travail peut être moins précis, cette couche servant simplement à solidifier le moule. Laissez sécher.

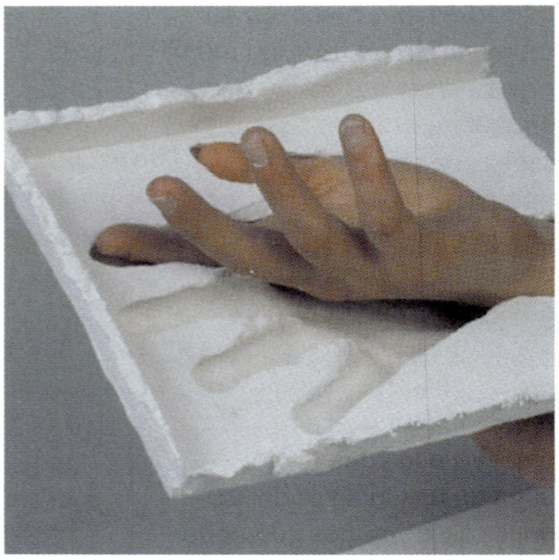

5 Au bout de quelques minutes, le moule va commencer à chauffer. Cette réaction chimique indique le début du processus d'évaporation de l'eau. Dès que le moule refroidit, le plâtre est pris. Démoulez en décollant d'abord le moule par les bords, afin de dégager la planche et de permettre au modèle de retirer sa main.

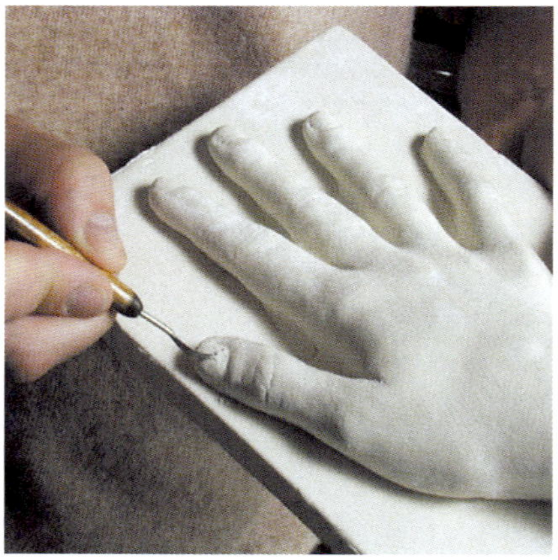

6 Fermez le côté arrière du moule correspondant au poignet avec de nouvelles bandes plâtrées et laissez sécher 5 mn. Graissez alors l'intérieur du moule avec la vaseline. Dans les parties étroites (doigts), appliquez-la au pinceau. Retirez soigneusement le surplus pour supprimer les éventuels sillons laissés par les poils du pinceau. Installez le moule à l'horizontale en le calant sur un lit de chiffons.

7 **Tirage.** Préparez un mélange de plâtre à modeler et d'eau (750 g de plâtre pour 1 litre d'eau environ). Le temps de prise est de 30 à 40 mn environ. Démoulez le tirage et ébarbez-le si nécessaire pour rectifier les éventuelles imperfections. Laissez sécher.

Le moule à deux pièces

MOULAGE D'UNE MAIN ENTIÈRE

Le processus de moulage est identique à celui que nous venons de décrire pour le modèle à une pièce sur socle. La seule différence réside dans la création du plan de joint permettant de réunir les deux pièces du moule. D'une manière générale, il doit suivre la ligne médiane du pourtour de la main en incluant les espaces entre les doigts, et ce, quelle que soit leur position. Afin d'éviter les répétitions, nous avons préféré donner de manière sommaire les explications déjà décrites en détail pour la réalisation précédente. Reportez-vous aux étapes correspondantes pour plus de précisions.

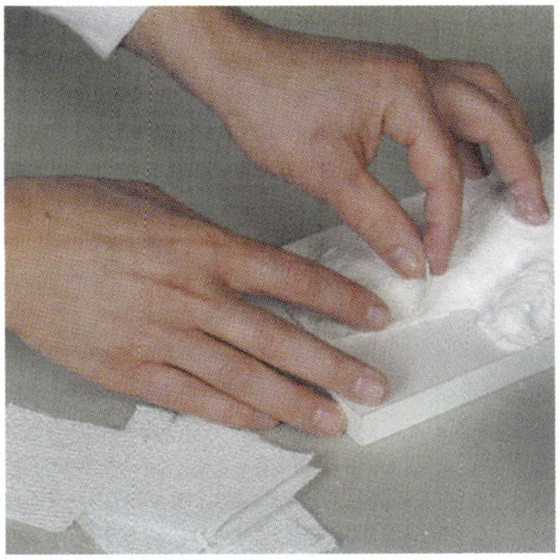

1 **Réalisation de la première pièce.** Découpez les bandes plâtrées en prévoyant des bandes supplémentaires pour le plan de joint. Enduisez de vaseline la planche servant de support ainsi que la partie visible de la main du modèle. Placez la main bien à plat sur le support et disposez les bandes plâtrées comme expliqué précédemment, mais en vous arrêtant à 1 cm tout autour de la main pour créer le plan de joint. Procédez à la seconde application en croisant les bandes et attendez la prise.

2 Soulevez délicatement la main sans la retirer de la première pièce et retournez-la en la plaçant en appui sur la planche. Appliquez la vaseline sur l'intérieur de la main et sur le premier plan de joint.

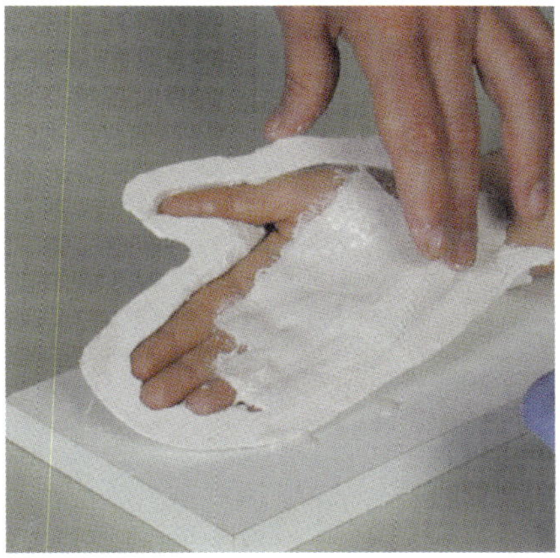

3 **Deuxième pièce.** Répétez les mêmes opérations pour réaliser la seconde pièce du moule. À l'endroit du plan de joint, veillez à bien faire épouser la bande humide sur celle déjà prise. Laissez sécher.

4 Pour démouler, commencez par séparer les plans de joint. Enlevez alors la pièce du dessus et dégagez la main. Graissez l'intérieur des deux parties du moule avant de le refermer en positionnant les plans de joint bord à bord. Scellez le moule à l'aide de bandes plâtrées au niveau des plans de joint sur toute sa périphérie pour garantir l'étanchéité.

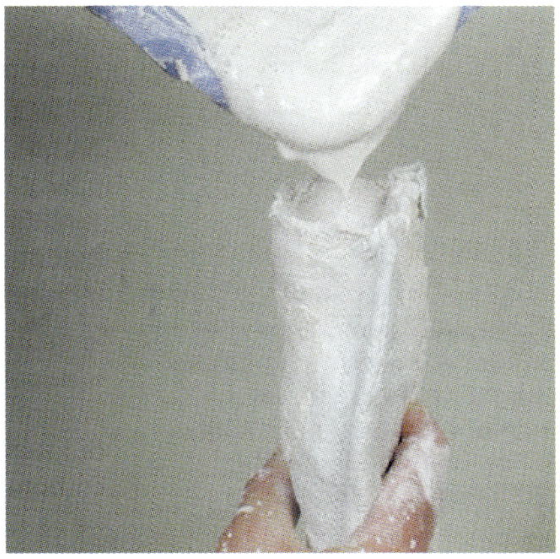

5 **Tirage.** Préparez la quantité de plâtre à modeler nécessaire (environ 900 g pour 1,2 l d'eau). Il est conseillé, pour les débutants, de maintenir le moule en l'entourant avec plusieurs élastiques pour éviter tout risque d'écartement. Pour procéder à la coulée, installez le moule dans un récipient en le calant verticalement, ou tenez-le simplement d'une main. Versez le plâtre jusqu'à remplir complètement le moule, puis faites-le vibrer pour évacuer les bulles d'air éventuelles.

6 Laissez prendre durant 35 à 40 mn. Retirez alors les élastiques et les bandes de scellement du plan de joint, et séparez les deux pièces du moule. Rectifiez les éventuelles imperfections du tirage.

MOULAGE D'UN VISAGE

Maud le modèle, et son profil

C'est une empreinte assez délicate à réaliser, qui exige à la fois un bon niveau de technicité, et la confiance du modèle.

Préparation psychologique du modèle

Un certain nombre de précautions sont indispensables lorsque l'on souhaite prendre l'empreinte d'un visage, entreprise qui peut s'avérer angoissante pour le modèle puisqu'il perd la notion d'équilibre. Pour éviter toute appréhension, prenez le temps de lui expliquer en détail le déroulement complet de l'opération, jusqu'au démoulage. À chaque nouvelle étape du travail, décrivez à nouveau son déroulement et ce que vous êtes en train de faire. Il est en effet important de parler régulièrement à la personne. Restez vigilant et tranquillisez-la au moindre signe d'inquiétude. Ne répétez pas toujours la même chose. Évitez les bruits, les discours inutiles, et établissez avec elle, au préalable, un code afin que vous puissiez correspondre (par exemple, un pouce en l'air pour signifier que tout va bien, baissé pour demander l'arrêt du moulage, etc.). Veillez également à ce que le modèle garde toujours bien les yeux fermés. Enfin, préparez soigneusement l'ensemble de votre matériel, de manière à ce que le moulage puisse s'effectuer rapidement et dans le calme.

1 Installez confortablement le modèle en position assise, en lui demandant de pencher légèrement la nuque en arrière pour dégager le cou. Évitez la position couchée, affaissant la peau par son propre poids et celui des bandes. Passez une fine couche de vaseline sur l'ensemble du visage, en insistant plus particulièrement sur les endroits pileux (cils, sourcils, barbe, racine des cheveux…) sans oublier les paupières. Pour isoler la chevelure, il existe deux possibilités. Vous pouvez soit la protéger à l'aide d'un film plastique, soit la considérer dans sa masse globale et la laquer abondamment pour la durcir avant d'appliquer de la vaseline.
Commencez toujours par le front et continuez de façon symétrique en descendant vers les tempes, les mâchoires et le menton, de manière à suivre l'ovale du visage.

2 Poursuivez le moulage en recouvrant les joues et le cou, puis fermez la bouche à l'aide d'une bande plus large allant jusqu'à la base du nez. Imprimez soigneusement les lèvres et veillez à ne pas obstruer les narines. Couvrez ensuite l'arête et les deux ailes du nez.

3 Terminez par les yeux. Bouchez alors les oreilles du modèle à l'aide de coton hydrophile avant de créer le plan de joint. Sa ligne part du sommet de la tête et descend jusqu'au cou en passant sur l'arête des oreilles. Posez le long de cette ligne une bande de 1 cm de hauteur et entamez tout de suite la seconde couche en croisant bien les bandes.

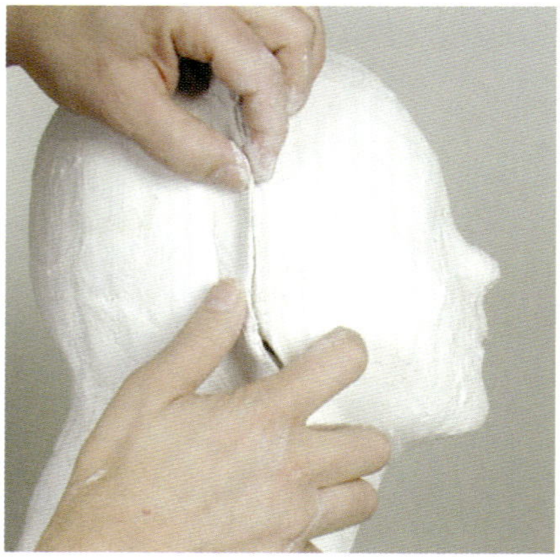

4 L'idéal est de ne pas démouler et de passer directement à la réalisation de la partie arrière de la tête. Prenez l'avis du modèle. S'il souhaite arrêter, démoulez la première pièce et laissez-le se reposer un moment. Repositionnez ensuite la première pièce du moule en demandant au modèle de la maintenir en place avec la main. Enduisez le plan de joint de vaseline et commencez alors l'application des bandes pour la seconde pièce. Si les cheveux sont simplement laqués et graissés, ne les effleurez qu'à peine au moment du lissage ; le simple poids de la bande suffira pour prendre l'empreinte. Procédez comme précédemment sur l'arrière de la tête et le plan de joint.

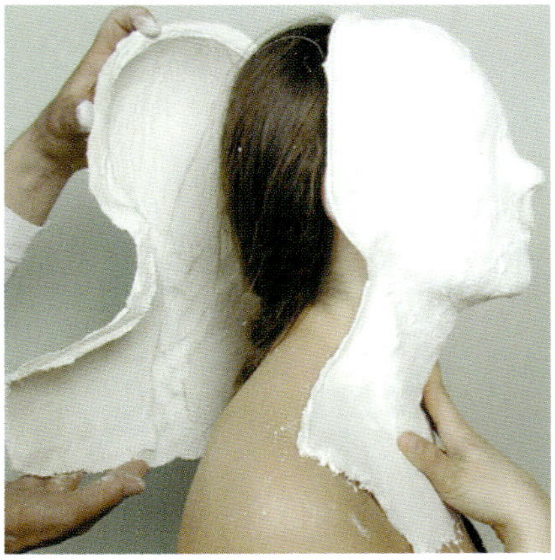

5 Attendez 8 à 10 mn avant de procéder au démoulage. Décollez d'abord le moule au niveau du plan de joint et ouvrez en le faisant pivoter, du bas vers le haut, au niveau du cou. Demandez au modèle de vous aider en grimaçant. Si le moule ne vient pas et fait ventouse, c'est qu'il n'est pas suffisamment sec. N'essayez pas de l'arracher mais attendez à nouveau quelques minutes avant de recommencer.

6 Fermez les narines avec des morceaux de bande plâtrée. Appliquez la vaseline à l'intérieur des deux parties du moule et fermez-le en scellant le plan de joint avec la bande plâtrée. Renforcez le moule à l'aide d'élastiques et calez-le à la verticale. Préparez la quantité de plâtre à modeler nécessaire (environ 5 kg pour 6 l d'eau pour une tête d'adulte). Versez d'abord une petite quantité de plâtre pour bien imprégner les parois et l'ensemble des recoins. Videz le moule tout en le faisant tourner, puis remplissez-le à nouveau entièrement. Débullez. Recalez-le verticalement pour attendre la prise qui s'effectue en 35 à 40 mn. Démoulez, rectifiez et laissez sécher.

MOULAGE D'UN BUSTE : TECHNIQUE DU SOUTIEN-GORGE

Procédez comme pour un visage (moule à une pièce). La position idéale pour mouler un buste est d'installer le modèle à la verticale (et non en position allongée) pour garder à la poitrine son volume naturel. Commencez le moulage en posant d'abord une bande verticale partant du cou et passant entre les seins. Continuez en plaçant de chaque côté deux longues bandes en suivant la ligne d'épaule ; arrêtez-les à mi-bras. Créez ensuite deux bretelles des deux côtés des deux seins et ajoutez une bande horizontale pour les raccorder à la première bande verticale. Placez alors une bande horizontale sous les seins, qui va relier les trois bandes descendantes. Remontez par le haut pour finir le moule. Prévoyez pour le tirage environ 7 kg de plâtre à modeler pour 6 l d'eau. Le temps de prise sera d'environ 45 mn.

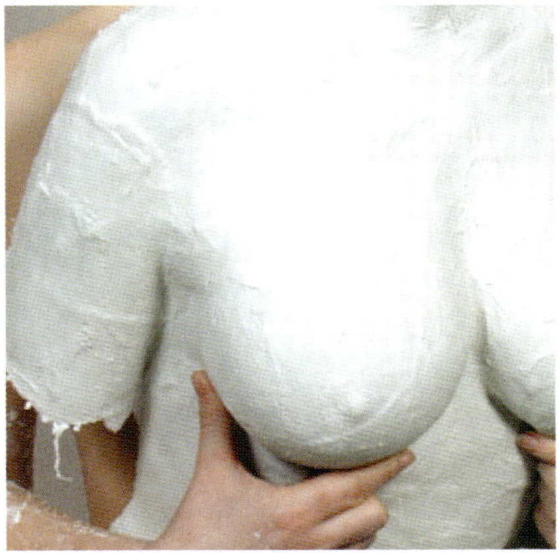

Le moulage au plâtre

7

L'usage du plâtre remonte aux périodes les plus reculées de notre histoire. Pendant de très longues années, le moulage fut ainsi synonyme de plâtre, et ce jusqu'à l'apparition de matériaux comme les élastomères de silicone et le latex. Aujourd'hui, on l'utilise surtout comme matériau de tirage, de modelage ou encore, en moulage, pour réaliser des moules servant à la fabrication d'objets en barbotine ou en latex. En moulage, le plâtre à l'état liquide peut être étendu ou coulé sur un modèle (objet du commerce ou sculpture en terre par exemple) suivant différentes techniques : moule à pièces, moulage à creux perdu ou à bon creux.
Reportez-vous au chapitre *Les matériaux de coulée*, p. 103 à 105, **pour la présentation détaillée de ce matériau et son mode d'emploi** (dosage, gâchage, temps de prise…).

Les techniques de moulage

Le moule à pièces

MOULAGE D'UNE POMME

Le moulage d'une pomme nécessite la création d'un moule à 6 pièces. Les deux premières correspondent au dessus et au dessous du fruit, les suivantes aux quatre quarts de la pomme.

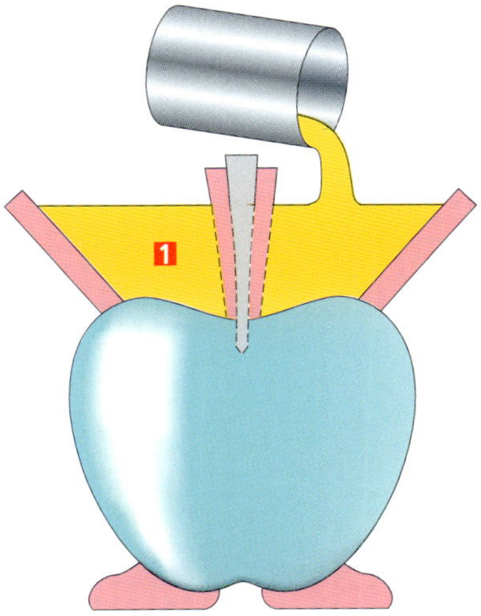

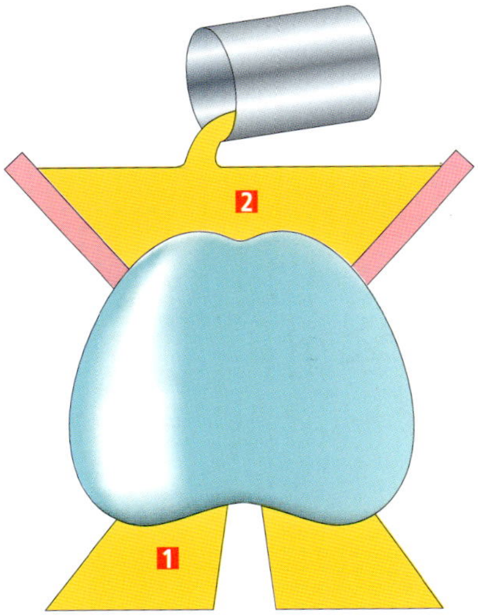

1 **Préparation.** Prenez une petite planche de bois comme support. Calez la pomme à l'aide d'un petit boudin de plastiline pour une meilleure stabilité. Enfoncez alors un bâtonnet de bois en haut de la pomme et entourez-le de plastiline de manière à former un cône. Il permettra de créer le trou de coulée. Installez tout autour un muret de plastiline d'environ 3 cm de hauteur et réalisez le plan de joint à l'intérieur.

2 **Première pièce.** Préparez la quantité nécessaire de plâtre (40 g de plâtre environ pour 10 cl d'eau) et versez-le doucement en faisant attention à ne pas dépasser le haut du cône de plastiline. Laissez prendre environ 10 mn. Le plâtre étant pris, réalisez les clés de positionnement femelles face à chaque quart (voir schéma de l'étape 3 *Moule à une pièce et chape à deux pièces*, p. 88). Retirez le mur de plastiline.

3 **Deuxième pièce.** Retournez la pomme en la maintenant sur le socle et répétez l'opération pour réaliser la deuxième pièce.

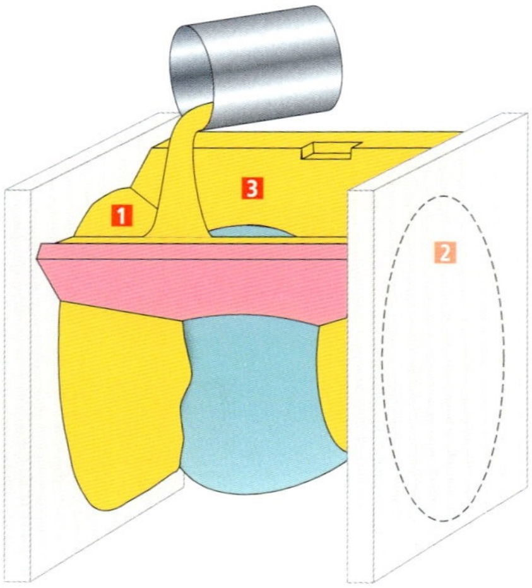

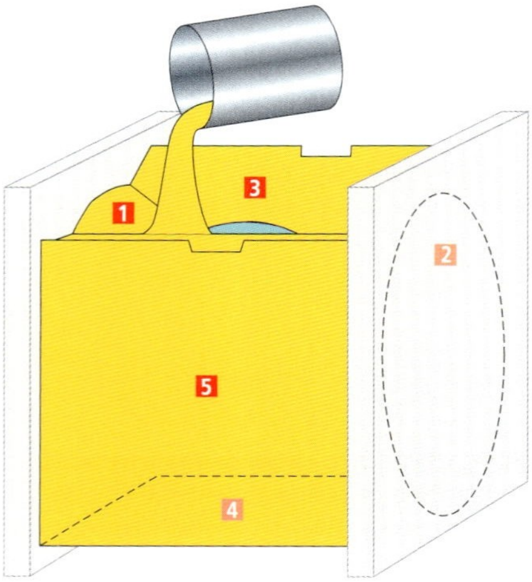

4 Troisième pièce. Retirez le muret et couchez la pomme sur le support en la calant à l'aide de plastiline. Placez alors de part et d'autre des deux premières pièces deux plaquettes de cire à modeler ou des petites planchettes de bois, et maintenez l'ensemble à l'aide d'élastiques. Installez ensuite deux nouveaux murs de plastiline montant à trois centimètres au-dessus du niveau des deux premières pièces, et rejoignant les plaques de cire à l'oblique. Vous pouvez créer des petites cales en plastiline pour supporter les murets. Réalisez le plan de joint. Appliquez un agent isolant sur la partie des deux pièces en plâtre (lubricérafine ou liqueur de savon noir) à l'aide d'un pinceau.

5 Quatrième pièce. Faites pivoter l'ensemble d'un quart de tour. Retirez le mur de plastiline le plus proche de vous et créez, à l'aide d'un couteau, une encoche sur son arête qui servira de clé de positionnement. Reculez l'autre mur de 4 à 5 cm environ. Appliquez à nouveau l'agent isolant sur la tranche de la troisième pièce. Coulez le plâtre et laissez prendre. Réalisez la clé.

6 Cinquième et sixième pièces. Répétez l'opération pour réaliser les deux dernières pièces, en veillant à créer à chaque fois une clé de positionnement. Laissez prendre.

Préparez et versez le plâtre.
Laissez prendre et réalisez une clé de positionnement de chaque côté.

7 Tirage. Démoulez la pomme, retirez le bâtonnet entouré de plastiline et appliquez l'agent isolant sur chaque côté des pièces internes du moule. Refermez-le en maintenant l'ensemble des pièces à l'aide d'élastiques. Placez le moule à la verticale, le trou de coulée sur le dessus. Préparez 220 g de plâtre de synthèse pour 50 cl d'eau. Débullez en tapotant le récipient sur le sol et remplissez le moule.Laissez prendre durant 30 mn. Il ne vous reste plus qu'à démouler.

Le moulage à creux perdu

Pour cette technique, nous avons fait appel au sculpteur François Plisson, par ailleurs dessinateur de B.D. et fondateur de l'école Les Arts Associés, à Neuville-sur-Oise (Val-d'Oise) où il enseigne le modelage en terre et plusieurs techniques de moulage.

MOULAGE D'UN BUSTE EN TERRE

François Plisson a choisi de modeler un buste du personnage de bande dessinée Ric Hochet, créé par le dessinateur Gilbert Gascard, dit Tibet.

1 **Création du modèle en terre.** Choisissez de préférence une terre blanche (à l'œil une argile gris clair). Évitez les terres *chamottées*, qui pourraient gêner les lissages de finition. Créez l'armature de la sculpture en vous inspirant des dessins de votre choix (ici, ceux de Tibet). Utilisez pour ce faire de préférence de l'aluminium soft, matériau d'une grande souplesse permettant d'éviter l'emploi de pinces. Réalisez ensuite le modelage. Celui-ci demandant un temps de travail assez long et pouvant même s'étendre sur plusieurs semaines, veillez à enfermer hermétiquement la sculpture dans deux sacs en plastique superposés à chaque fois que vous arrêtez le modelage, pour permettre à la terre de rester souple jusqu'au moulage. Le buste réalisé, utilisez de petits scalpels pour préciser les arêtes, les biseaux et les lignes droites. Lissez avec un peu d'eau les détails qui auraient commencé à se craqueler.

Esquisses préparatoires et armature du modelage

2 Réalisation du moule. Installez, de préférence sur les arêtes de la sculpture, un fil de lin très solide et faites-le adhérer à la terre à l'aide d'un pinceau fin imbibé d'eau. Balisez tout le fil en enfonçant des aiguilles de chaque côté à 2 cm. Préparez alors un plâtre à modeler assez fluide en teintant au préalable l'eau avec de la gouache de couleur vive (évitez le jaune qui donnerait une coloration trop faible). Ce plâtre coloré va servir à créer ce que l'on appelle la *couche d'alerte*. Procédez à la prise d'empreinte en projetant le plâtre à la main. Veillez à ne jamais utiliser de pinceau ou d'outil qui risquerait, en mélangeant le plâtre à la terre, d'endommager l'empreinte. Créez ainsi une couche projetée uniforme de 2 à 3 mn sur toute la surface de la terre. Avec le surplus de plâtre coloré, créez une surépaisseur de 2 à 3 cm entre les aiguilles de manière à bien couvrir le fil de lin. Réservez un peu de ce plâtre et fabriquez un échantillon en recouvrant 20 cm de fil de lin posé sur une planche de bois; il servira à tester la prise du plâtre pour tirer le fil au bon moment.

3 Le moule devient un moule à deux pièces. C'est l'instant de tous les dangers ! Le plâtre coloré va commencer à prendre et il faut alors procéder à la coupure du plâtre coloré avec le fil. Utilisez le fil test pour voir le niveau de prise du plâtre : si le fil fend le plâtre et se ressoude derrière lorsque l'on tire dessus, attendez encore un moment; si le fil coupe le plâtre sans créer trop d'éclats de plâtre en surface, c'est bon. Effectuez l'opération en tenant l'autre extrémité du fil avec l'autre main pour lui éviter de glisser sous le plâtre. N'attendez pas la prise définitive du plâtre : le fil serait alors prisonnier du plâtre et casserait avant de permettre la coupure !
Une fois le moule séparé, passez au pinceau une couche de barbotine (bouillie d'argile et d'eau) sur toute la surface extérieure du moule (elle servira d'isolant entre les deux couches de plâtre).
Enduisez ensuite chacune des parties extérieures du moule de plâtre blanc, en formant une couche de 2 à 3 cm d'épaisseur qui doit arriver au niveau de la surépaisseur colorée.
Attention : les deux pièces du moule ne doivent pas se ressouder à l'endroit du plan de joint.

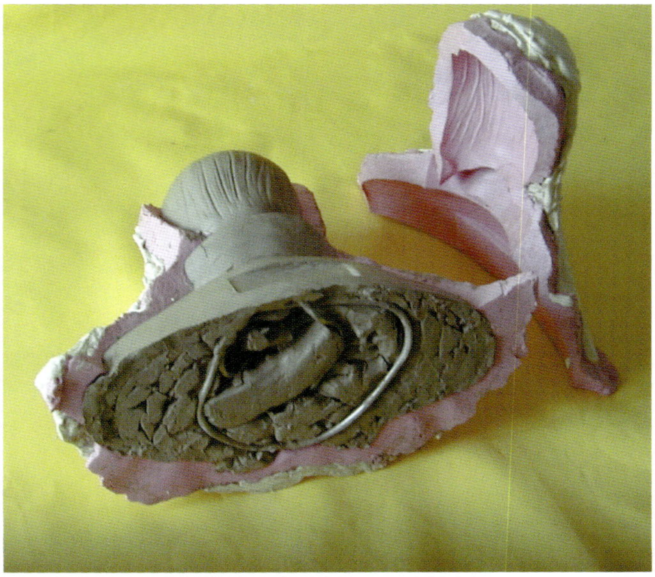

4 Ouverture du moule. Laissez sécher 2 ou 3 h. Plongez alors complètement le moule dans l'eau. Elle va traverser le plâtre et venir imbiber la terre qui, en se gorgeant d'eau, va gonfler jusqu'à ouvrir le moule. Curez-le en retirant la terre avec précaution pour ne pas abîmer l'empreinte. Lavez les deux pièces du moule sous l'eau courante en vous aidant d'un petit pinceau pour éliminer les résidus de terre.

5 Coulée. Appliquez au pinceau deux couches de liqueur de savon noir et deux couches d'huile d'olive sur les faces internes du moule, en essuyant chaque couche avec un papier absorbant. Cette opération permet à la fois de boucher les pores du moule et de l'isoler avant la coulée. Refermez-le aussitôt et sanglez-le pour que les deux pièces continuent à sécher ensemble sans se déformer. Scellez les deux pièces sur leur plan de joint à l'aide d'une bande de terre pour renforcer l'étanchéité du moule. Préparez le plâtre de synthèse (environ 200 g pour 50 cl d'eau).
Coulez le plâtre dans le moule et videz-le aussitôt. Recommencez plusieurs fois cette opération, qui permet à la fois de bien imprimer le moule et de chasser les éventuelles bulles d'air. Au bout de plusieurs coulées, la couche de plâtre s'épaississant, procédez au remplissage du moule. Laissez reposer une heure ou deux.

6 Démoulage du moule à creux perdu. Posez le moule sur un coussin de mousse. À l'aide d'un ciseau à bois émoussé à la meule, martelez la surface du moule en créant une sorte de puzzle en pointillés. La barbotine va jouer son rôle et rapidement, de gros blocs de plâtre vont se désolidariser de la couche d'alerte. Cassez et décollez alors délicatement la couche d'alerte à l'aide d'outils plus fins. Procédez avec soin car le tirage original se trouve directement en dessous de cette fine couche colorée. Évitez les dérapages intempestifs, car plus il y aura de dégâts et plus vous passerez de temps à effectuer les réparations. Laissez sécher. Poncez alors le tirage et procédez éventuellement aux finitions.

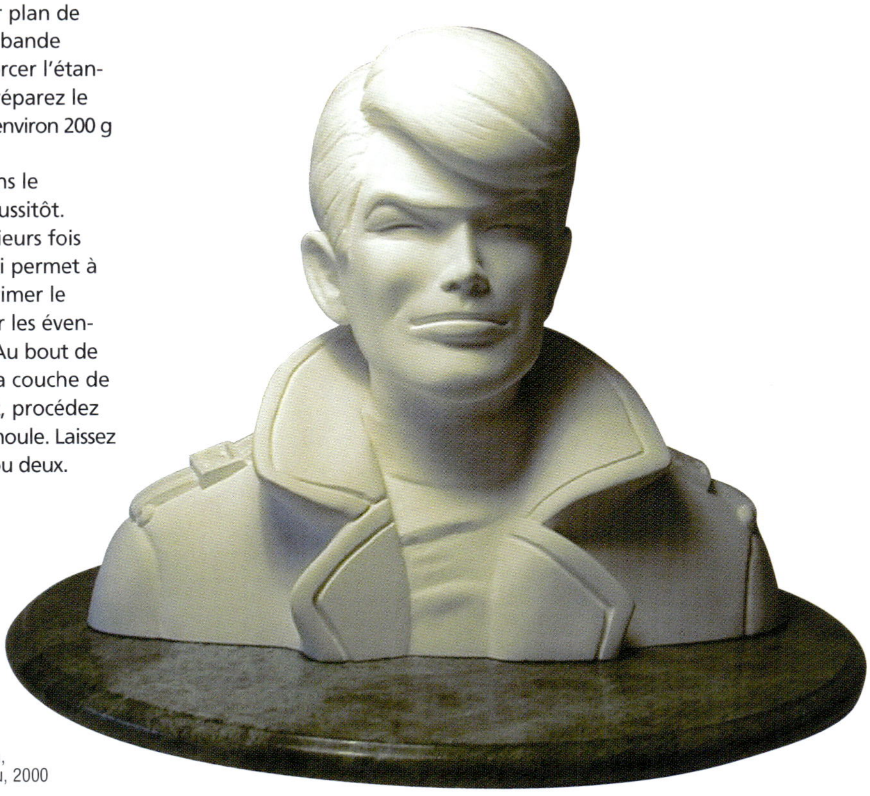

© François Plisson,
Tibet, A. Duchâteau, 2000

Le moulage à bon creux

MOULAGE D'UN JOUET D'ENFANT

1 **Réalisation de la première pièce du moule.** Fabriquez une caisse et posez-la sur un socle de bois. Entourez la base du coffrage de plastiline.
Préparez du plâtre à mouler (environ 1 kg de plâtre pour 250 cl d'eau). Effectuez une première coulée de plâtre jusqu'à la moitié de la caisse. Posez la souris sur le plâtre, sa base s'appuyant sur l'un des côtés de la caisse.
Dans le cas d'un objet très léger, comme ce jouet en plastique, lestez-le au préalable en le remplissant d'un peu d'eau, et obstruez l'orifice avec un peu de plastiline. Laissez prendre.

2 **Réalisation de la deuxième pièce.** Creusez, à l'aide d'un ébauchoir, les quatre goujons de centrage. Passez une couche d'agent isolant (lubricérafine) sur le pourtour du premier demi-moule. Préparez la quantité de plâtre nécessaire et effectuez la seconde coulée. Laissez prendre.

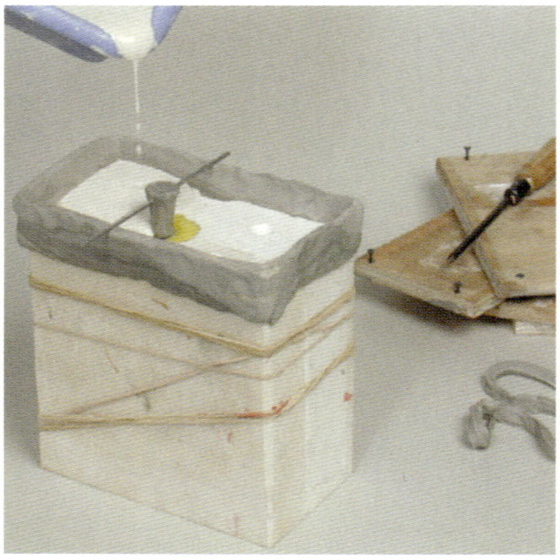

3 **Réalisation de la troisième pièce.** Démontez le coffrage, maintenez assemblées les deux pièces du moule avec des élastiques. Réalisez les clés de positionnement. Passez une couche de lubricérafine sur le haut du moule et installez à nouveau un mur de plastiline contre les deux premières pièces du moule. Préparez un cône de plastiline, placez dans sa partie la plus évasée une petite baguette de bois ou de métal et posez l'ensemble sur le mur (la pointe du cône étant scellée à la plastiline obstruant le jouet). Coulez la troisième pièce. Laissez prendre l'ensemble, démoulez et retirez le jouet.

Astuce

Dans le cas où le modèle possède des détails fins ou des contre-dépouilles, les bulles contenues dans le plâtre remontent en surface, se retrouvant alors emprisonnées sous le modèle. La seconde pièce étant prise, démontez alors le coffrage, démoulez la première pièce (celle avec les bulles), remontez le coffrage et versez le plâtre pour réaliser à nouveau la pièce.

4 **Tirage.** Refermez le moule.
Avant de procéder au tirage, remplissez d'eau le moule en plâtre et videz-le aussitôt, ceci afin de permettre au latex de glisser et d'épouser plus facilement les reliefs. Procédez alors à la coulée.

Astuce

Pour un tirage latex en couleurs, peignez d'abord directement dans le moule les motifs décoratifs colorés – ici yeux, nez, oreilles, collier – avec un mélange de latex et de colorant universel. Laissez sécher environ 1 h avant de refermer le moule et de couler le latex en masse. Laissez sécher à nouveau 24 h (vous pouvez accélérer le séchage en plaçant le moule sur un radiateur).

Un petit coup sec avec un marteau sur chaque pièce permet de les séparer avant de démouler (Manufacture de Sèvres).

Le moulage au latex

8

Le latex est un produit constitué de caoutchouc naturel extrait d'un arbre appelé *Hevea brasiliensis*, cultivé principalement aujourd'hui en Malaisie et en Indochine. Naturellement de couleur blanche, le latex devient transparent au séchage. Ce matériau d'empreinte et de reproduction possède de nombreuses qualités : une très bonne résistance à la rupture, une élasticité inégalée, une stabilité élevée, une grande finesse de reproduction.
Il est anti-adhérent sur la plupart des matériaux. Il est enfin très économique.
Par contre, le latex offre une résistance moyenne au vieillissement. Il craint en effet les rayons ultraviolets et la chaleur, ainsi que l'acide, le sel, l'alcool et l'acétone.

Attention

Le cuivre, le manganèse et, à un moindre degré, le fer et l'étain, sont des poisons pour le latex. L'action néfaste de ces métaux empêche sa prise, se traduisant par un poissage en surface et par une perte considérable des propriétés mécaniques du latex.

Présentation

Un peu d'histoire

Découvert par Christophe Colomb dès son premier voyage en Amérique, le latex fascine les conquistadors qui l'utilisent, au Mexique, pour imperméabiliser vêtements et bottes. Les Indiens Maînas l'appellent *cahuchu*, qui signifie *le bois qui pleure*. Ils l'utilisent pour fabriquer des objets à partir de moules poreux en argile.
Au XVIIIe siècle, deux chimistes français, Macquer et Hérissant, parviennent à fondre le caoutchouc avec de l'essence de térébenthine et de l'éther. Première innovation : la gomme à effacer. Suivra ensuite la fabrication de tubes flexibles et élastiques, de cathéters, sans oublier les bretelles et jarretières qui avaient l'inconvénient de coller par temps chaud et de durcir au froid !
Un siècle plus tard, avec la vulcanisation inventée par l'Anglais Hancock, Goodyear découvre le moyen de stabiliser les qualités du caoutchouc. Peu après, l'Écossais Robert W. Thomson invente le premier pneumatique, boulonné à la jante. En France, les frères Michelin le perfectionnent en 1892 en créant le pneu démontable.
Pendant la seconde guerre mondiale, le latex servira à protéger du sable et de l'eau le canon des armes des soldats américains lors du débarquement.

Fabrication

Le latex est extrait de l'hévéa par le biais de saignées pratiquées en spirale dans l'écorce de l'arbre. Il est recueilli dans des tasses disposées sous une gouttière métallique dans la partie inférieure de l'incision. L'écoulement dure de 2 à 5 h. Puis le latex, finissant d'exsuder, coagule sur l'incision comme le sang sur une blessure. Il suffit de rouvrir la blessure pour obtenir un nouvel écoulement. Le lait d'hévéa doit alors subir sur place un traitement à l'ammoniaque pour être stabilisé et lui éviter de fermenter.

Récolte du latex

Moule chaussette en latex et son tirage en plâtre

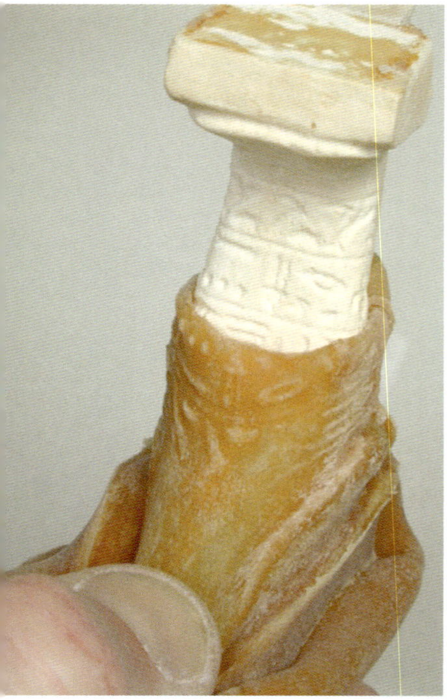

Extrêmement malléable, le moule en latex peut, à l'envi, s'étirer pour faciliter le démoulage tout en retrouvant ensuite sans problème sa forme initiale : on parle de *moule chaussette*.

Utilisation

Le latex fait partie de notre environnement quotidien et permet la production de milliers d'articles usuels : pneus, chaussures, câbles, matelas, revêtements de sols, jouets, colles, vernis... Il sert directement à la fabrication par moulage au trempé ou à l'estampé de nombreux objets domestiques : gants ménagers ou chirurgicaux, tétines, ballons de baudruche, préservatifs... et entre dans la composition du chewing-gum. Il est couramment utilisé dans les métiers du spectacle (cinéma, théâtre, télévision) pour réaliser des maquillages et des effets spéciaux – vieillissements, cicatrices, création de marionnettes et masques, etc. Le latex est anti-adhérent sur la plupart des matériaux. **Réservez-le, en moulage, aux modèles totalement de dépouille ou en légères contre-dépouilles.** Tout dépend également du matériau de coulée : plus celui-ci sera dur, moins il y aura de risques d'accrochages mécaniques au démoulage, contrairement à la paraffine, la cire ou le chocolat.
De trop fortes contre-dépouilles risquent en effet, au démoulage, de casser les parties fragiles du modèle ou des tirages.

Attention

Il est impossible de mouler un modèle présentant des parties ajourées et donc indémoulables comme, par exemple, un personnage avec les mains sur les hanches.

Les meilleurs moules, offrant la plus grande fidélité de reproduction, seront obtenus à partir de modèles absorbants en plâtre, en pierre reconstituée, en terre ou en bois.
L'eau contenue dans le latex sera en effet absorbée par le modèle poreux, permettant ainsi au caoutchouc de se plaquer pour en épouser parfaitement les moindres détails.
Le latex, lorsque son emploi est possible, est préférable à tout autre produit car **il évite le plan de joint**, et donc l'opération fastidieuse d'ébarbage du tirage. Un moule en latex est obligatoirement d'un seul tenant et ne peut comporter (ou difficilement) plusieurs pièces. Le moulage d'un objet dépassant environ 15 cm de haut et 6 à 8 cm de large exige la réalisation d'un contre-moule, pour éviter la déformation du moule sous le poids du matériau de tirage.

Mode d'emploi

Aujourd'hui le latex est vendu prêt à l'emploi, ce qui permet d'éliminer les problèmes de dosage de catalyseur qui se posaient auparavant (sa vulcanisation se fait désormais spontanément par simple séchage à l'air ambiant).
Le latex glisse ou se décolle facilement sur des modèles lisses comme le verre, la porcelaine, le plastique rigide ou le métal. Appliquez alors un **agent d'accrochage** comme le nitrate de calcium – dilué à 20 % dans de l'alcool à 95° – sur le modèle, en procédant par trempage ou à l'aide d'un pinceau.
Laissez ensuite bien sécher pendant une heure environ.
Le modèle est alors prêt à être trempé dans un bain de latex pendant quelques minutes, selon l'épaisseur désirée.
Le chlorure de calcium va absorber l'eau contenue dans le latex et accélérer la coagulation.
Afin de protéger ou de boucher les pores du modèle sans modifier son aspect de surface et de faciliter le démoulage, appliquez au pinceau, en fine couche, un **agent isolant** : savon liquide, typol dilué, liqueur de savon noir. Laissez ensuite bien sécher avant de procéder à la prise d'empreinte.

Attention

Le latex, étant stabilisé à l'ammoniaque, émet une odeur forte et désagréable. Manipulez de préférence ce produit dans un local bien aéré ou en extérieur.
Évitez les éclaboussures sur les vêtements. Le latex s'incrustant dans les fibres du tissu, il les détériore de manière irréversible.

Attention

Le latex est un produit à base d'eau ; il ne peut donc pas être appliqué sur un modèle traité avec un agent isolant gras comme la vaseline ou la cire. En cas de doute, lavez le modèle avec du savon ou dégraissez-le avec de l'alcool à 95°.

Le latex utilisé comme produit de moulage, ne doit jamais être épaissi avec une charge. Un moule en latex étant très souple, lors de la coulée, le poids du matériau de reproduction risque de déformer un modèle de taille moyenne ou grande. Il sera alors nécessaire de fabriquer des **coquilles de maintien (ou contre-moule), souples ou rigides en fonction des contre-dépouilles.** Rigides, elles peuvent être réalisées en bandes plâtrées, en plâtre ou en résine. Le contre-moule sera alors réalisé en deux, voire trois ou quatre pièces. Souples, elles sont fabriquées avec de la gaze trempée dans du latex, posée sur le moule enduit de vaseline.
Un moule en latex peut recevoir tous les produits de tirage traditionnels. Évitez toutefois les matériaux agressifs comme les résines, qui contiennent des produits chimiques susceptibles d'attaquer et de détériorer le latex. De même, les produits demandant à être chauffés comme la cire ou la paraffine sont à employer avec beaucoup de précautions et à une température maximale de 70°C. Un moule en latex soumis à une trop forte chaleur va en effet se déliter.

Astuces

Pour faciliter la coulée du plâtre, du ciment ou de la pierre reconstituée et éviter les bulles sur le tirage, remplissez le moule d'eau savonneuse et videz-le avant de verser le matériau choisi.
Avec un moule en latex qui vient d'être réalisé, le plâtre du tirage prendra mal en surface et restera farineux. Rincez le moule au préalable dans une dilution de 10 % d'acide chlorhydrique dans de l'eau.

Par contre, vous pouvez **incorporer des charges au latex utilisé comme matériau de coulée** (carbonate de chaux, craie, kaolin, blanc de Meudon) afin de donner au tirage des propriétés particulières.
En faisant varier le pourcentage de charge, vous obtiendrez des objets plus ou moins rigides. Cette technique est utilisée dans le cinéma pour réaliser les

Attention

Trop de charge diminue l'élasticité, la résistance et la fluidité nécessaires à la coulée. Un latex chargé exige l'utilisation d'un agent mouillant qui le maintient en suspension, évite le plombage (grumeaux) et l'affaissement.

Recette du latex chargé

Dans 360 cl d'eau, ajoutez 40 g de dispersant. Versez le mélange dans un kilo de charge tout en remuant avec une spatule. Ajoutez 25 g de stabilisant à la préparation. Versez le tout dans le latex ; en règle générale, le dosage est de 50/50 (il dépend en fait de la rigidité que vous souhaitez obtenir pour le tirage). Versez cette pâte onctueuse dans un moule en plâtre, qui va absorber l'eau contenue dans le latex pendant 30 mn environ. Puis, videz le surplus et laissez le moule s'égoutter en le plaçant à l'envers sur deux tasseaux de bois. Le démoulage s'effectue après séchage complet.

prothèses, masques, marionnettes, etc.
Un moule en latex, bien réalisé et bien conservé, **peut être réutilisé un grand nombre de fois** sans dégradation de la qualité de l'empreinte.
L'espérance de vie d'un moule ou objet en latex dépend de différents facteurs, qui vont des conditions de rangement à l'agressivité des charges et des matériaux de coulée utilisés.
Pour conserver un moule, saupoudrez-le de talc et rangez-le dans une boîte à l'abri de la lumière.

Les techniques de moulage

Le moulage au latex s'effectue en déposant des couches successives de latex sur le modèle jusqu'à obtention d'une membrane de 1,5 mm environ. L'opération peut être réalisée selon deux techniques :

- **Le moulage au trempé** est recommandé pour les modèles en ronde-bosse. Très simple à effectuer, il consiste à fixer le modèle à un socle et à le tremper à plusieurs reprises dans un bain de latex. Il va donner le moule *chaussette*.
- **Le moulage par estampage** est adapté aux modèles comportant des contre-dépouilles ou dont les dimensions interdisent le trempage. Le latex est alors appliqué à l'aide d'un pinceau par couches successives.

Le moulage au trempé

MOULAGE D'UNE FIGURINE DE DINOSAURE

1 **Préparation.** Il est impossible d'effectuer les trempés en tenant directement le modèle à la main. Construisez donc une base d'appui à l'aide d'une petite planchette de bois d'une dimension supérieure d'environ 20 % à celle du socle du modèle. Fixez-la sous le socle à l'aide d'un filet de colle néoprène ou de bande adhésive double face. Vissez dessus un piton ouvert pour pouvoir suspendre le modèle à l'envers après chaque trempé. Prévoyez pour ce faire deux cales (ici des pavés), ainsi qu'une baguette suffisamment fine pour pouvoir passer aisément dans le piton (ici, un pinceau).
Passez alors une couche d'agent isolant sur le modèle (voir tableau p. 142) et appliquez un peu de savon liquide sur l'ensemble du socle pour faciliter le démoulage. Versez le latex dans un récipient suffisamment profond pour pouvoir contenir le modèle.

2 Trempez une première fois le modèle dans le latex en le tenant par le piton. Au début, faites pénétrer très lentement le modèle pour éviter la formation de bulles d'air, puis poursuivez plus rapidement l'immersion jusqu'au niveau supérieur de la planchette. Si le modèle est poreux, trempez-le au préalable dans de l'eau pour éviter l'absorption trop rapide de l'eau contenue dans le latex (cela enfermerait de l'air dans les creux). Accompagnez le produit jusque dans les moindres recoins en tapotant à l'aide d'un pinceau-brosse. Retirez le surplus de latex accumulé dans les creux pour éviter de créer des différences d'épaisseur ; elles créeraient des tensions se traduisant par un retrait et un décollement de la membrane à ces endroits.

Astuce

Pour empêcher le latex de coaguler dans les poils du pinceau, frottez-le au préalable sur un savon légèrement humide en le faisant mousser. Retirez le surplus en l'essuyant sur un chiffon.

3 Passez le pinceau à l'intérieur du piton et placez le modèle en suspens pour lui permettre de s'égoutter. Veillez à protéger le plan de travail. Le latex, en s'écoulant, va se coaguler et s'épaissir au contact de l'air.

4 Lorsqu'il devient transparent, procédez au second trempé. Pour éviter de créer une différence d'épaisseur à la base, il faut changer le sens de l'égouttage une fois sur deux. Placez donc le modèle à l'endroit, en appui sur deux tasseaux de bois.

5 Le nombre de couches dépend de la grandeur ou de la grosseur du modèle. Ici, il faudra effectuer au minimum huit à douze trempés pour fabriquer une membrane de 1,5 mm d'épaisseur. Après la dernière application, laissez sécher le moule sur le modèle pour éviter le phénomène de retrait. Le temps de séchage dépend de la température ambiante et s'élève à mesure de l'épaisseur de la membrane. Le séchage doit se faire naturellement ; n'essayez pas de l'accélérer à la chaleur. Pour un modèle comme celui-ci, comptez au minimum 24 h, voire deux ou trois jours (le plus longtemps possible). Démoulez en retroussant la membrane comme une chaussette.

Astuce

Pour que le démoulage s'effectue facilement, enduisez le latex de savon liquide ou de vaseline.

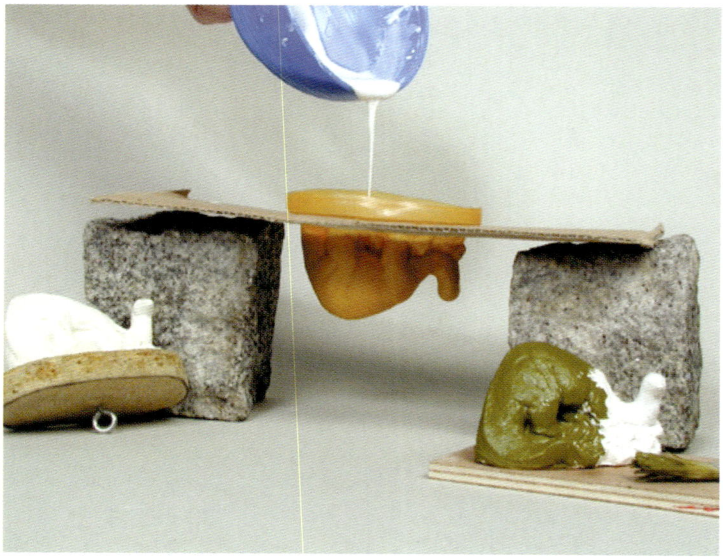

6 **Tirage.** Un moule de petite taille comme celui-ci ne nécessite pas de contre-moule. Placez-le en suspens, le socle calé en appui sur un carton évidé selon la base du dinosaure. Préparez 100 g de plâtre à modeler avec 25 cl d'eau et effectuez la coulée aux trois quarts. Pressez légèrement le moule en le déformant pour chasser les bulles d'air éventuelles. Terminez la coulée à ras bord et débullez à nouveau en tapotant légèrement le moule. Laissez prendre. Démoulez, laissez sécher et procédez aux finitions.

Le moulage par estampage

MOULAGE D'UN VISAGE EN PLÂTRE

Lorsqu'il n'est pas possible, au regard de ses dimensions ou de sa forme, de tremper le modèle dans un bain de latex, utilisez la méthode au pinceau dite *par estampage*. Les dimensions et reliefs peu prononcés de cette tête en plâtre patiné (Voltaire) imposent le choix de cette technique et la création d'un contre-moule en deux parties.

1 Fixez le modèle sur une planche de bois à l'aide d'un petit cordon de plastiline ou de colle néoprène. Dans le cas d'un modèle en plâtre, comme ici, humidifiez-le au préalable. Entourez-le ensuite d'un muret de plastiline placé à environ 3 cm de la tête, qui servira à délimiter le moule tout en créant une collerette. Appliquez la première couche de latex au pinceau aussi bien sur le modèle que sur la planche et jusqu'au mur de plastiline. Insistez dans les creux sans faire mousser le produit, retirez le surplus au pinceau.

2 Laissez sécher. Renouvelez l'opération par couches successives. Naturellement blanc, le latex devient transparent, une fois sec. C'est un bon repère pour appliquer la couche suivante. Attention : tant qu'il reste une partie blanche ou laiteuse, même minime, attendez ! Un modèle de bonne dimension, comme celui-ci, nécessite environ 20 à 25 couches. Doublez le nombre de couches sur la planche de bois afin de former une collerette plus épaisse, qui maintiendra le moule en place dans le contre-moule. Pour faciliter le positionnement du contre-moule, déposez sur la collerette encore fraîche de petits plots de mousse. Recouvrez-les à nouveau de 2 ou 3 couches de latex pour les rendre solidaires. Laissez sécher sur le modèle le plus longtemps possible (24 à 48 h au minimum, une semaine au mieux) pour diminuer le risque de retrait.

Attention

Ne démoulez jamais un moule avant de procéder à la réalisation du contre-moule.

3 **Première pièce du contre-moule.** Coupez quatre tasseaux de bois qui serviront de pieds et stabiliseront le moule au moment du tirage. Gardez-les en attente. Délimitez le plan de joint – il suit ici l'arête du nez, le milieu du front et du menton – et marquez-le par une bande de plastiline qui redescend de part et d'autre sur la collerette jusqu'au mur circulaire.

Astuce

Pour obtenir une bande régulière, étirez la plastiline à l'aide d'un rouleau à pâtisserie et découpez ensuite la bande au couteau. Le plan de joint sera ainsi correctement nivelé.

Posez verticalement trois plots de plastiline pour faciliter le démoulage du contre-moule par appel d'air. Passez de la vaseline sur le latex. Préparez alors un mélange de plâtre ordinaire (environ 1 kg pour 250 cl d'eau pour chaque pièce) et étalez-le d'abord au pinceau en le remontant bien contre les plots et le mur de plastiline. Ajouter à nouveau du plâtre à la main en couche épaisse ; placez les pieds et entourez-les de plâtre pour les sceller. Vous pouvez renforcer le contre-moule en noyant un peu de filasse trempée dans le plâtre. Laissez prendre.

4 **Deuxième pièce du contre-moule.** Retirez la bande de plastiline marquant le plan de joint. Enduisez de vaseline la tranche du premier contre-moule et réalisez la seconde pièce à l'identique. Laissez prendre et sécher.

Astuce

Pour éviter toute déformation du moule entre deux utilisations, versez du plâtre avant de ranger votre moule.

5 **Démoulage et tirage.** Retirez le mur circulaire de plastiline et dégagez les deux pièces du contre-moule. Pour faciliter le démoulage, enduisez l'extérieur du moule avec de la vaseline ou un produit liquide à vaisselle. Décollez le latex au niveau du socle, puis saisissez les bords de la membrane à pleine main et retroussez-la comme pour ôter une chaussette. Pour le passage des endroits en contre-dépouille, placez vos doigts à l'intérieur du moule tout en l'écartant. Maintenez les deux pièces du contre-moule assemblées par de gros élastiques. Replacez le moule à l'intérieur en veillant à ce que les goujons de centrage mâles en mousse soient bien placés dans les goujons femelles. Appliquez l'agent isolant au pinceau à l'intérieur du moule (ici de la liqueur de savon noir) pour faciliter le démoulage. Préparez 3 kg de plâtre à modeler avec 750 cl d'eau et effectuez la coulée. Tapotez légèrement le moule pour faire remonter les éventuelles bulles d'air. Laissez-le prendre, démoulez et après séchage, procédez aux finitions.

9

Le moulage à l'élastomère de silicone

L'élastomère de silicone destiné au moulage est une matière synthétique fabriquée avec de la silice et possédant des propriétés visco-élastiques. Il existe différentes variétés d'élastomère, possédant chacune des propriétés particulières dépendant des composants ajoutés à la fabrication.

Attention

Avant d'acheter un élastomère, vous devez définir, de la façon la plus précise possible, les caractéristiques du travail que vous allez effectuer, les propriétés exigées, les conditions de sollicitation et d'environnement requises, les qualités particulières demandées, afin que le vendeur puisse vous proposer l'élastomère le plus adapté à votre travail. Prenez également en compte le nombre de tirages sur lequel se fera l'amortissement du produit.

Tous les élastomères sont par nature anti-adhérents. Simples à utiliser, ils offrent une très grande fidélité de reproduction, avec une précision de l'ordre du micron. L'élasticité remarquable de ces produits permet d'obtenir des moules résistant bien à la traction et au déchirement, et faciles à démouler.

Le moulage de ce bas-relief a été réalisé en élastomère de silicone.

Présentation

Un peu d'histoire

La fabrication des élastomères date d'une cinquantaine d'années, les recherches ayant débuté au XIXe siècle. En 1824, le Suédois Berzélius, s'appuyant sur les hypothèses du Français Lavoisier concernant les oxydes métalliques et mettant à profit les travaux de l'Anglais Davy, démontre la structure métallique de la silice en isolant le silicium. C'est la liaison silicium-oxygène qui est à l'origine du nom silicone. Ses premières applications apparaissent aux États-Unis, dans les années quarante, pour répondre aux besoins nouveaux créés par la guerre.
En France, c'est en 1969 que la société Rhône-Poulenc développe un savoir-faire pouvant rivaliser avec les deux leaders mondiaux de la profession, Corning Glass Works et General Electric, grâce au rachat des activités silicone de Saint-Gobain.

Fabrication

Cette matière synthétique est obtenue à partir de sable, de charbon et de méthanol. Le mélange caoutchouc se compose d'un ou de plusieurs élastomères associés à divers ingrédients destinés à leur apporter des propriétés particulières. Parmi ces ingrédients, on trouve la plupart du temps des charges renforçantes, des plastifiants, des agents de mise en œuvre, des produits destinés à la vulcanisation, des agents de protection, etc. Ces divers composants lui confèrent un large choix de propriétés physiques et chimiques et donnent des produits spécifiques.

Utilisation

Les élastomères de silicone sont utilisés dans des domaines aussi divers que l'électronique, la cosmétologie, le bâtiment (isolation thermique et phonique), l'industrie automobile, etc. Ils entrent dans la fabrication de certaines peintures, des semelles de chaussures, de matériel médical, orthopédique ou chirurgical. Ils servent, en particulier, de matériaux de reproduction en décoration (bougies, rosaces, statuettes), en bijouterie, en paléontologie pour l'étude d'empreintes humaines et animales.
En moulage, les élastomères sont particulièrement adaptés aux **modèles complexes,** comportant beaucoup de **détails et de fortes contre-dépouilles.**
Les élastomères de silicone possèdent des qualités adaptées au moulage comme leur grande facilité de mise en œuvre et de démoulage, et leur faible toxicité. Ils offrent également l'avantage de réagir à température ambiante et de permettre une bonne mouillabilité des supports. Thermiquement résistants, ils autorisent des coulées de résines chauffant au moment de leur prise, surtout si la masse de produit est importante. Certains élastomères spécifiques résistent à des températures de plus de 300°C et acceptent des coulées de métaux à bas point de fusion comme les alliages de plomb et d'étain. La polyvalence de ces produits peut encore s'accroître par l'addition d'une huile spéciale (sans dépasser 10 %) qui abaisse la viscosité sans affecter les propriétés physiques du silicone vulcanisé.
D'une façon générale, **choisissez le silicone** en fonction de critères tels que la résistance à la traction et au déchirement, l'élasticité, la stabilité ou la tenue chimique.

Astuce

Il existe un type de silicone à double fonction. Il permet des coulées en masse (moule bateau) ou sous chape. Grâce à l'ajout d'un additif pour le rendre non coulant (thixotrope), il peut également être appliqué par estampage au pinceau pour des empreintes verticales ou en surplomb. Un contre-moule sera alors nécessaire pour supporter la membrane souple obtenue.

Il existe par ailleurs des variétés d'élastomère réservées à un **usage spécifique.**

- **Contact alimentaire.** Les silicones destinés à la fabrication des moules à usage alimentaire sont composés uniquement de substances autorisées par les réglementations en vigueur. Ces moules sont utilisés par les confiseurs, chocolatiers, glaciers, pâtissiers, cuisiniers, etc.
- **Contact cutané.** Utilisez des silicones spécifiquement destinés à la prise d'empreintes

Une variété particulière de silicone, de couleur rouge, est utilisée par les figurinistes pour fabriquer des moules destinés à la réalisation de soldats de plomb.

Autres exemples de figurines – ici, des pièces de jeu d'échecs – réalisées par la Sté Prince August avec des moules en silicone (peintes par J.-M. Abadie, C. Pascal, M. Gauthey).

corporelles. Au préalable, graissez légèrement la peau avec de la vaseline ou de l'huile d'amande douce pour faciliter le démoulage.

• **Coulée de métaux à bas point de fusion.** De couleur rouge (avec un catalyseur blanc), ce silicone peut supporter des pointes de température de plus de 300°C. Le temps de vie du moule sera prolongé avec des alliages contenant plus d'étain, car il fond à une température moins élevée (232°C) que le plomb (327°C).

Mode d'emploi

Attention

Les silicones ne présentent aucun danger en eux-mêmes. Par contre, certains catalyseurs, composés organiques de l'étain, sont toxiques. Les seuls risques peuvent donc être causés par une erreur de manipulation.
Avant d'utiliser un silicone, consultez le mode d'emploi et les fiches de sécurité. Évitez l'ingestion et le contact prolongé ou répété avec la peau, particulièrement si vous avez une tendance allergique. En cas de projection accidentelle, lavez immédiatement à grande eau et avec du savon. Si l'irritation persiste, consultez un médecin.

Les élastomères de silicone sont naturellement **anti-adhérents sur la plupart des supports.** Toutefois, leur pouvoir mouillant les fait adhérer sur des modèles poreux (plâtre, bois, pierre, ciment).
Protégez le modèle en appliquant un **agent isolant** (voir tableau p. 141).

Attention

Les matériaux à base de silice comme le verre, le grès, le quartz et la céramique créent une interaction silice / silicone se traduisant là encore par une adhérence. Appliquez une fine couche de vaseline comme agent isolant. Ce phénomène explique l'utilisation de mastics silicone pour assembler les vitres et pare-brise des TGV, les verres de la pyramide du Louvre, ou encore pour fabriquer les aquariums.
De même, les matériaux contenant des amines, du soufre ou de l'étain, certaines terres ou caoutchoucs naturels et synthétiques vulcanisés au soufre, ou encore certaines pâtes à modeler, créent un phénomène d'inhibition se traduisant par une non-prise du silicone.
Si vous n'êtes pas sûr de la nature du modèle, procédez à un essai sous le socle avant de réaliser le moule.

En règle générale, les silicones utilisés pour le moulage se présentent sous **forme liquide ou pâteuse.** Il faut leur adjoindre **un catalyseur** pour obtenir, après réaction, une masse solide élastomérique. Cette réaction se faisant à température ambiante (20-25°C), l'élastomère de silicone porte le nom de RTV (*Room Temperature Vulcanisation*). Le pourcentage de catalyseur est fonction de la marque utilisée et des propriétés du silicone choisi.

Préparation. Pesez le silicone afin de déterminer la quantité de catalyseur à ajouter et versez-le dans un récipient. Ajoutez le catalyseur.

Astuces

Il est recommandé de peser les composants avec précision pour obtenir des durées d'utilisation et de temps de prise conformes aux spécifications de chaque élastomère. Veillez également à bien homogénéiser le silicone avant d'inclure le catalyseur. Si vous dépassez la dose de catalyseur prescrite, ce n'est pas trop grave. Mais si vous n'en mettez pas assez, le silicone ne prendra pas. Il faudra donc nettoyer le modèle et recommencer.

Mélangez manuellement les deux produits. Veillez à ce qu'il ne reste aucun dépôt non catalysé sur les parois et au fond du récipient, et à ne pas trop chahuter la préparation pour éviter d'enfermer trop de bulles d'air. Vérifiez l'homogénéité du mélange, ce qui est plus facile lorsque les composants sont colorés. Effectuez, sur toute la surface du modèle, une première couche d'impression au pinceau pour bien l'imprimer et éviter ainsi d'enfermer les bulles d'air. (Les professionnels procèdent à un dégazage sous vide dans la masse du produit avant son utilisation.) Utilisez le restant de la préparation en coulée pour un moule bateau ou sous chape, ou en couches successives pour un moulage par estampage.

- **Le temps d'utilisation** de la préparation silicone + catalyseur est d'environ 1 h à 1 h 30 à température ambiante.
On remarque le début de vulcanisation quand la viscosité augmente. Pour assurer une mise en œuvre correcte, coulez ou appliquez de préférence la préparation quand elle vient d'être mélangée.
- **Le temps de prise** dépend de la température ambiante et du pourcentage d'humidité ; il est en général de 24 à 48 h. Ce temps peut être réduit par chauffage pour certains silicones, mais la chaleur augmente le retrait. De préférence, laissez le produit prendre et reposer le plus longtemps possible.

Attention

Évitez également d'ajouter un accélérateur pour réduire le temps de prise car, en réticulant, il générera un léger retrait dû à la libération d'alcool volatile.

Les moules réalisés **par estampage** nécessitent la création d'un **contre-moule** qui leur évitera de s'affaisser et leur permettra de supporter le poids du matériau de tirage. Il peut être réalisé en plâtre – coulé ou estampé –, en bandes plâtrées ou en résine polyester. Le nombre de pièces dépendra de l'importance et de la complexité du modèle. Appliquez un agent isolant sur le moule en silicone avant de réaliser le contre-moule pour éviter un effet de ventouse lors du démoulage.

Pour un moule réalisé par estampage, un contre-moule à deux pièces est nécessaire (coll. particulière MA2F).

• **Le contre-moule** à une pièce **en plâtre coulé en masse** est rapide à réaliser. Il est recommandé pour des modèles de petite taille. Par contre, il utilise beaucoup de plâtre et le contre-moule obtenu est lourd, donc peu maniable. Pour le réaliser, versez simplement le plâtre liquide sur le moule en silicone, à l'intérieur du mur de plastiline entourant le modèle.

• **Le contre-moule** à une pièce **en plâtre estampé** est délicat à réaliser par des débutants, surtout avec des modèles comportant des endroits placés à la verticale. Appliquez le plâtre lorsqu'il est devenu de consistance pâteuse, à la main ou à l'aide d'un pinceau plat. Le mur de plastiline, haut de 1,5 cm environ, retiendra les éventuelles coulées et permettra la création d'un bord net. Recouvrez le moule d'une couche d'environ 1 cm (une épaisseur excessive de plâtre ne le rendrait pas plus solide). Pour présenter le contre-moule à plat et lui assurer plus de stabilité au tirage, posez en surface, sur le plâtre encore frais, des tasseaux de bois scellés par un peu de filasse trempée dans du plâtre.

Attention

Contre-moule à deux pièces en plâtre

Lorsqu'il prend, le plâtre se dilate légèrement. Après séchage, le contre-moule n'épousera donc plus avec autant de précision la membrane en silicone. Lors de la coulée du matériau de tirage, le poids de la poussée du produit risque alors de désolidariser les deux pièces du moule et de créer ainsi sur le tirage, à l'endroit du plan de joint, une barbe plus importante. Dans ce cas, réalisez plutôt les contre-moules avec un mélange de plâtre à modeler et de plâtre de synthèse et armez avec de la filasse.

Une autre solution consiste à ne pas déplacer le mur de plastiline retenant l'élastomère de silicone lors de la fabrication du moule. Après la prise du silicone, appliquez le plâtre sur toute la surface de la membrane jusqu'au mur de plastiline (silicone et plâtre étant au même niveau). Les deux parties du moule seront donc pressées sans que les contre-moules se touchent. Prévoyez une épaisseur d'environ 3 à 5 mm pour chacun des bords des membranes. Utilisez de préférence un élastomère de silicone plus rigide pour éviter tout affaissement lors du serrage des contre-moules.

Enfin, vous pouvez également opter pour un contre-moule en résine polyester.

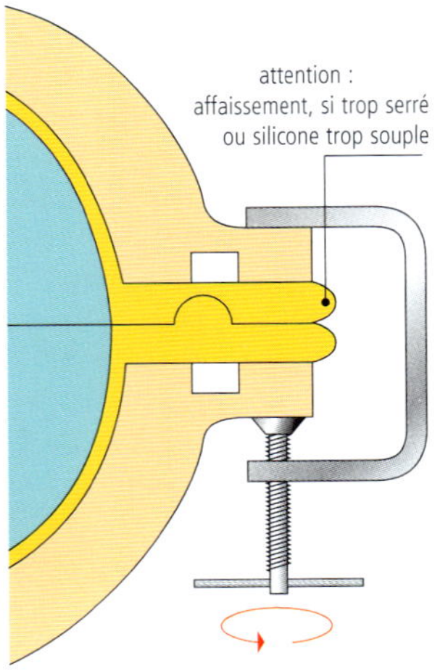

Astuces

Pour faciliter la séparation, installez sur la membrane de silicone des plots de plastiline avant d'appliquer le plâtre. De même, pour faciliter la réalisation d'un contre-moule par estampage vertical, appliquez au préalable, sur toute la surface, de la bande plâtrée comme primaire d'accrochage.

Vous pouvez, pour solidifier le contre-moule, armer le plâtre avec de la filasse, des morceaux de toile de jute ou de bas nylon. Trempez-les au préalable dans le plâtre et posez-les sur une couche venant de prendre.

Si le contre-moule nécessite d'être plus fortement consolidé, ajoutez des armatures métalliques entre les couches de plâtre. Enduisez-les au préalable d'un produit antirouille ou de vernis et travaillez-les afin qu'elles épousent bien les formes de la coquille. Puis recouvrez-les complètement d'une nouvelle préparation de plâtre.

• **Le contre-moule** à une pièce **en bandes plâtrées** est extrêmement facile à réaliser pour des débutants, surtout dans le cas de supports verticaux ou en surplomb. Cette technique permet la fabrication d'un contre-moule très léger. Appliquez les bandes plâtrées directement sur l'ensemble de la membrane du moule en les faisant se chevaucher. Laissez prendre. Recommencez l'opération en croisant les bandes pour obtenir une solidité dimensionnelle. Prévoyez trois à quatre couches pour un contre-moule rigide, et lissez la dernière couche pour égaliser. Vous pouvez là encore, pour pouvoir stabiliser le contre-moule à l'horizontale, mettre en place des tasseaux entourés de bandes plâtrées lors de la deuxième couche.

• **Le contre-moule** à une ou deux pièces **en résine polyester** est à la fois très résistant et léger. Par contre, la mise en œuvre de la résine est nettement plus complexe et nécessite de travailler dans un local bien aéré, voire en extérieur. Reportez-vous au paragraphe *Moule à une pièce par estampage vertical*, pp. 84-85, pour le détail de sa fabrication.

Un moule en élastomère de silicone peut recevoir **tous les matériaux** liquides ou pâteux finissant par **durcir** : cire, paraffine, plâtre, ciment, pierre reconstituée, résines époxyde, polyuréthane et polyester, mousse synthétique, métaux à bas point de fusion, chocolat, sucre cuit, pastillage, etc.

Attention

Certains produits, notamment les résines, peuvent agresser le silicone ; appliquez, au préalable, un agent isolant sur les parois internes du moule (voir tableau p. 146).

Il peut également être réutilisé un grand nombre de fois sans dégradation de la qualité de l'empreinte. La durée de vie d'un moule dépend de plusieurs facteurs : le soin apporté à sa préparation et à sa fabrication, la régularité de son épaisseur (qui évite le risque de déchirure), son utilisation seulement après plusieurs jours de mûrissement pour jouir des propriétés maximales du produit. Tant que le moule dégage une odeur, ne l'utilisez pas. Sa longévité sera ainsi améliorée d'environ 20 % par rapport à un moule utilisé juste après la prise du silicone.

Attention

Les catalyseurs de certaines résines sont absorbés par le silicone, provoquant ainsi une adhérence ou un effet de poissage sur le tirage. Dans ce cas, laissez reposer le moule ou chauffez-le dans une étuve à 100°C entre deux coulées afin de permettre aux substances chimiques de s'évaporer.

Évitez d'utiliser le même moule pour des coulées de résines différentes.

Lorsqu'une amorce de déchirure est détectée, elle doit être aussitôt réparée pour ne pas s'aggraver au cours des différents tirages.
Pour cela, employez le silicone ayant servi à fabriquer le moule, ou encore une colle spécialement étudiée à cet effet. Dégraissez au préalable les deux côtés de la déchirure avec de l'alcool à 95° avant de procéder au collage.
Pour nettoyer les récipients de mélange, laissez prendre le silicone ; vous pourrez ensuite le décoller sans efforts. Trempez les pinceaux et les outils dans de l'acétone, de l'essence ou du trichloréthylène. Sur un tissu, le silicone se retire après trempage dans l'un de ces solvants.

Cas particulier

Dans le cas d'un contre-moule à une ou deux pièces en résine polyester, et si le modèle présente de très fortes contre-dépouilles, le moule risque, au démoulage, de se déchirer au niveau de la différence d'épaisseur.

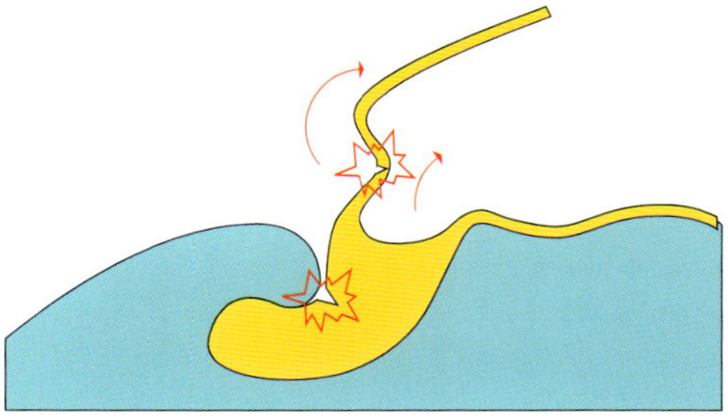

Pour éviter ce problème, fabriquez, au niveau des contre-dépouilles, des pièces indépendantes de la membrane du moule (on parle de pièces cachées). Elles seront placées et maintenues dans le contre-moule avant d'y reposer le moule. Pour confectionner ces pièces, positionnez le modèle recouvert d'élastomère de manière à présenter ces endroits en contre-dépouilles horizontalement. Installez autour du creux un mur de plastiline d'environ 1 cm de hauteur. Appliquez une fine couche de vaseline sur la membrane et versez ensuite l'élastomère de silicone dans le creux jusqu'au niveau du mur.

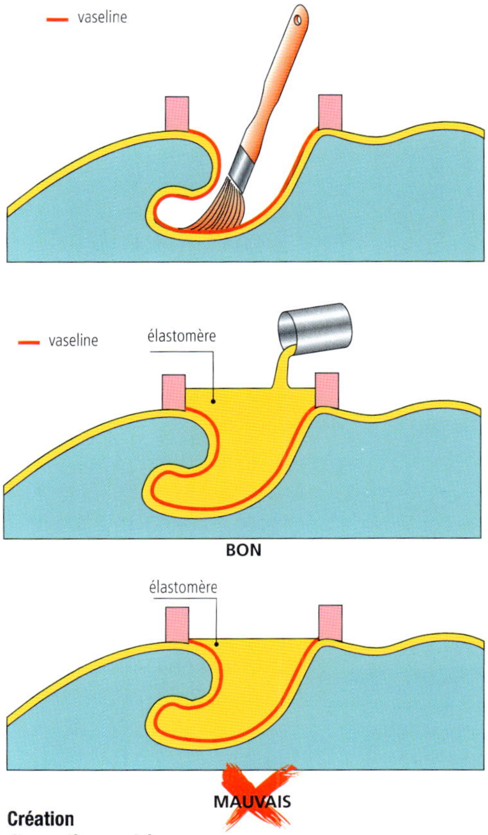

Création d'une pièce cachée

Ces pièces étant plus épaisses que la membrane, elles créent ainsi des cavités où la pièce cachée viendra se loger avec précision. Pour maintenir le tout en place lors de la coulée du matériau de tirage, fabriquez des annelets (voir *Moule à deux pièces par estampage horizontal*, pp. 81-83).

Création d'un annelet

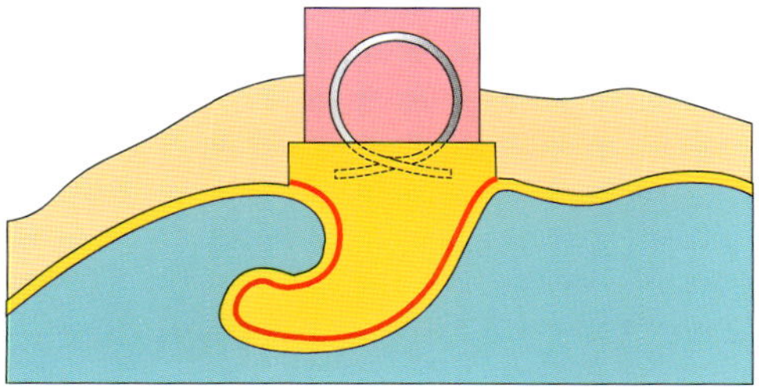

Pour démouler, retirez le bâtonnet, le contre-moule, la pièce cachée et enfin la membrane de silicone.

Pièce cachée et annelet d'un modèle présentant une forte contre-dépouille

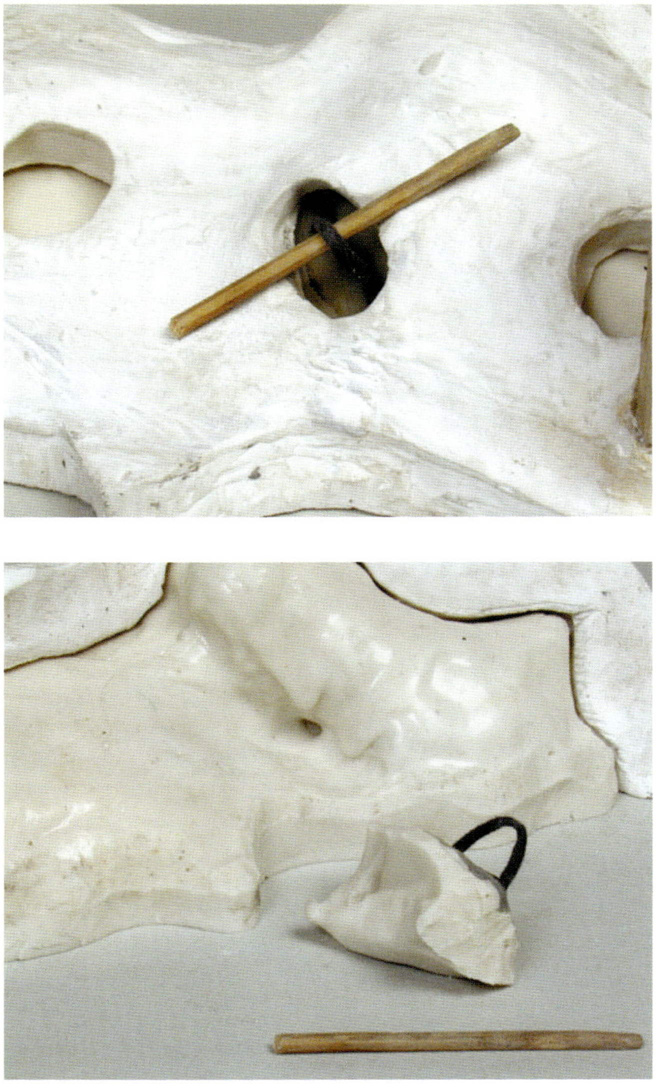

Les techniques de moulage

Le moulage bateau

Cette technique convient à la plupart des modèles. Elle est la plus couramment employée pour la reproduction d'objets de petite ou de moyenne taille comportant des reliefs peu proéminents. Elle donne un moule massif à une ou plusieurs pièces.
Son avantage : elle est simple et rapide à exécuter.
Son inconvénient : elle consomme beaucoup de produit et le moule obtenu manque de souplesse à cause de son épaisseur.

MOULE BATEAU À UNE PIÈCE

1 **Préparation.** Prenez une planche de dimension adaptée au modèle qui servira de support. Pour bien maintenir le modèle en place et étanchéifier sa base, placez un cordon de plastiline sous le socle, chauffez-le à l'aide d'un séchoir à main et pressez le modèle dessus. Retirez, à l'aide d'une petite spatule, le surplus qui en aura été chassé. Entourez ensuite le modèle d'un muret de plastiline placé à 1,5 cm et suivant ses contours pour retenir le produit de moulage et obtenir des bords nets. Étanchéifiez sa base en l'écrasant à l'extérieur avec une petite spatule.

2 Pour être sûr de recouvrir complètement le modèle, tracez un repère à l'intérieur du mur à 1 cm au-dessus du relief le plus haut. Préparez environ 200 g de silicone. Imprimez d'abord le modèle au pinceau pour éviter les bulles.

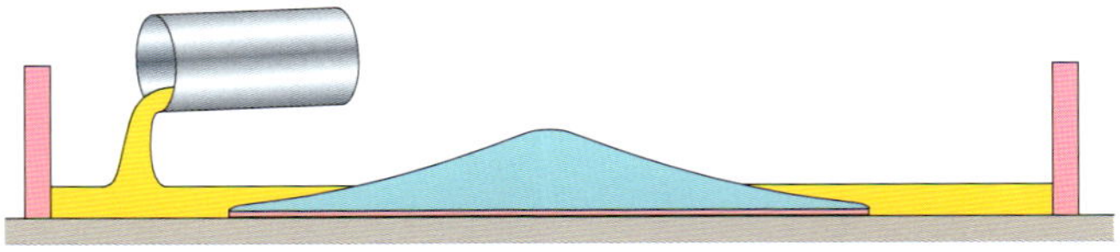

3 Versez le reste de la préparation en commençant par le point le plus bas du modèle, en filet le plus fin possible pour répartir le produit lentement et régulièrement.

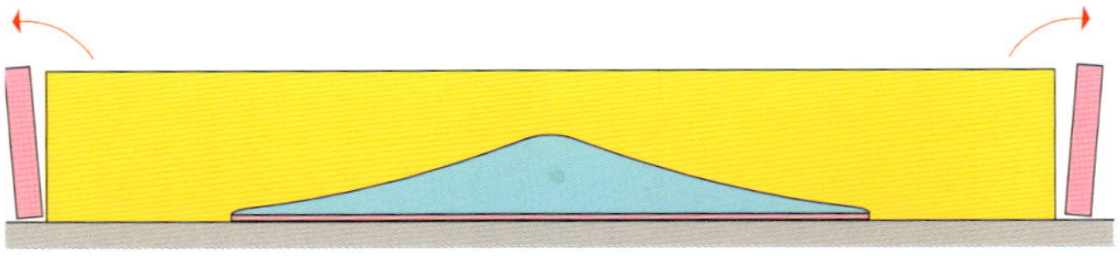

4 Remplissez jusqu'à couvrir complètement le modèle et atteindre le repère sur le mur. Laissez prendre 24 h, puis démontez le mur de plastiline. Démoulez.

5 **Tirage.** Préparez alors le matériau de tirage que vous souhaitez utiliser – ici, de la résine polyester teintée (voir chapitre 11, *Les matériaux de coulée*, p. 107 et suiv.) et versez-le en masse. Après la prise, démoulez et laissez reposer.

MOULE BATEAU À DEUX PIÈCES

1 **Préparation.** Fabriquez un cadre en bois démontable dont les côtés sont vissés et non cloués. Prévoir des montants d'une hauteur supérieure au modèle, ainsi qu'un espace de 15 à 20 mm entre la périphérie du modèle et le cadre pour éviter tout affaissement à la fermeture du moule.

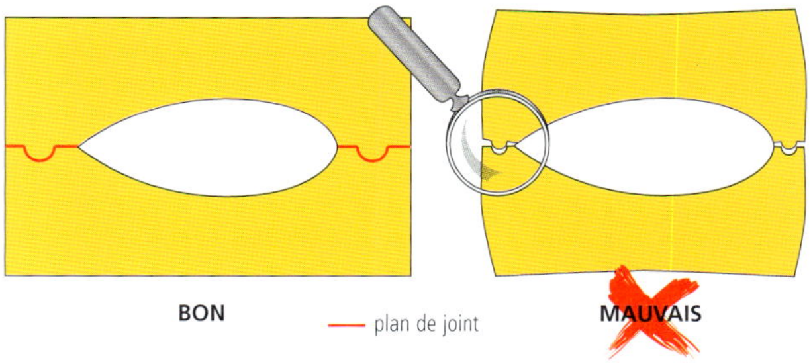

2 Étalez la plastiline à l'aide d'un rouleau à pâtisserie sur la planche support préalablement graissée avec de la vaseline, de manière à former un lit de mise en route de 3 à 4 cm d'épaisseur. Raisonnez le modèle pour déterminer l'emplacement du plan de joint. Installez-le ensuite horizontalement sur la plastiline en appuyant légèrement pour le stabiliser.

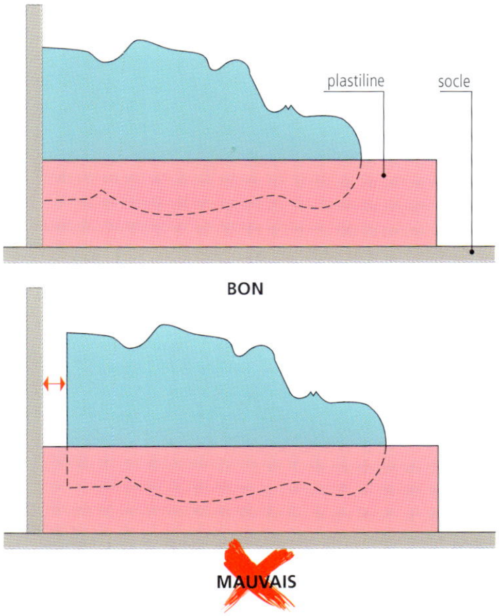

La statuette possédant ici un fond plat, calez-la bien au bord de la plastiline à l'emplacement prévu d'un des côtés du cadre. (Faites la même chose pour un modèle possédant un socle. Si celui-ci est creux, bouchez-le au préalable avec de la plastiline, et vérifiez que la base du socle est bien placée verticalement en réinstallant momentanément le cadre.)

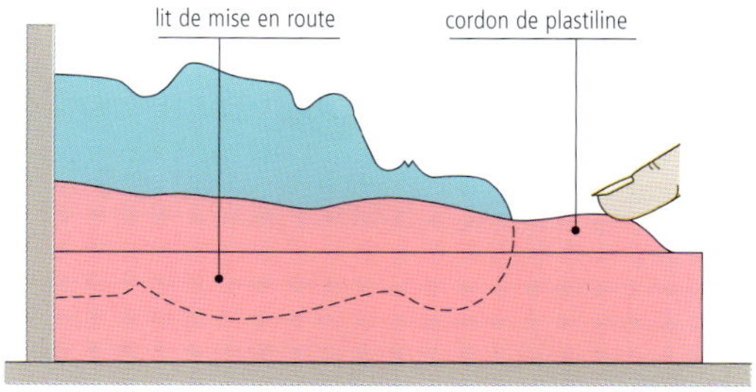

3 Formez un gros cordon de plastiline et installez-le tout autour et contre le modèle. Appuyez-le afin qu'il adhère aussi bien au lit de mise en route que contre le modèle. Amenez la plastiline au niveau du plan de joint à l'aide d'une spatule métallique à bout arrondi. Prenez le temps de réaliser avec minutie ce plan de joint, vous gagnerez ainsi du temps à l'ébarbage sur chaque tirage.

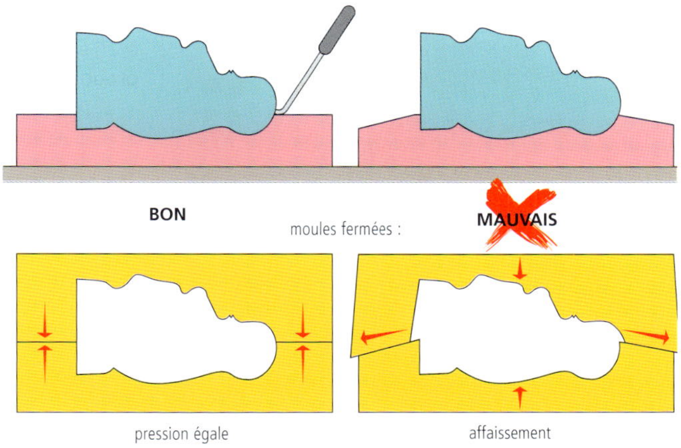

4 Égalisez en aplatissant perpendiculairement au modèle. Évitez cependant de niveler toute la surface de la plastiline ; au contraire, les creux et les bosses périphériques permettront aux deux pièces du moule de mieux s'emboîter.

5 **Création du cordon de centrage.** Creusez dans la plastiline, avec une mirette de potier coupante, un cordon de centrage de 5 mm de profondeur à 7 ou 8 mm du modèle et suivant son contour. Il permettra d'assembler parfaitement les deux pièces du moule.

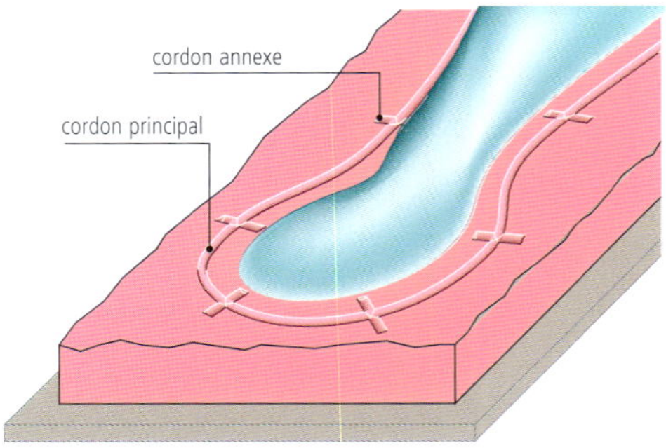

6 Création des goujons de centrage annexes. Creusez, avec la mirette coupante, des petits sillons perpendiculaires au cordon principal. Cette opération est primordiale dans le cas d'un modèle de taille imposante pour éviter au moule de s'affaisser.

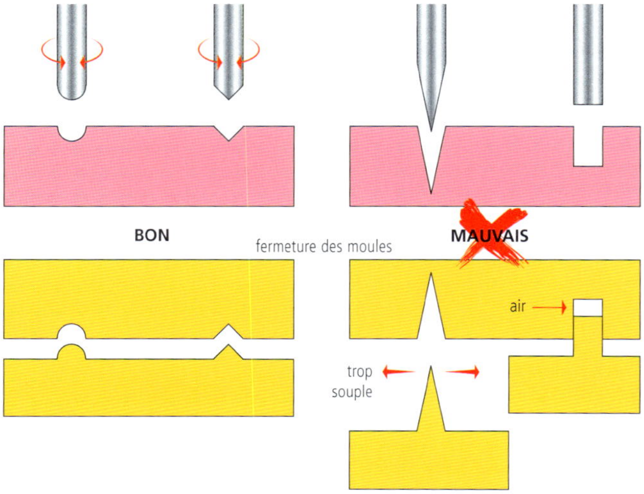

Pour des petits modèles, fabriquez les goujons de centrage en enfonçant dans la plastiline une petite forme légèrement conique ou en demi-sphère.

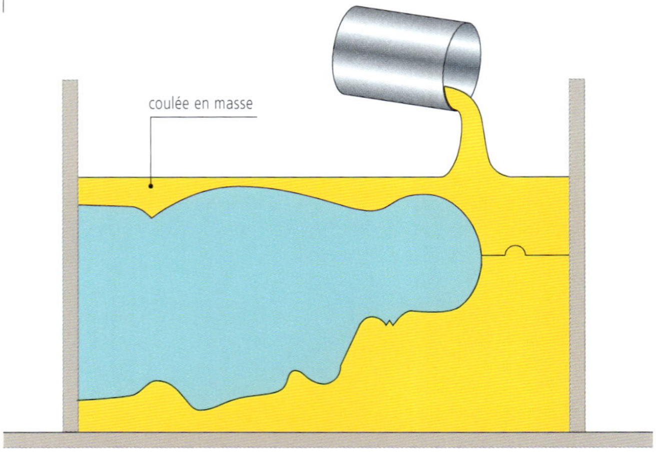

8 Réalisation de la deuxième pièce. Remettez le cadre de bois autour de la première pièce du moule enduite d'une fine couche de vaseline. Préparez la même quantité d'élastomère de silicone. Appliquez-le d'abord au pinceau en couche fine sur le modèle. Puis versez le restant en masse jusqu'à recouvrir d'environ 10 mm le point le plus haut.

9 Laissez prendre au minimum 24 h et démoulez. Refermez le moule. Installez de chaque côté du moule une planchette de bois et maintenez le tout avec des élastiques. La pression sera alors égale sur toute la surface du moule et évitera au plâtre de fuir au niveau de la jointure des deux pièces, à cause d'un serrage insuffisant ou d'une pression trop forte à certains endroits, comme avec des élastiques seuls trops serrés.

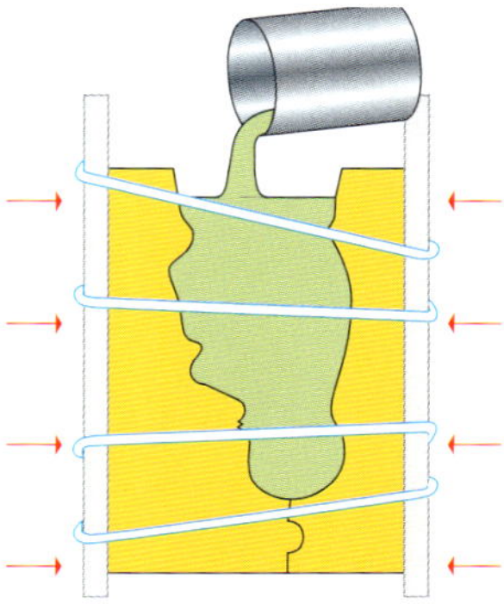

7 Réalisation de la première pièce du moule. Installez le cadre et écrasez la plastiline contre le cadre à l'aide d'une spatule pour assurer l'étanchéité. Préparez 220 g de silicone. Imprimez le modèle à l'aide d'un pinceau-brosse et versez le restant de la préparation en commençant par le point le plus bas. Laissez prendre au minimum 24 h. Retournez alors le coffrage et dévissez les quatre côtés. Enlevez délicatement le lit de plastiline tout en maintenant le modèle de l'autre main.
Attention : ne retirez pas le modèle de la première partie du moule !

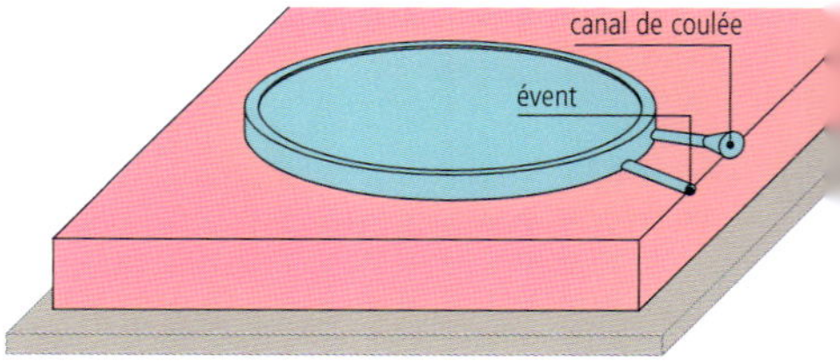

Dans le cas d'un modèle rond (médaille ou pièce), placez contre celui-ci (à l'étape 7) deux petits cylindres de bois, l'un pour créer le canal de coulée, l'autre pour laisser l'air s'échapper (évent). Vous pouvez également les creuser dans le silicone, une fois le moule réalisé, à l'aide d'un cutter.

10 Préparez environ 200 g de plâtre de synthèse pour 50 cl d'eau et versez-le dans le trou de coulée. Laissez prendre, démoulez et laissez sécher.

Le moulage par estampage

Cette technique convient à des **modèles complexes** comportant de légères ou fortes **contre-dépouilles**. Elle est particulièrement adaptée au moulage d'objets de plus grande taille, inclinés, verticaux ou en surplomb (bas ou haut-relief, rosace, plafonnier, moulures, etc.). Elle permet d'économiser le produit de moulage, l'élastomère étant appliqué au pinceau par couches successives. Le moule obtenu doit obligatoirement être renforcé par une coquille de maintien rigide (contre-moule en plâtre, en bandes plâtrées ou en résine) constituée de une ou plusieurs pièces. Le nombre de ces pièces dépend de l'emplacement et de l'importance des contre-dépouilles.

Astuces

Pour fabriquer rapidement une membrane épaisse en trois couches seulement, ajoutez un additif à l'élastomère pour le rendre non coulant. Ainsi, les petites contre-dépouilles seront bouchées et éviteront les risques d'accrochage mécanique avec le contre-moule.
Vous pouvez également utiliser un silicone pâteux à appliquer par pression. Veillez dans ce cas à ne pas enfermer d'air (surtout si le modèle possède des détails fins en creux) et à ne pas créer de trop grandes différences d'épaisseur, qui sont la cause de déchirures au démoulage.

MOULE À UNE PIÈCE PAR ESTAMPAGE HORIZONTAL

1 **Préparation.** Fixez le modèle sur un support en procédant de la même manière que pour le moule bateau à une pièce (voir étape 1, p. 76). Installez également un mur de plastiline à environ 2 cm du modèle.

2 Préparez 100 g environ d'élastomère de silicone pour chaque couche (choisissez un silicone pouvant être rendu thixotrope, c'est-à-dire non coulant) en lui ajoutant l'accélérateur thixotropant. Appliquez la préparation à l'aide d'un pinceau-brosse à la fois sur le modèle et sur le lit de mise en route jusqu'au mur de plastiline. Attendez environ une heure avant d'appliquer la seconde couche.

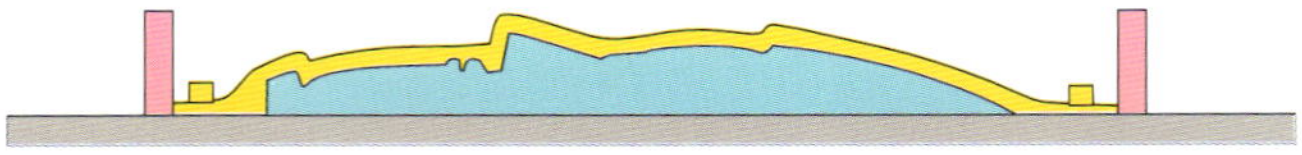

3 **Création des goujons de centrage.** Afin de bien positionner la membrane dans son contre-moule, posez entre le modèle et le mur de plastiline, sur la deuxième couche encore collante, des petits rectangles de mousse ou de silicone (goujons de centrage). Pour ce masque africain, présentant de très légères contre-dépouilles, trois couches sont nécessaires. Laissez prendre une heure environ entre chaque couche.

Astuce

Vous pouvez renforcer le moule en appliquant, entre chaque couche, un tissu de renfort spécial comme la verranne ou un morceau de bas nylon. Posez-le sur une couche encore collante en tapotant dessus avec le pinceau-brosse afin qu'il adhère. Recouvrez-le ensuite de silicone.

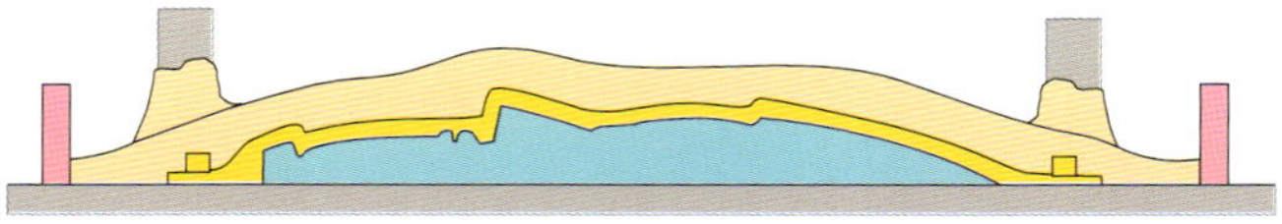

4 **Création du contre-moule en bandes plâtrées.** Après la prise de la dernière couche, enduisez le moule de vaseline pour faciliter la séparation avec le contre-moule. Reculez le mur de plastiline de 1 ou 2 cm pour fabriquer la coquille de maintien, en appliquant trois à quatre couches croisées de bandes plâtrées et deux tasseaux de bois comme expliqué précédemment (voir p. 69). Laissez prendre, enlevez le mur de plastiline et démoulez.

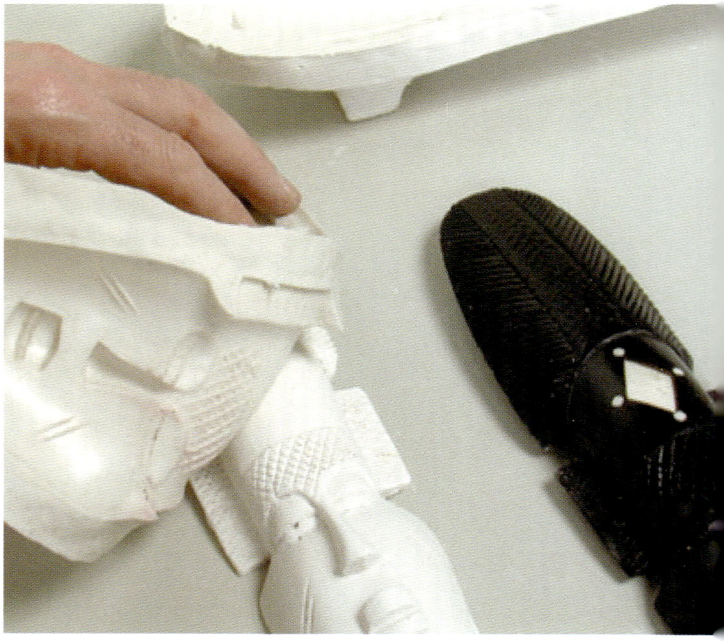

5 **Tirage.** Préparez environ 500 g de plâtre de synthèse pour 125 cl d'eau, et versez en masse. Laissez prendre et procédez au démoulage.

MOULE À DEUX PIÈCES PAR ESTAMPAGE HORIZONTAL

Jean-Pierre Delpech réalisant le cordon de centrage.

1 Installez le modèle – ici, une tête de mannequin fixée sur un socle – sur une planche de bois en le calant à l'aide de plastiline (un modèle de plus petite taille sera placé horizontalement sur un lit de plastiline).

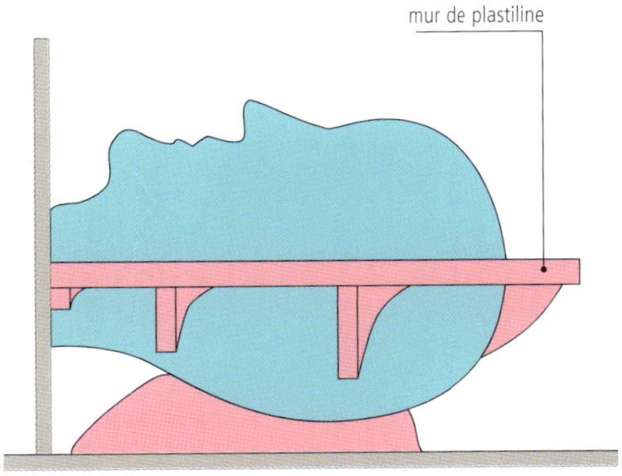

2 Déterminez le plan de joint – pour ce modèle, il passe sur l'arête des oreilles – et installez un mur de plastiline perpendiculaire de 5 à 6 cm de hauteur. Soutenez ce mur à différents endroits afin qu'il ne s'affaisse pas sous son propre poids, ou sous celui du matériau de moulage. Creusez le cordon de centrage tout autour du modèle à 1 cm environ (voir *Moule bateau à deux pièces*, p. 77).

3 **Réalisation de la première pièce du moule.** Installez à nouveau autour du modèle, mais à 2 cm cette fois, un mur de plastiline de 2 cm de haut, ses deux extrémités rejoignant la planche verticale. Ce mur permettra de contenir l'élastomère de silicone et d'obtenir un moule à bords nets. Préparez 150 g d'élastomère de silicone non coulant (pour chaque couche) et imprimez toute la surface du modèle jusqu'au mur de plastiline et jusqu'au socle du mannequin.
Prévoyez trois applications pour obtenir une membrane résistante d'environ 5 à 8 mm d'épaisseur. Placez à la périphérie, sur la seconde couche encore collante, des petits rectangles de mousse ou de silicone pour créer les goujons de centrage. Appliquez la troisième couche pour lier le tout.

4 **Création de la première pièce du contre-moule.** Attendez 24 h la prise complète de l'élastomère. Puis, déplacez le mur de plastiline vers l'extérieur d'environ 2 cm. Creusez dans la plastiline un nouveau cordon de centrage, au centre, entre le bord de la membrane et le mur de plastiline.

Astuce

Pour faciliter le démoulage des deux pièces du contre-moule, placez à différents endroits, sur le lit de plastiline et contre le mur de plastiline, des petits triangles de même matière. Après la prise de la seconde pièce du contre-moule, vous pourrez glissez la pointe d'un couteau à ces endroits pour faire levier.

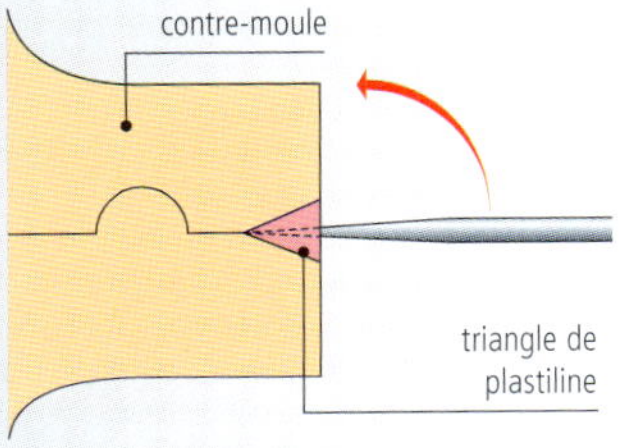

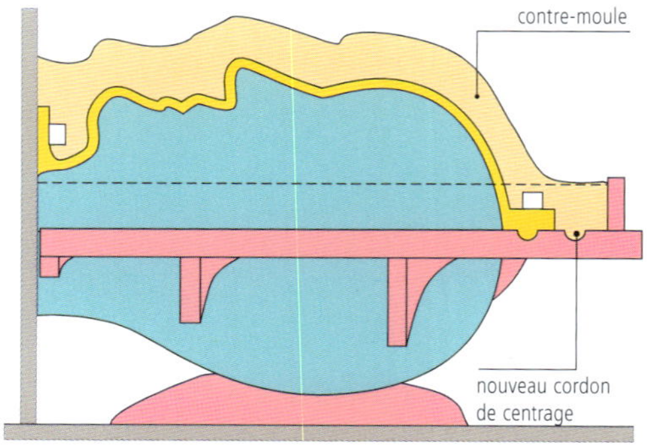

Préparez 100 g de résine polyester. Appliquez-la au pinceau en trois ou quatre couches successives sur l'ensemble de la première pièce du moule en allant jusqu'au mur de plastiline. Renforcez le contre-moule en posant sur la première couche de résine encore poisseuse des morceaux de mat de verre. Passez à nouveau de la résine et du mat et ainsi de suite jusqu'à la dernière couche, en insistant bien sur les angles et les bords pour donner une bonne rigidité au contre-moule. Laissez prendre.

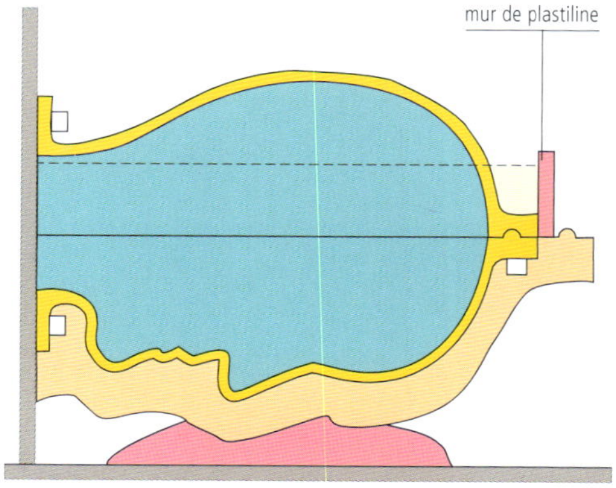

5 Réalisation de la deuxième pièce du moule. Retournez délicatement l'ensemble et calez-le à nouveau sur de la plastiline. Appliquez au pinceau de la vaseline sur les plans de joint du premier moule et du contre-moule. Placez un mur de plastiline au niveau de la première membrane du moule, en appui et au niveau de la première pièce du contre-moule. Préparez la même quantité d'élastomère de silicone et réalisez la seconde pièce (reportez-vous à l'étape 3).

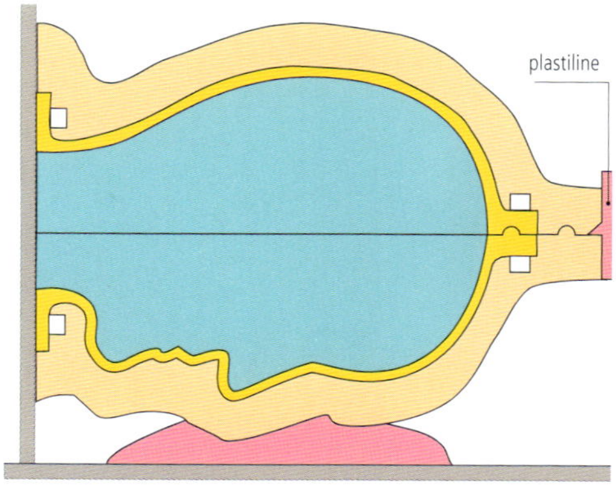

6 Création de la deuxième pièce du contre-moule. Attendez 24 h la prise du silicone. Déplacez le mur et plaquez-le contre la première coquille de maintien en résine. Réalisez la seconde pièce du contre-moule en procédant comme pour la première (voir étape 4). Laissez prendre.

Astuce

Pour positionner parfaitement les membranes du moule dans le contre-moule, vous pouvez fabriquer des annelets. Pour ce faire, prenez une petite cordelette et faites une boucle d'environ 1 cm de diamètre (elle dépend en fait de l'épaisseur du contre-moule). Lors de la création de la membrane, posez les annelets sur l'avant-dernière couche d'élastomère de silicone encore collante. Recouvrez toute leur base d'une dernière application de silicone de manière à bien enfermer la base de la cordelette. Laissez sécher 24 h. Enduisez alors les annelets de vaseline, recouvrez-les d'un cylindre de plastiline et fabriquez autour le contre-moule. Laissez prendre.
Retirez la plastiline protégeant les annelets. Séparez alors les deux pièces du contre-moule et les deux membranes du moule. Replacez le moule dans les contre-moules et les annelets dans les trous correspondants. Bloquez à l'extérieur contre le contre-moule à l'aide de petits bâtonnets en bois. Tournez jusqu'à obtenir une légère résistance.

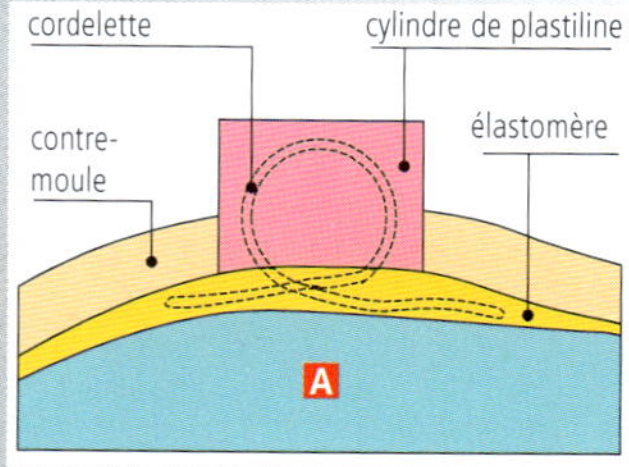

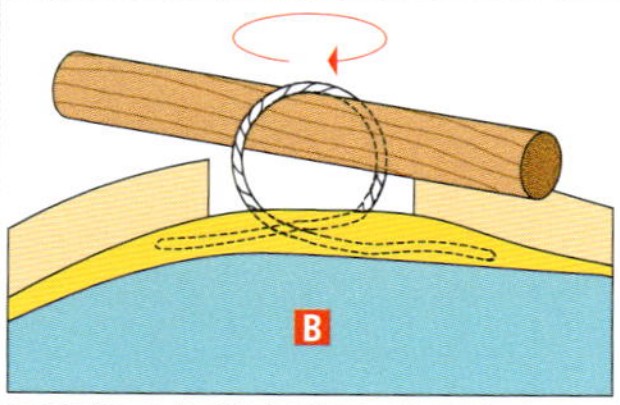

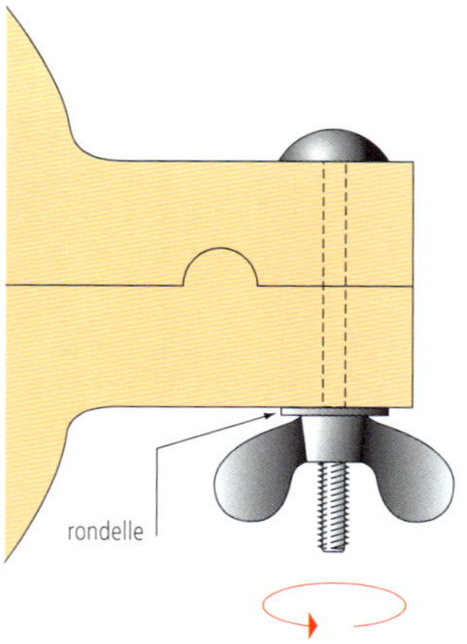

7 Serrage du contre-moule en résine. Avant de séparer les deux pièces du contre-moule, percez à l'aide d'une mèche en métal sur le pourtour du plan de joint, des trous d'environ 5 mm de diamètre. Démoulez, puis replacez le moule dans le contre-moule. Avant de procéder au tirage, serrez les deux parties du contre-moule en plaçant à l'intérieur de chacun des trous un boulon, une rondelle et une vis papillon.
Vous éviterez ainsi le risque de déformation du moule sous la pression du matériau de reproduction, notamment lors d'une coulée en masse ou par estampage manuel.

8 Tirage. Préparez environ 200 g de plâtre de synthèse pour 50 cl d'eau, et versez-le. Prenez le moule à deux mains et faites-le pivoter sur lui-même jusqu'à la prise du plâtre. Procédez ainsi jusqu'à obtention d'une épaisseur satisfaisante. Laissez prendre et procédez au démoulage.

MOULE À UNE PIÈCE ET CONTRE-MOULE À DEUX PIÈCES, PAR ESTAMPAGE VERTICAL

Cette technique est préconisée dans le cas de modèles en position verticale et ne pouvant être déplacés (modèles en ronde-bosse, hauts-reliefs ou bas-reliefs).

1 **Préparation et réalisation du moule.** Installez un mur de plastiline tout autour du modèle à environ 3 cm. Consolidez-le en ajoutant derrière des triangles de soutien également en plastiline. Préparez 380 g d'élastomère de silicone en lui ajoutant un accélérateur thixotropant pour le rendre non coulant. Recouvrez-en le modèle à l'aide d'un pinceau en débordant jusqu'au mur de plastiline. Attendez environ 1 h avant d'appliquer la seconde couche, et ainsi de suite.

Astuce

Comblez les éventuelles contre-dépouilles afin de pouvoir retirer le contre-moule plus facilement au démoulage.

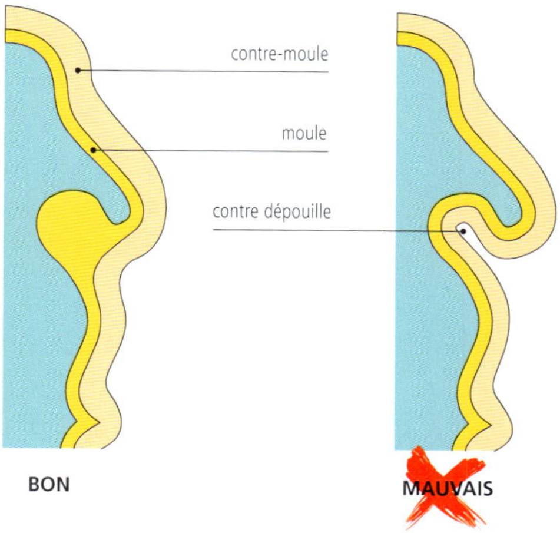

2 **Création des goujons de centrage.** Afin de bien positionner la membrane dans son contre-moule, posez entre le modèle et le mur de plastiline, sur la deuxième couche encore collante, des petits rectangles de mousse ou de silicone (goujons de centrage). Le nombre de couches est toujours fonction de l'importance des tirages. Pour ce modèle, passez trois couches.

3 **Réalisation de la première pièce du contre-moule.** Installez un mur de plastiline pour délimiter la première pièce (il passe ici sur l'arête du nez) et posez derrière des triangles de soutien. Pour empêcher la résine polyester de coller à la plastiline, appliquez au pinceau, sur la plastiline, une couche de cire liquide suivie, après séchage, de deux à trois couches d'alcool polyvinylique. Préparez alors 80 g de résine polyester (pour chaque couche). Appliquez au pinceau la première couche. Renforcez en posant sur la résine encore poisseuse des morceaux de mat de verre. Tapotez avec un pinceau imbibé de résine pour bien les imprégner et chasser l'air. Quand la résine présente un aspect poisseux, procédez à l'application de la seconde couche. Trois à quatre couches sont nécessaires pour obtenir une solidité dimensionnelle. Alternez toujours couche de résine et pose de mat de verre. Surchargez l'endroit de réunion des deux contre-moules pour pouvoir le percer ultérieurement. Laissez durcir.

Astuce

Pour éviter l'effet de poissage inhérent à la résine polyester, appliquez pour la dernière couche du contre-moule une résine polyester top coat. Vous pouvez également passer une couche de vernis polyuréthane (G4) après la dernière couche, ou ajouter du styrène paraffiné lors de la préparation de la dernière couche de résine (dans ce cas, lorsque la résine va chauffer lors de la prise, la paraffine va fondre et remonter pour former une pellicule de protection ; il n'y aura donc plus de contact avec l'air pendant le temps du durcissement.).

Attention

Modèle en ronde-bosse

La mise en œuvre est un peu différente, le moule se faisant généralement en deux pièces. Délimitez d'abord le plan de joint et installez un mur de plastiline tout au long, d'une hauteur correspondant à l'épaisseur du moule et du contre-moule (environ 3 cm). Consolidez-le sur la partie arrière avec des triangles de plastiline. Installez un second mur de plastiline autour du modèle, à environ 3 cm de sa base et appuyé sur le plan de joint. Creusez, à l'aide d'une mirette, un cordon de centrage dans le mur de plastiline à environ 1 cm du modèle. Creusez, de la même manière, des goujons de centrage perpendiculaires au cordon tous les 7 cm environ. Réalisez la première pièce du moule en appliquant les couches d'élastomère sur le modèle, sur l'ensemble du mur de plastiline (au-dessus du cordon de centrage), mais aussi entre la base du modèle et le second mur de plastiline. Après la prise, retirez le mur horizontal et arasez le bord de la membrane de silicone.

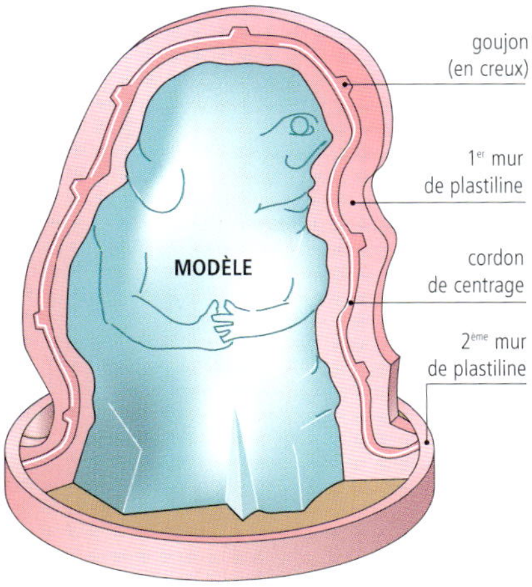

4 Réalisation de la deuxième pièce du contre-moule. Retirez le mur de plastiline central et les triangles de soutien. Appliquez de la vaseline sur le plan de joint et réalisez la seconde pièce du contre-moule à l'identique.

5 Tirage. Après la prise de la résine, arasez l'endroit de jonction des contre-moules à l'aide d'un cutter. Percez à l'aide d'une mèche de 5 mm plusieurs trous qui accueilleront les vis et les boulons de serrage. Séparez les deux pièces du contre-moule en enfonçant dans la fente du plan de joint une lame de couteau ou tout autre objet plat, fin et solide, et retirez le moule. Découpez trois tasseaux de bois pour former les pieds et fixez-les sur le contre-moule à l'aide d'une colle à deux composants ou de bandes plâtrées.
Préparez 900 g de plâtre de synthèse pour 200 cl d'eau et procédez au tirage. Laissez prendre. Démoulez et laissez sécher.
Pour obtenir un tirage plus léger et pour accélérer le temps de séchage, retirez une partie du plâtre avant sa prise à l'intérieur de la tête du monstre, de manière à obtenir un tirage en creux.

Astuce

Pour éviter d'avoir à araser la membrane et surtout économiser l'élastomère, avant le moulage, installez un troisième muret de plastiline perpendiculaire au plan de joint vertical (premier mur), placé au-dessus du cordon de centrage à 1 cm (A). Le moule réalisé, déplacez le troisième muret à 1 cm de la membrane du moule pour réaliser le contre-moule (B). Vous pourrez ainsi mieux concentrer la résine polyester sur le bord et solidifier le contre-moule. De plus, les bords obtenus étant plus nets, vous éviterez d'avoir à ébarber la résine durcie.

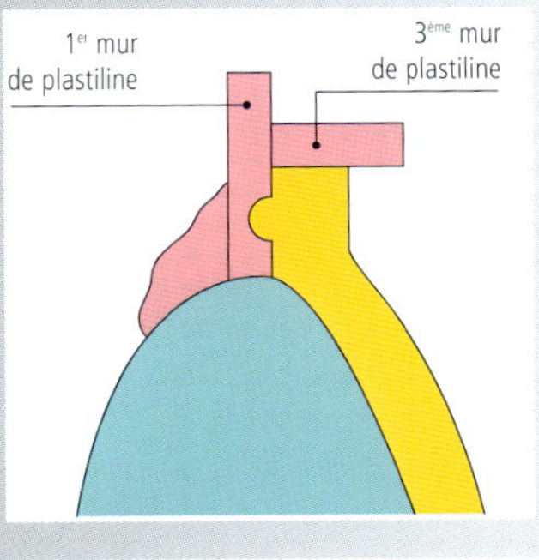

A

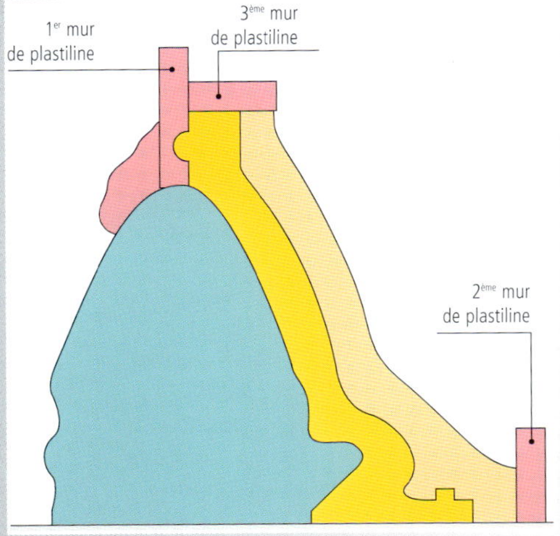

B

Le moulage sous chape

Cette technique permet de fabriquer un moule d'égale épaisseur, tout en économisant l'élastomère de silicone. Le moule et la chape peuvent être réalisés en une ou plusieurs pièces, selon le modèle choisi. La chape est en général fabriquée en plâtre.

MOULE ET CHAPE À UNE PIÈCE

1 Préparation du modèle. Fixez le modèle (ici une rosace) sur une planche de bois à l'aide d'un boudin de plastiline. Pressez et retirez le surplus de plastiline en suivant bien les contours de la rosace à l'aide d'un couteau. Collez sur la planche et à 2 cm autour du modèle quatre petits blocs de bois en forme de pyramide tronquée (sans tête) pour créer des goujons de centrage. Ils permettront de bien repositionner la chape en plâtre. Appliquez une fine couche de vaseline sur la planche et sur les goujons de centrage. Recouvrez le modèle d'une feuille d'aluminium ou d'un film plastique étirable alimentaire. Vous devez ensuite recouvrir la surface du modèle de plastiline calibrée. Pour calibrer la plastiline, saupoudrez au préalable du talc sur le plan de travail, posez le boudin de plastiline ramollie et placez de chaque côté deux tasseaux ou réglettes de bois de 6 mm d'épaisseur environ. Étirez-la à l'aide d'un rouleau à pâtisserie. Placez la plastiline calibrée sur le modèle en appuyant légèrement, sans l'écraser, afin de lui faire épouser toutes les formes. Le modèle doit être entièrement recouvert et **totalement de dépouille**. Recouvrez-le à nouveau d'une feuille d'aluminium (ou d'un film plastique). Formez alors un petit cordon de plastiline et placez-le tout autour du modèle, en épousant bien ses contours. Il permettra de bloquer la périphérie du moule dans la chape. Tapotez la surface du modèle avec un pinceau imbibé de vaseline pour coller entre eux les éventuels petits plis du papier d'aluminium.

Attention

Modèle présentant des contre-dépouilles accentuées. Comblez les contre-dépouilles de plastiline, puis posez par-dessus les bandes calibrées. Le moule sera donc plus épais à ces endroits (il faudra faire attention au démoulage, la différence d'épaisseur pouvant le fragiliser).

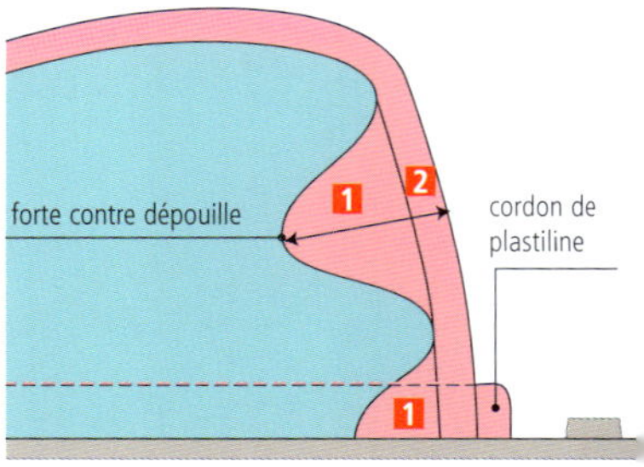

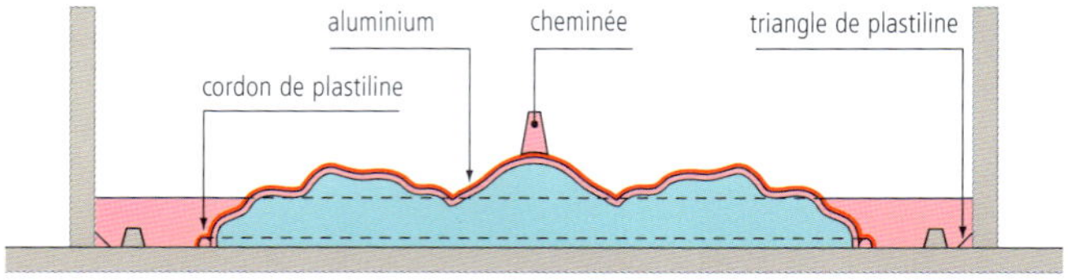

2 Création de la cheminée et du mur. Posez verticalement, sur le relief prédominant (ici au centre de la rosace), un cône de plastiline pour former la cheminée. Elle servira de trou de coulée pour le produit de moulage. Installez alors un mur de plastiline derrière les goujons de centrage pour délimiter le contour de la chape en plâtre (et donc contenir le plâtre). Placez de part et d'autre de ce mur, en appui, des triangles de plastiline. Ils faciliteront la séparation ultérieure de la chape en plâtre d'avec son support.

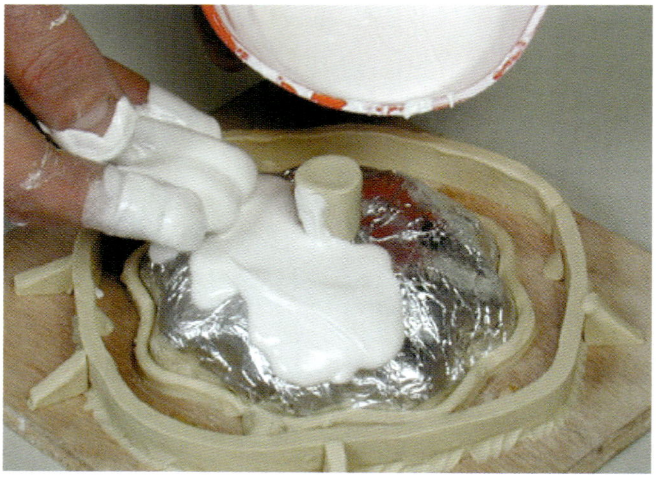

3 Réalisation de la chape en plâtre. Préparez 100 g de plâtre pour 25 cl d'eau. Imprimez de plâtre l'ensemble du modèle jusqu'au mur, en veillant à ne pas recouvrir l'extrémité supérieure de la cheminée. Appliquez les couches suivantes. Prévoyez deux à trois couches de plâtre pour obtenir une chape solide, de 1,5 cm d'épaisseur au minimum. Pour créer des pieds, placez, verticalement et bien à niveau, trois ou quatre tasseaux de bois sur la chape et liez-les avec du plâtre. Laissez prendre le plâtre. Retirez le mur de plastiline et soulevez la chape en glissant un couteau ou une spatule aux endroits où ont été placés les triangles de plastiline pour faire levier. Enlevez l'aluminium et la plastiline calibrée recouvrant le modèle, ainsi que le cordon placé tout autour. Débouchez la cheminée du trou de coulée. Préparez un peu de plâtre liquide et appliquez-le au pinceau à l'intérieur de la chape afin de boucher les plis créés par l'aluminium. Laissez sécher.

Attention

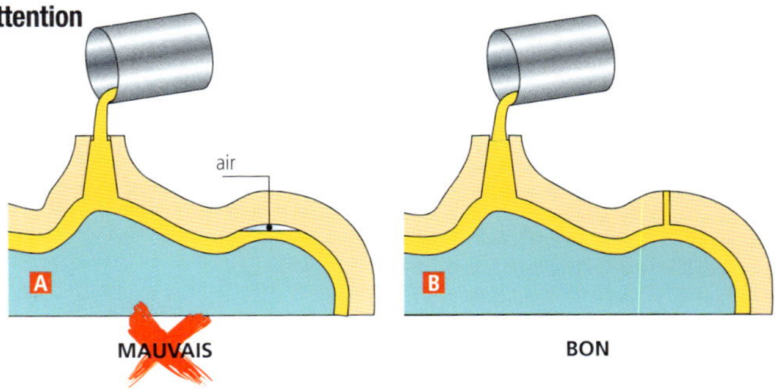

Pour éviter d'enfermer de l'air à l'endroit des reliefs du modèle au moment de la coulée du silicone, il est nécessaire de créer des évents dans la chape.

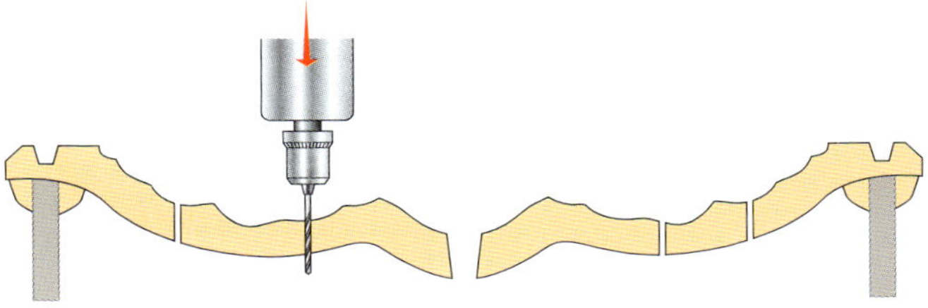

4 Création d'évents. Placez la chape sur ses pieds et percez les évents au niveau des creux à l'aide d'une perceuse électrique munie d'un foret fin.

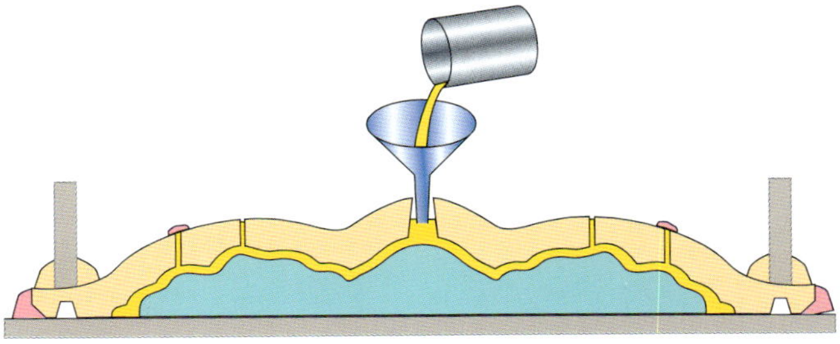

5 Réalisation du moule. Appliquez sur le modèle un agent isolant pour faciliter le démoulage et annuler l'effet ventouse (ici de la vaseline, voir le tableau p. 141 pour les autres matériaux). Préparez 110 g d'élastomère de silicone (pour un autre modèle, la quantité de silicone doit être à peu près équivalente au volume de plastiline retirée). Si le modèle comporte des détails fins, imprimez-le de silicone avant d'installer la chape. Remettez en place la chape sur la planche en vous assurant qu'elle s'emboîte bien sur les goujons de centrage. Étanchéifiez le pourtour de la chape à l'aide d'un cordon de plastiline. À cette étape de l'opération, il y a donc maintenant un vide entre le modèle et la chape. Placez un entonnoir dans la cheminée et versez lentement l'élastomère dans la chape. Bouchez les évents à l'aide de plastiline dès que le silicone arrive à leur niveau en surface. Laissez prendre 24 h.

6 Démoulage. Retirez le cordon de plastiline. Retirez la chape en glissant une lame de couteau entre la planche et la chape pour faire levier. Coupez au cutter les *carottes* de silicone qui se sont formées au niveau de la cheminée et des évents, en en conservant environ 1 cm afin de pouvoir bien repositionner le moule dans la chape.

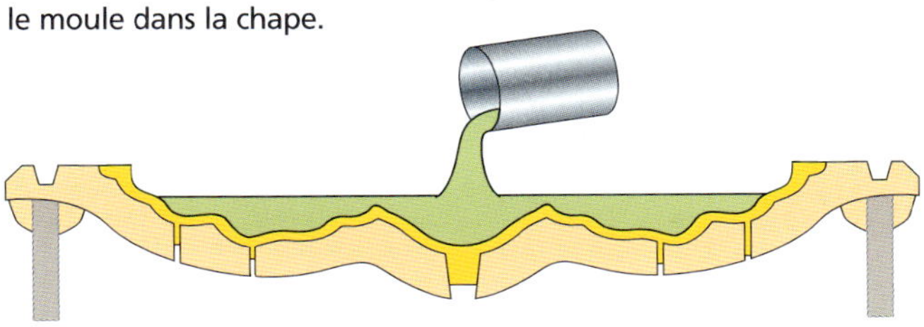

7 Tirage. Préparez 220 g environ de plâtre de synthèse pour 50 cl d'eau. Imprimez l'intérieur du moule et versez le restant en masse.

Laissez prendre, démoulez et laissez sécher.

MOULE À UNE PIÈCE ET CHAPE À DEUX PIÈCES

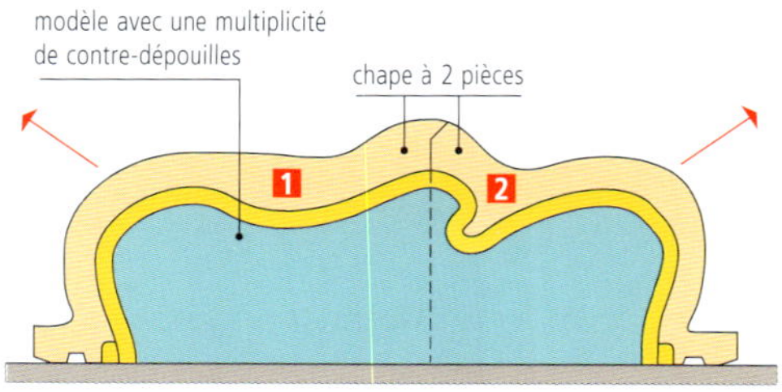

Ce modèle possédant des contre-dépouilles nécessite la création d'une chape à deux pièces, afin de permettre son démoulage et celui de la membrane de silicone.

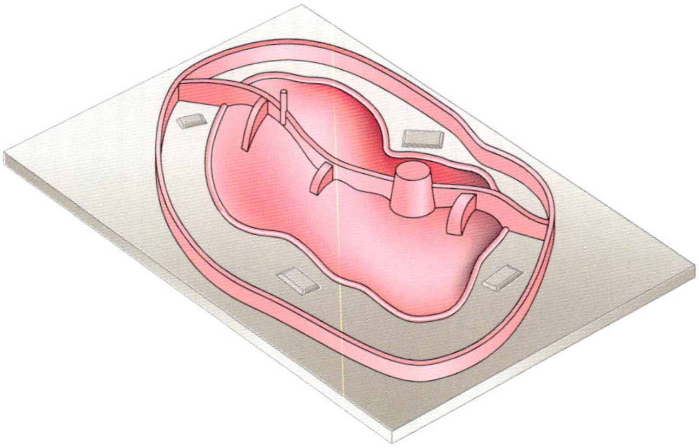

1 Préparation. Préparez le modèle comme indiqué précédemment (voir étape 1, *Moule et chape à une pièce*). Installez une cheminée de plastiline sur le plus haut relief du modèle (ici la tête), un évent sur l'autre relief (la croupe), ainsi qu'un mur de plastiline suivant le plan de joint entre les cheminées. Faites-le redescendre sur la planche jusqu'à 1 cm derrière les goujons de centrage. Faites-lui suivre une ligne sinueuse, plutôt que droite, pour pouvoir réunir plus facilement les deux pièces de la chape. Installez ensuite un second mur de plastiline rejoignant les deux extrémités du plan de joint sur la planche ; il va délimiter la première pièce de la chape. Lissez sa base avec une spatule pour le rendre étanche, et soutenez-le avec des petits triangles de plastiline.

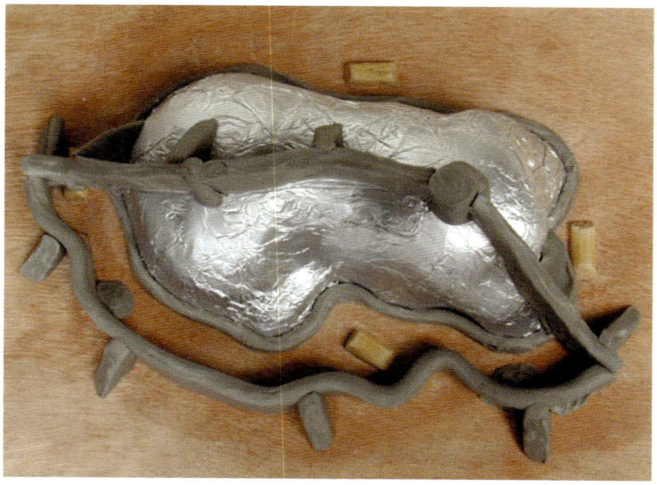

2 Réalisation de la première pièce de la chape. Préparez un plâtre assez épais (100 g pour 25 cl d'eau). Appliquez la première couche de plâtre à la main, en veillant à ne pas recouvrir l'extrémité supérieure de la cheminée, de l'évent et des murs. Prévoyez deux à trois applications de plâtre pour obtenir une chape solide, de 1 cm d'épaisseur au minimum.

Astuce

Modelez, à la base de la demi-chape, deux à trois décrochements en forme de bourrelets. Ils permettront de retenir les élastiques servant à maintenir ensemble les deux pièces de la chape au moment de la coulée de silicone (voir la photo de l'étape 5).

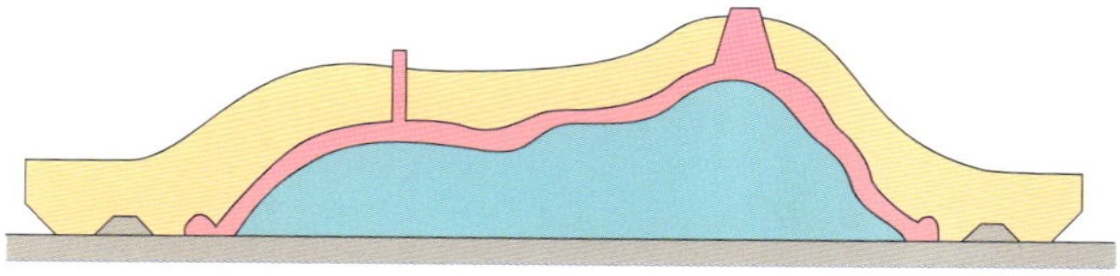

Laissez prendre, puis démontez les murs de plastiline en laissant la cheminée et l'évent contre la première demi-chape.

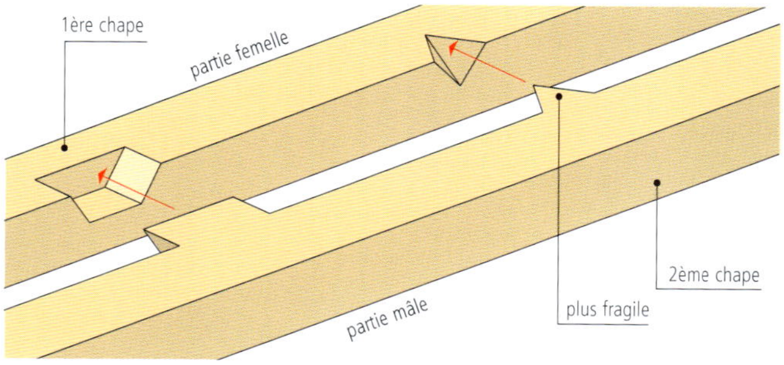

3 Création de clés de positionnement. Sur l'arête de la première pièce, taillez à l'aide d'un couteau deux ou trois encoches en forme de V pour créer des clés de positionnement. Enduisez légèrement de vaseline le plan de joint de la première demi-chape.

4 Réalisation de la seconde pièce du contre-moule. Installez à nouveau sur la planche un mur de plastiline pour délimiter le contour de la deuxième demi-chape. Réalisez la seconde pièce à l'identique, sans oublier les décrochements pour réunir les chapes. Laissez prendre, puis séparez les deux pièces en glissant dans la fente du plan de joint la pointe d'un couteau, aux endroits où ont été placés les triangles de plastiline. Commencez par dégager la pièce possédant les clés mâles en la soulevant. Retirez alors les éléments de plastiline (mur, cordon, cheminée, évent, plastiline calibrée recouvrant le chien).

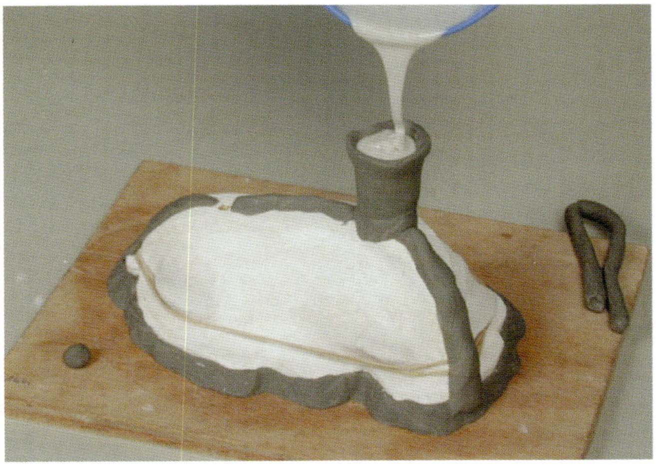

5 Réalisation du moule. Bouchez avec un plâtre liquide les plis créés par l'aluminium à l'intérieur des deux pièces de la chape. Graissez-les avec de la vaseline avant de les replacer sur le support. Maintenez-les à l'aide d'élastiques. Posez alors, sur le plan de joint et sur tout le pourtour de la chape assemblée, un boudin de plastiline qui servira à assurer son étanchéité. Préparez 130 g d'élastomère de silicone et versez-le lentement dans le trou de coulée. Laissez prendre 24 h.

6 Démoulage. Retirez le cordon de plastiline. Retirez la chape en glissant une lame de couteau entre la planche et la chape pour faire levier. Coupez au cutter les *carottes* de silicone qui se sont formées au niveau de la cheminée et des évents, en en conservant environ 1 cm afin de pouvoir bien repositionner le moule dans la chape.

7 Tirage. Préparez 200 g de plâtre de synthèse pour 50 cl d'eau. Laissez prendre, démoulez et laissez sécher. Procédez alors aux finitions.

Vous pouvez également choisir de réaliser vos tirages en résine…

MOULE ET CHAPE À DEUX PIÈCES

La technique de moulage est la même que pour le moulage précédent : moule à une pièce et chape à deux pièces. Mais les opérations sont réalisées en double et en prenant quelques précautions supplémentaires. Pour cette statuette, le moule doit être réalisé en deux pièces.

1 Préparation. Installez un lit de plastiline de mise en route sur une planche de bois. Sa longueur doit dépasser le modèle de 6 à 7 cm. Étudiez le modèle pour déterminer l'emplacement du plan de joint, puis installez-le horizontalement sur la plastiline en appuyant légèrement. Calez le socle de la statuette bien au bord du lit de plastiline, et plaquez-le contre une seconde planche verticale (fixez-la au socle à l'aide d'un petit cordon de plastiline et maintenez-la sur l'arrière par une cale de plastiline). Rehaussez le lit de mise en route tout autour et contre le modèle, jusqu'au niveau du plan de joint en ajoutant de la plastiline.
Recouvrez alors le modèle de plastiline calibrée. À la base, entourez-le d'un cordon de plastiline épousant ses contours, recouvrez de papier aluminium et créez la cheminée. Traversez-la perpendiculairement par une tige métallique ou un clou enduit de vaseline. Creusez alors, à 15 mm autour du modèle, le cordon de centrage de la chape. (Pour plus de précisions, reportez-vous aux étapes 2, 3, 4, 5 et 6 du *Moule bateau à deux pièces*, ainsi qu'à l'étape 1 du *Moule et chape à une pièce*, dans ce chapitre.)

Astuce

Pour fabriquer le trou de coulée et les évents d'un modèle sans socle ou sans fond plat, donc installé au centre du lit de mise en route, enfoncez à moitié dans le lit de plastiline deux bâtonnets de bois, en les plaçant à la fois contre le modèle et contre la planche verticale.

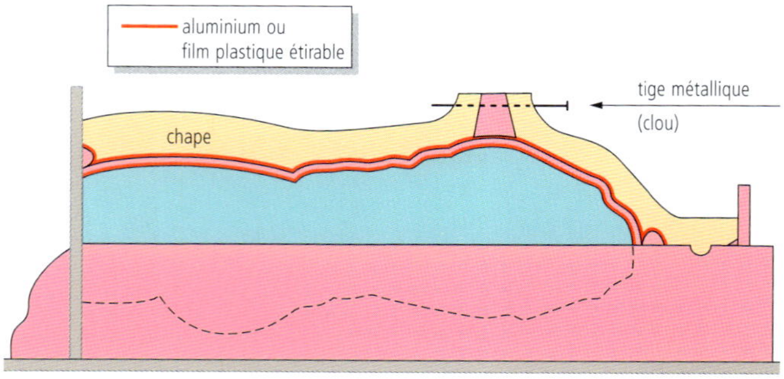

2 Réalisation de la première pièce de la chape. Installez, à environ 1 cm en arrière du cordon de centrage, un mur de plastiline pour retenir le plâtre. Préparez un plâtre assez épais (200 g pour 50 cl d'eau) et réalisez la chape. Laissez prendre.

3 Retournez l'ensemble en maintenant bien la planche de bois contre le socle du modèle. Calez la première demi-chape avec des morceaux de plastiline pour positionner le tout horizontalement. Retirez le lit de mise en route. Répétez les opérations de préparation de l'étape 1 pour pouvoir réaliser la seconde pièce de la chape.

Astuce

Pour faciliter le démoulage des demi-chapes, placez des triangles de plastiline sur la première chape contre le mur.

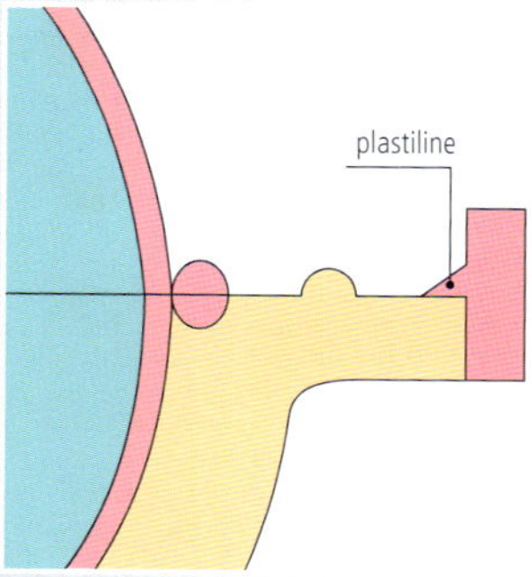

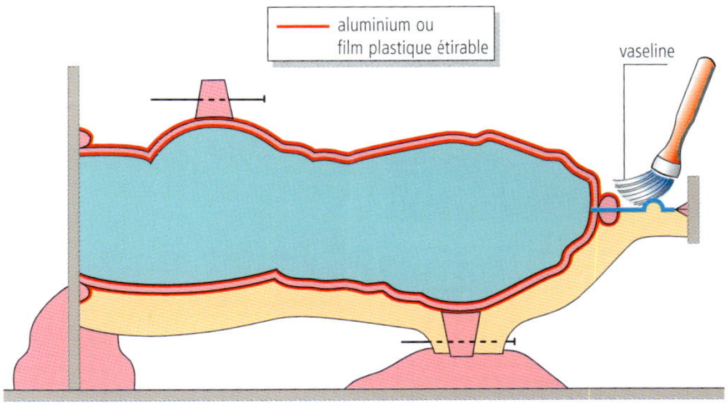

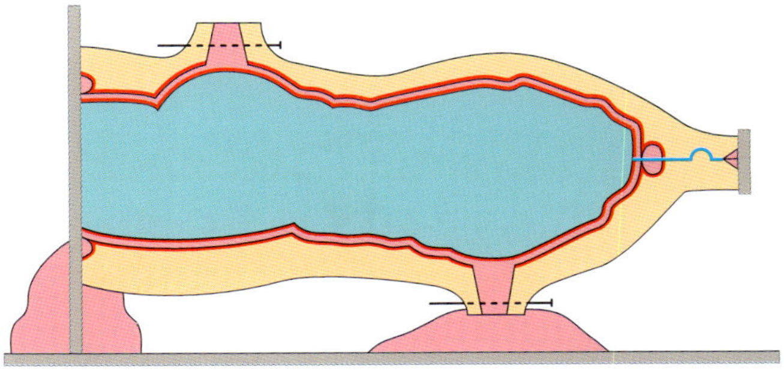

4 Réalisation de la deuxième pièce de la chape. Enduisez de vaseline le plan de joint et le cordon de centrage de la première chape et fabriquez la seconde demi-chape comme précédemment. Laissez prendre.

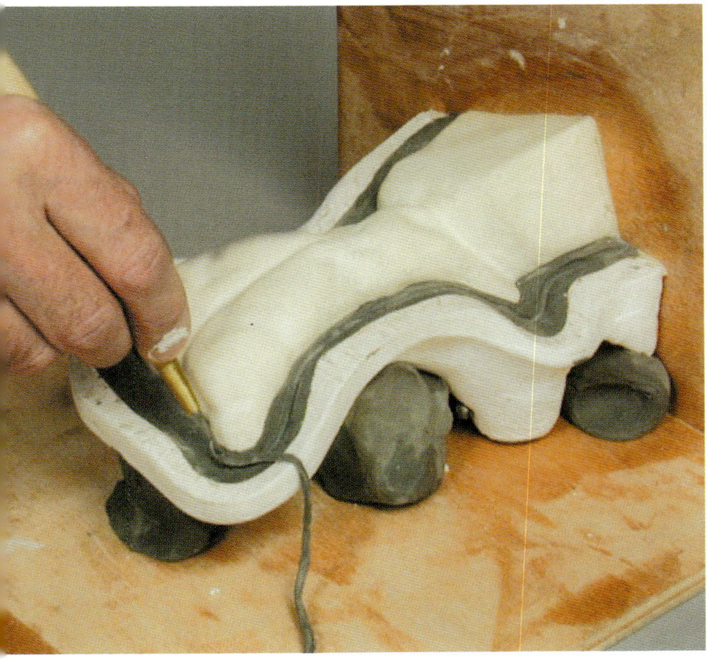

5 Retirez le clou ou la tige métallique. Retirez la demi-chape que vous venez de réaliser, puis la plastiline calibrée, l'aluminium et la plastiline de la cheminée. Lissez, au niveau du plan de joint, la plastiline restant dans la première demi-chape, puis creusez au milieu un sillon pour former le cordon de centrage du moule. Percez les évents à l'aide d'une perceuse électrique dans la deuxième pièce de la chape.

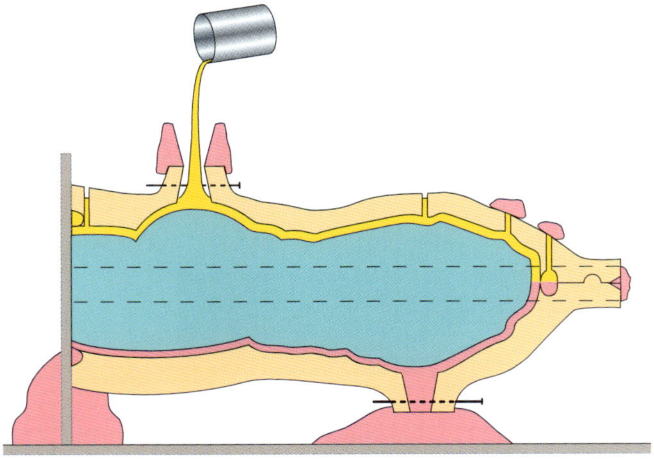

6 Réalisation de la première pièce du moule. Replacez la deuxième demi-chape sur la précédente. Formez un entonnoir en plastiline et placez-le autour du trou de coulée. Replacez le clou ou la tige métallique dans le trou de coulée. Entourez l'endroit où les chapes se réunissent et le contour du socle d'un cordon de plastiline pour assurer l'étanchéité. Préparez 290 g d'élastomère de silicone et versez-le doucement pour créer la première pièce du moule. Laissez prendre 24 h.

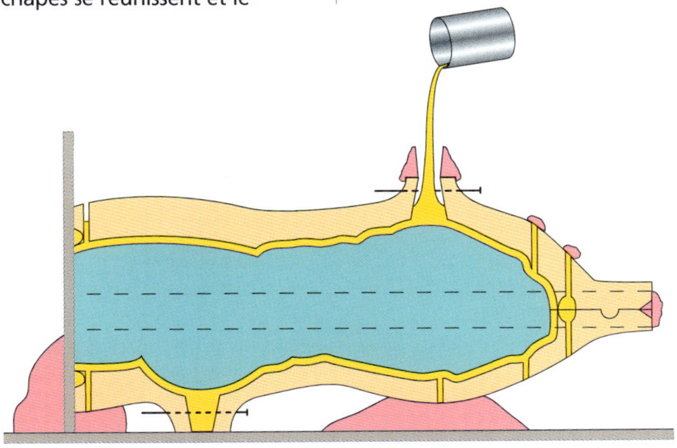

7 Réalisation de la deuxième membrane du moule. Retournez l'ensemble et calez-le à nouveau à l'aide de plastiline. Retirez le clou et le cordon d'étanchéité. Dégagez la demi-chape supérieure. Enlevez tous les éléments de plastiline et l'aluminium. Percez les évents. Graissez la partie visible de la première membrane de silicone. Replacez la demi-chape supérieure en plâtre, le clou et placez un cordon de plastiline sur le plan de joint et le socle. Fabriquez alors, avec le restant de silicone, la deuxième membrane à l'identique.

8 Dégagement du modèle.
Retirez les tiges métalliques, séparez les demi-chapes, ôtez le modèle et les deux pièces du moule.

9 Préparation du moule pour le tirage.
Coupez à bonne hauteur les carottes de coulée des évents. Replacez les membranes dans les chapes. Placez à nouveau les tiges métalliques. Collez sur la chape trois tasseaux de bois taillés pour former des pieds (vous pouvez également les sceller à l'aide de bandes plâtrées ou avec de la filasse trempée dans du plâtre). Fermez le moule avec de gros élastiques.

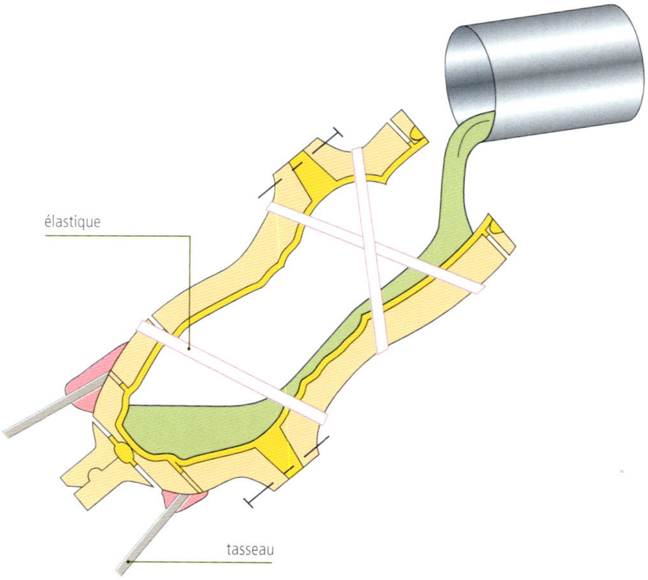

10 Tirage. Préparez environ 250 g de plâtre de synthèse pour 65 cl d'eau et versez-le doucement dans le moule. Débutez en maintenant le moule en position inclinée, puis redressez-le progressivement à mesure de la coulée.

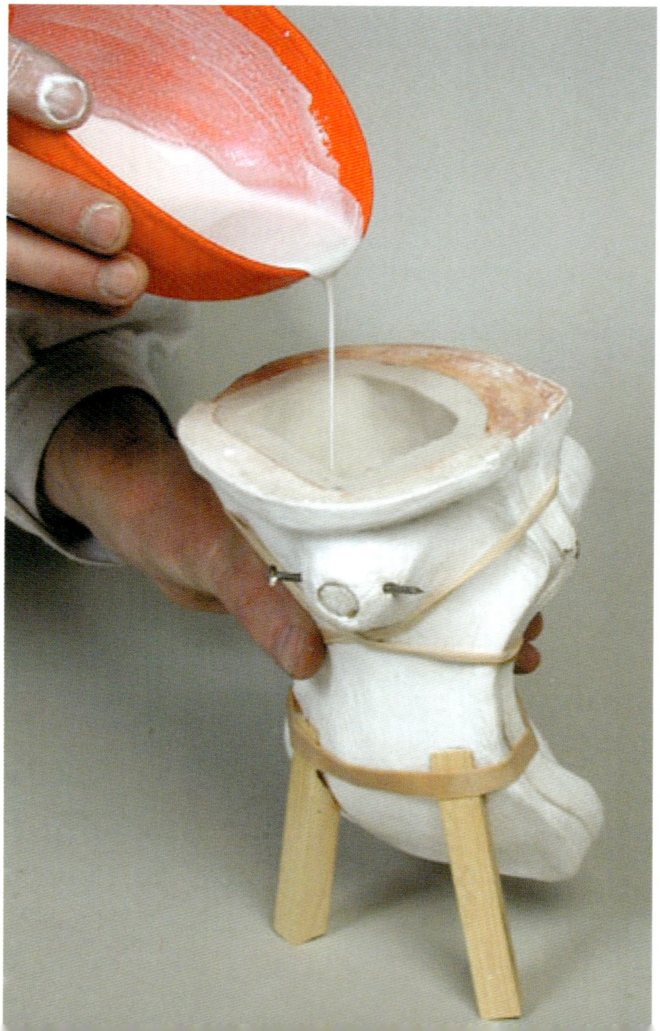

Laissez prendre, démoulez et laissez sécher. Procédez alors aux finitions.

La réparation de moulures de cadres

10

Le moulage peut également être employé pour réparer des moulures de cadres ou de miroirs endommagées. Pour recréer les parties manquantes des cadres, il existe deux techniques : le moulage au blanc, essentiellement utilisé par les professionnels de l'encadrement, et le moulage en alginate ou en élastomère de silicone, plus simple à mettre en œuvre. Nous vous présentons, dans ce chapitre, les deux méthodes.

Atelier Ardustyl,
Viaduc des Arts, Paris

Préparation du cadre

Avant toute restauration, démontez et recollez éventuellement les quatre angles du cadre afin d'assurer la parfaite stabilité des montants. Serrez-les avec une presse d'encadreur à feuillard.

Astuce

Si vous ne possédez pas de presse, une solution rudimentaire mais tout aussi efficace, consiste à entourer le cadre d'une ficelle ou d'une petite cordelette pour le sangler fortement. Installez alors, au milieu de chaque baguette, deux bouchons sous la ficelle. Serrez en déplaçant les bouchons le plus près possible des angles.

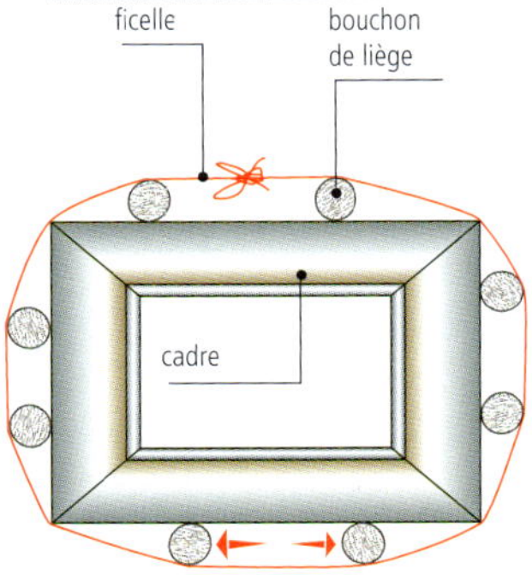

Nettoyez parfaitement la partie abîmée en la débarrassant de toutes ses salissures, poussières, débris, etc. Pour bien décrasser les détails, utilisez un pinceau-brosse, en veillant à ne pas frotter trop fort. Pour un cadre doré à la feuille, employez un pinceau-brosse à poils courts légèrement humidifié, et essuyez soigneusement avec un chiffon. Passez un coton-tige dans les creux.

Attention

Conservez ou remplacez les petits clous apparents à l'endroit de la moulure cassée ; ils serviront d'accroche lors de la pose de l'empreinte.

Calez le cadre bien à plat sur le plan de travail en plaçant quelques boulettes de plastiline contre la baguette (à l'intérieur ou à l'extérieur).

La restauration au blanc

La restauration au blanc est utilisée pour réparer les altérations subies par le cadre, au niveau d'une moulure ou d'un ornement (fleur de lys, écusson, ruban, perles, etc.).
La partie manquante peut être moulée, voire modelée. Cette technique est à la fois simple, économique et très pratique car elle utilise toujours les deux mêmes composants à toutes les étapes de la restauration. Son principal avantage réside dans le fait de pouvoir réaliser le moule en laissant simplement durcir la préparation au blanc, soit directement sur la moulure, soit après démoulage à plat. Cette méthode est à réserver aux surfaces de dépouille.

Conseil

Débutez plutôt par de petites réparations, cette technique demandant un peu d'entraînement.

Préparation du blanc

Les matériaux de base sont le blanc de Meudon, poudre très fine de silicate de calcium, et la colle de peau de lapin. Cette colle naturelle, totalement réversible puisqu'elle se dissout au contact de l'eau, se présente sous forme de poudre, en grains ou en plaques. Chauffée, elle devient liquide.
Placez la colle (poudre, grains ou plaques) dans un récipient

et ajoutez-lui un peu d'eau. Le dosage est très empirique et dépend de l'usage auquel vous la destinez. Sachez toutefois qu'une plus grande quantité d'eau rend la colle plus souple et donc idéale pour la dorure et que, *a contrario,* moins d'eau la rend plus dure donc idéale pour le mélange avec le blanc de Meudon. Placez le récipient au bain-marie et portez à ébullition pour faire dissoudre la colle.

Versez le blanc de Meudon dans un récipient, et ajoutez-y progressivement la colle chaude. Mélangez jusqu'à obtenir du *gros blanc*, c'est-à-dire une pâte assez compacte, de la texture d'une pâte à modeler ou d'une pâte à pain se décollant du récipient comme de la pâte à choux. Laissez-la reposer jusqu'à ce qu'elle ne colle plus aux doigts.

Astuce

Frottez le gros blanc entre vos mains poudrées au blanc de Meudon, comme une pâte à modeler, pour le ramollir et le rendre homogène, donc plus facile à travailler.

Restauration

1 Moulage de la pièce. Le motif étant généralement répétitif, choisissez un endroit où la moulure est intacte. Mesurez l'étendue de la surface à restaurer, et appliquez un peu de pétrole sur la partie intacte à mouler en prévoyant une longueur d'empreinte supérieure. Prélevez un morceau de gros blanc, étalez-le pour former une bande et posez-la à cheval sur la moulure. Pressez délicatement afin de lui faire épouser la forme le mieux possible. Laissez prendre pendant une demi-heure. Puis démoulez.

Attention

Le pétrole est l'agent isolant du blanc de Meudon. Attendez impérativement 24 h avant d'utiliser l'empreinte, afin qu'elle soit bien dure.

Vernissez alors l'empreinte avec un vernis à l'alcool, de préférence un vernis gomme-laque. Laissez à nouveau sécher 48 h.

- Pour prendre **l'empreinte d'un angle**, bouchez au préalable l'espace qui a pu se créer au niveau de l'angle formé par l'assemblage des deux montants du cadre. Pour ce faire, utilisez un ébauchoir et humectez au préalable le gros blanc avec de la salive, puis posez-le dans le creux à l'aide d'un ébauchoir.
- Pour mouler **un ornement**, boucher les creux latéraux avec du gros blanc. Badigeonnez avec l'agent de démoulage. Appliquez une boulette de gros blanc sur le modèle, pressez dessus pour lui faire épouser ses formes. Le dessus doit présenter une surface plane pour positionner l'empreinte à plat après son démoulage. Laissez durcir, appliquez l'agent de démoulage.

Estampage au gros blanc par Bernard Dupré

Attention

Si vous attendez avant de procéder au démoulage, la pièce moulée, trop sèche, ne sera plus préhensible.

2 Tirage au blanc. Une fois le moule verni et sec, utilisez la même pâte (gros blanc) comme matériau de tirage. Appliquez un peu de pétrole dans le moule. Prélevez un morceau de pâte et ramollissez-le entre vos mains avant de le placer à l'intérieur du moule. Allongez-le en le tapotant et en le pressant du bout des doigts. La pâte doit être d'un niveau très légèrement inférieur à celui du moule pour compenser l'épaisseur de la colle. Démoulez avant séchage. Trop dur en effet, le tirage deviendrait indémoulable et ne pourrait s'ajuster exactement.

3 Pose de la pièce. Nettoyez la surface à restaurer avec du pétrole. Enduisez-la, ainsi que le dos de la pièce, d'un mélange beaucoup plus fluide de blanc de Meudon et de colle de peau de lapin (dosez-le en diminuant la quantité de poudre de blanc) ou utilisez du blanc-colle gesso prêt à l'emploi. Ce mélange doit être suffisamment liquide pour pénétrer le bois. Placez la pièce à l'emplacement prévu et appuyez légèrement pour coller et ainsi ajuster la moulure. Laissez sécher 24 h. Après séchage, nettoyez la partie restaurée à l'eau chaude pour enlever les éventuelles imperfections.

4 Dorure de la restauration. Préparez un mélange de blanc de Meudon, de colle de peau de lapin et de pigment ocre jaune. Le mélange doit avoir la densité et la légèreté d'une pâte à crêpes. Encollez l'endroit de la restauration avec cette préparation afin de compenser le manque éventuel de dorure dans les fonds. Laissez sécher. Pour obtenir le reflet rougeâtre des dorures, appliquez sur le tirage une couche spéciale de peinture dite *assiette à dorer*. Laissez sécher et posez la feuille d'or. Faites lui épouser les reliefs du cadre en tapotant sa surface à l'aide d'un pinceau-brosse.

- **Pour des retouches,** vous pouvez employer, dans la même gamme, une dorure en pâte, à apposer avec les doigts par effleurements ou à la brosse.
- **Pour patiner la dorure** et lui redonner un aspect vieilli, appliquez délicatement à la brosse de la peinture acrylique terre d'ombre légèrement diluée, ou de la patine brune vendue en tube. Laissez sécher. Puis frottez avec de la mèche de coton ou un chiffon doux pour retirer le surplus.

Astuce

Pour armer le gros blanc (pâte anglaise), déposez quatre ou cinq feuilles de papier toilette dans de l'eau. Faites bouillir le tout. Lorsque le mélange devient filandreux, laissez-le refroidir. Puis mélangez-le au gros blanc en cours de préparation. Sa consistance plus solide permettra d'éviter les risques de retrait. (Recette donnée par Bernard Dupré, artisan traditionnel, doreur sur bois et spécialiste de la fabrication d'encadrements en bois doré.)

La restauration à l'alginate ou à l'élastomère de silicone

La technique de prise d'empreinte est identique pour les deux produits. Votre choix sera déterminé par l'importance des contre-dépouilles. Pour de faibles contre-dépouilles, préférez l'alginate mélangé avec de l'eau, plus simple à mettre en œuvre pour des débutants. Les professionnels de l'encadrement utilisent plus largement l'élastomère de silicone.

1 **Préparation.** Réalisez un coffrage en installant un muret de plastiline de chaque côté de la moulure intacte, et reliez leurs extrémités en posant sur la moulure deux nouveaux murets de plastiline.

2 Passez une fine couche d'agent isolant (voir tableau, p. 141). Préparez la quantité nécessaire du produit pour le moulage (ici, de l'élastomère de silicone).

3 **Moulage de la pièce.** Prélevez un peu d'élastomère de silicone avec un pinceau-brosse pour imprimer l'endroit à mouler. Versez le reste en masse. Laissez prendre 24 h.

4 **Création éventuelle d'un contre-moule.** Bouchez chacune des extrémités du moule par un muret de plastiline pour contenir le matériau de coulée (plâtre liquide versé en masse). Pour des moules de taille importante, fabriquez un contre-moule afin de toujours présenter l'empreinte dans la même position (bien droite). Pour ce faire, reculez d'abord les murs de plastiline de 1 cm environ. Appliquez des bandes plâtrées sur l'empreinte. Trois ou quatre épaisseurs de bandes sont nécessaires pour obtenir un contre-moule rigide. Laissez prendre, puis démoulez délicatement.

Astuce

Dans le cas d'un moule en alginate, il suffit d'enfoncer une petite feuille de métal (ou une lame de cutter) de chaque côté du moule pour faire barrage.

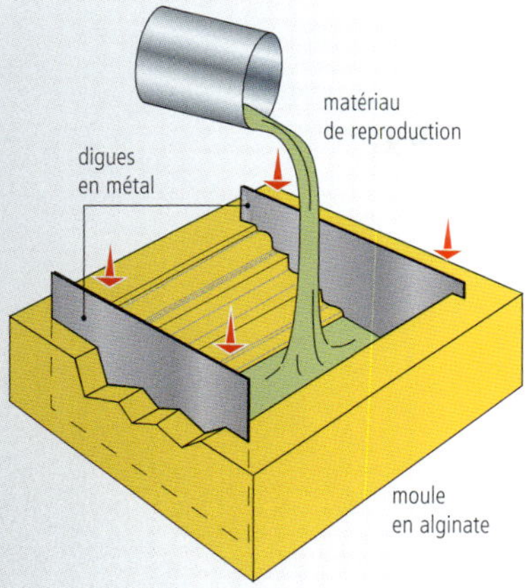

5 Tirage en plâtre. Préparez le plâtre en utilisant de préférence, pour une restauration plus fine, un plâtre de synthèse très dur. Imprimez l'intérieur du moule de plâtre, puis versez le reste en masse, légèrement en dessous du niveau du moule pour compenser l'épaisseur de la colle. Laissez prendre.
Pendant le séchage du plâtre, préparez la partie du cadre qui accueillera le tirage. Limez les deux côtés pour obtenir un ajustement impeccable. Nettoyez.

6 Pose de la pièce. Une fois le tirage sec, présentez-le face à l'emplacement de la réparation. Avec un papier de verre très fin (000), une toile émeri (grain 320) ou une petite lime, diminuez progressivement les deux extrémités du tirage afin que la pièce puisse s'encastrer parfaitement. Pour un angle, comme ici, coupez de préférence deux fois la pièce à 45° plutôt qu'un angle complet, puis fixez les deux morceaux à l'angle du cadre.
Collez la moulure en plâtre sur le cadre avec de la colle à bois ou du blanc-colle gesso. Bouchez les éventuelles imperfections d'assemblage avec de la pâte à bois ou du blanc-colle gesso.

Le tirage

11

Les matériaux de coulée

Le plâtre est le matériau de coulée le plus fréquemment utilisé pour réaliser des tirages. Il existe néanmoins un grand nombre d'autres matériaux de reproduction, comme la pierre reconstituée, les résines, diverses cires, paraffines et stéarines, le plomb, l'étain, les alliages.

Le plâtre

Présentation

Un peu d'histoire

La légende attribue la découverte de ce matériau à un berger utilisant des pierres de gypse comme foyer en plein air pour cuire ses aliments. Après une averse, il aurait constaté que les pierres faisaient désormais corps en durcissant autour du foyer éteint.

Le plâtre est de fait un matériau très ancien. Son usage remonterait, d'après les fresques peintes sur un support de plâtre et de chaux découvertes sur le site archéologique de Çatal Höyük, en Anatolie, à environ 10 000 ans avant Jésus-Christ. Les Égyptiens l'utilisaient fréquemment puisque, 5 000 ans déjà avant notre ère, ils en recouvraient l'intérieur des pyramides, l'employaient pour assembler et sceller des blocs de pierres de plusieurs tonnes, et surtout, l'appréciaient comme matériau de moulage, aggloméré avec des toiles de lin, pour habiller sarcophages et momies. Sa pratique s'est répandue dans toute la Méditerranée avec les conquêtes romaines et arabes. Le plâtre était utilisé en France comme enduit pour les murs et comme produit de moulage, notamment dans le Bassin parisien, dès l'époque gallo-romaine. Son emploi s'est généralisé au Moyen Âge.

De nos jours, la fabrication du plâtre est une activité industrielle totalement différente des techniques artisanales encore en pratique au début de ce siècle. Paris a été très longtemps une ville de plâtre, grâce aux nombreux gisements de la Butte Montmartre, célèbre pour la qualité de son gypse. Près de 280 km de galeries ont ainsi été percés sous la capitale. Certaines rues, où se regroupaient les dépôts de plâtre, ont conservé leur nom, perpétuant ainsi le souvenir de cette activité économique intense : rue du Port-au-Plâtre (aujourd'hui rue Hector-Malot), rue Blanche, rue Plâtrière...

Le plâtre est le matériau par excellence des tirages.

Fabrication

Le plâtre est fabriqué à partir du gypse, roche sédimentaire appelée *pierre à plâtre* et formée de cristaux déposés au cours des siècles en couches épaisses (parties supérieures des terrains secondaires et terrains tertiaires). La pierre est extraite, concassée et broyée, puis transportée sur son lieu de cuisson où elle est déshydratée à une température de 150 à 200°C. Elle est alors moulue jusqu'à obtention d'une poudre blanche appelée plâtre. Mélangé à de l'eau, le plâtre acquiert une consistance crémeuse et se solidifie en formant une masse inerte à la fois solide et tendre, de même composition chimique qu'au départ. À l'état liquide, il peut être étendu ou coulé sur toute surface pour en épouser fidèlement les reliefs. Il reste malléable pendant un certain temps avant la prise, et se prête facilement à la taille une fois durci.

Tirages en plâtre, Atelier Lorenzi

Utilisation

Le plâtre est utilisé dans des secteurs aussi divers que le bâtiment, la médecine, la fonderie, le staff, la céramique, la sculpture, la décoration, l'automobile, etc. Ses propriétés en font un matériau privilégié pour le modelage, le moulage et la reproduction. Les moules en plâtre servent principalement à la fabrication d'objets en barbotine ou en latex.

Mode d'emploi

Le plâtre est couramment utilisé comme **produit de moulage et de reproduction**. Il existe plusieurs qualités de plâtre, qui dépendent du degré de calcination du gypse. Le choix s'effectuera en fonction de critères tels que la dureté, la résistance et le temps de prise.

Attention

Demandez bien, lors de l'achat, du plâtre de moulage. Celui employé dans le bâtiment possède un grain plus gros qui ne convient pas. Veillez également à ce qu'il soit de bonne qualité et bien sec.

Il existe également de nombreux plâtres de synthèse, très fins et beaucoup plus durs, et difficiles à rayer avec l'ongle. Ils offrent précision et finesse de reproduction. Secs, ils peuvent se polir à l'aide d'un simple chiffon doux. Certains plâtres sont proposés déjà teintés.
Le plâtre en poudre absorbant l'humidité de l'air, il faut impérativement le **stocker dans un endroit sec** sous peine de devenir inutilisable. S'il est conditionné dans un sac en papier, isolez-le du sol et évitez de le ranger contre un mur. Fermez hermétiquement tout sac entamé avec de l'adhésif.

L'outillage dépend du travail à effectuer.
Pour le gâchage, munissez-vous, dans le cas de petites quantités, de récipients en plastique mou ou en caoutchouc, pratiques à nettoyer. Il suffit en effet de les déformer pour décoller le plâtre durci. Pour des volumes plus importants, utilisez des cuvettes en plastique ou des augettes.

Astuce

Pour faciliter leur nettoyage, surtout si elles sont rayées, enduisez au préalable le fond et les parois du récipient avec de l'huile.

L'outil principal (et inégalé), tant pour gâcher qu'étaler ou lisser le plâtre, est la main.
Si vous craignez une réaction allergique ou le dessèchement de votre peau, prévoyez une spatule (souple ou rigide) pour modeler et lisser, ainsi qu'une truelle pour transporter le plâtre. Dans tous les cas, munissez-vous de couteaux pour racler, casser les arêtes, former les clés, etc. et de toile de jute, filasse, grillage, fil ou tiges de métal pour réaliser les armatures. Huilez les outils métalliques pour empêcher le plâtre de coller et pour prévenir la rouille. (Reportez-vous également au chapitre 2 *Le modèle*, p. 17, pour les outils de modelage.)

Le dosage plâtre / eau dépend de la marque et de la qualité du plâtre choisi. Suivez les consignes et les recommandations du fabricant ; c'est avec la pratique que vous apprendrez à maîtriser le plâtre.

Astuce

Si vous utilisez le plâtre comme matériau de reproduction, évaluez la quantité nécessaire au remplissage du moule en ramenant votre modèle à une forme géométrique ou en utilisant un récipient de forme similaire. Prenez les deux tiers de ce volume en eau : après ajout du plâtre, vous aurez le volume désiré.

Les différents types de gachages
(pour un plâtre de moulage classique)

	Dosage		Produit fini	Temps de prise
Appellation	Plâtre	Eau		
Plâtre clair	100 g	90 à 100 cl	Tendre, poreux	Prise lente : 20 à 30 mn
Plâtre moyen	100 g	60 à 80 cl	Normal	Prise normale : 15 à 20 mn
Plâtre serré	100 g	40 à 60 cl	Plâtre dur	Prise rapide : 5 à 10 mn

Le gâchage
C'est l'opération consistant à mélanger soigneusement le plâtre à l'eau jusqu'à obtention d'une substance homogène et crémeuse, que vous coulerez dans le moule pour la reproduction.

Attention

Ajoutez toujours votre plâtre à l'eau, et jamais l'inverse.
Gâchez-le systématiquement de façon progressive, jamais en masse.
Préparez toujours plus de plâtre que nécessaire, pour ne pas en manquer. Une coulée en plusieurs fois fragiliserait le tirage.

Versez la quantité nécessaire d'eau dans le récipient. Prenez le plâtre à pleines mains et laissez-le tomber en pluie fine et régulière à la surface de l'eau. Évitez d'en verser trop à la fois pour qu'il ne forme pas de grumeaux. Continuez jusqu'à ce qu'un îlot affleure à la surface. Le plâtre est alors dit *à fleur d'eau*, c'est-à-dire qu'il est suffisamment saturé.

- Pour obtenir un **plâtre plus serré**, rajoutez un peu de poudre. Il sera ainsi plus dur, plus solide et prendra plus rapidement.
- Pour obtenir un **gâchage clair**, diminuez la quantité de poudre : la prise sera alors plus lente et le moule ou le tirage obtenus plus tendres et poreux.

Ces opérations de dosage et de mélange doivent s'effectuer rapidement, en fonction du temps indiqué dans le mode d'emploi. Laissez le plâtre bien s'imbiber. Puis mélangez-le à l'aide d'une spatule, ou mieux, en posant la main à plat dans le fond du récipient et en la déplaçant latéralement. Évitez de trop le chahuter pour ne pas emprisonner d'air. Sachez également qu'un gâchage manuel est plus efficace pour repérer et écraser les grumeaux, et obtenir une pâte homogène. Laissez-le reposer quelques minutes et recommencez alors à mélanger pour incorporer l'eau remontée en surface. Lorsque le mélange est aussi onctueux qu'une pâte à crêpes, prenez le récipient à deux mains et tapez-le sur le sol par petits coups secs pour faire vibrer le plâtre et permettre ainsi aux éventuelles bulles d'air de remonter en surface. Éclatez-les en soufflant. Le mélange est alors prêt à être coulé ou estampé.

Attention

Ne rajoutez jamais d'eau après avoir gâché un plâtre, vous le *tueriez*.
Ne chahutez pas le plâtre pendant sa prise, vous empêcheriez sa recristallisation, phénomène se traduisant par l'apparition de fissures et une surface farineuse.
Ne videz jamais un restant de plâtre, ou même une eau blanche, dans votre évier ; vous boucheriez les canalisations. Versez-les directement à l'égoût.

Astuces

Pour obtenir un plâtre plus dur, vous pouvez :

- **Adjoindre à l'eau des additifs chimiques spéciaux dont la caractéristique est de durcir le plâtre et d'accélérer sa prise.**
- **Mélanger à l'eau de la gomme arabique dans une proportion de 10 g pour un litre d'eau. La gomme remplit les pores et donne une matière plus dure, ressemblant à du stuc.**

Le temps de prise
Il est fonction de la qualité du plâtre utilisé et de la température de l'endroit où vous travaillez. Dans une ambiance sèche et chaude, il sera plus rapide. Par contre, il sera plus lent avec un plâtre ordinaire qu'avec un plâtre de moulage. La prise se fait en deux temps : d'abord, le plâtre chauffe et l'eau contenue dans le mélange commence à s'évaporer. Pendant cette phase, le plâtre reste très fragile. Dès qu'il a refroidi, vous pouvez démouler.

Attention

Une absence de réaction chimique (chaleur) lors de la prise est synonyme de mauvaises conditions de stockage, de plâtre trop vieux ou éventé. Le plâtre restera alors poreux en surface, et gardera une part d'humidité.

Pour renforcer et consolider les moules, tirages et contre-moules
Vous pouvez, soit disposer de la filasse trempée dans le plâtre sur la première couche d'impression venant de prendre, soit inclure dans le tirage, ou placer sur le moule, une armature ou un grillage métallique préalablement verni (dans ce cas, faites-lui bien épouser les formes).

Le temps de séchage du plâtre est fonction de sa masse, de sa préparation, du dosage, de la température ambiante et de la ventilation du lieu de travail. Il peut varier de quelques heures et est proportionnel au volume. Lorsque la masse est devenue froide, vous pouvez procéder au démoulage.

Attention

Un plâtre pris n'est pas un plâtre sec ! Effectuez le démoulage avec précaution, surtout s'il s'agit d'un moule possédant des contre-dépouilles…

- **Pour boucher un trou ou une fissure, ou pour réparer une cassure**, il faut faire adhérer le plâtre sur lui-même. Rayez ou piquez la surface afin de la rendre rugueuse, puis saturez-la d'eau avant d'ajouter le plâtre liquide.
- **La coloration en masse d'un plâtre** s'effectue toujours dans l'eau et non dans le mélange gâché. Pour colorer un plâtre uniformément, ajoutez au préalable à l'eau des pigments en poudre, miscibles dans l'eau, ou tout autre colorant acrylique. Les pigments les plus stables sont les terres, les ocres et les oxydes naturels (terre d'ombre ou de Sienne, ocre jaune, ocre rouge, noir de vigne, etc.). Certains produits colorants, comme le brou de noix, peuvent retarder ou empêcher la prise ; testez-les au préalable sur de petites quantités.

Astuces

Mieux vaut éviter de modifier la prise naturelle du plâtre. Cependant, pour des usages précis, vous pouvez être amené à l'accélérer (pour la prise d'empreintes corporelles), ou à la ralentir (plâtre coulé ou estampé en grande quantité, pour des moules de taille importante).

- **Pour l'accélérer,** vous pouvez au choix :
  - diminuer la quantité d'eau conseillée,
  - mélanger le plâtre avec de l'eau blanche (eau de nettoyage du récipient, des outils et des mains),
  - gâcher le plâtre avec de l'eau tiède,
  - ajouter 10 à 20 g de gros sel par litre d'eau avant le gâchage.
- **Pour la retarder,** vous pouvez au choix :
  - utiliser de l'eau très froide,
  - incorporer à l'eau de la colle blanche (à bois ou à papier) à raison de 20 à 30 g par litre. Cela augmentera également la dureté du plâtre.

Diluez les pigments dans l'eau avant de verser le plâtre, si vous souhaitez le teinter dans la masse.

La pierre reconstituée restitue à merveille l'aspect de la pierre de taille.

Atelier *La Vieille Jarre* de René Martinez, spécialisé dans la fabrication d'objets en pierre reconstituée

La pierre reconstituée

La pierre reconstituée se présente sous forme de poudre à mélanger avec de l'eau. Elle donne, à l'arrivée, une parfaite imitation de la pierre de taille. Elle est extraite principalement sur les plateaux de calcite de l'ère tertiaire, notamment dans le Roussillon. On la trouve dans le commerce sous différentes marques correspondant à des variétés diverses de produits.

Utilisation

La pierre reconstituée est utilisée principalement pour la réalisation de statues, colonnes, cheminées, la restauration ou la création d'objets d'art, et plus généralement en décoration intérieure ou extérieure (création de fontaines, pots, jardinières...).
Pour conserver l'aspect grenu de la pierre de taille, l'empreinte doit être prise sur un modèle en pierre ou présentant les mêmes irrégularités de surface. Si le modèle est lisse, le moule et donc la reproduction le seront également. Le tirage aura donc la couleur mais pas le grain de la pierre de taille.

Astuce

Pour donner artificiellement le grain de la pierre à votre tirage en pierre reconstituée, lorsqu'elle est encore humide, grattez-la en surface avec un couteau ou frottez-la à l'aide d'une brosse métallique. Vous pouvez également tremper ou appliquer au pinceau de l'acide chlorhydrique dilué à 50 % avec de l'eau pour retirer le lait de surface et retrouver ainsi les grains de pierre. Rincez à l'eau claire.

Mode d'emploi

Versez la quantité nécessaire de poudre dans un récipient (seau ou cuvette), ajoutez de l'eau et mélangez.
Le dosage est généralement de 1 kg de pierre reconstituée pour 25 à 30 cl d'eau. Suivez les indications du fabricant.

Attention

La pierre reconstituée est un produit de tirage agressif pour la peau ! Portez impérativement des gants en caoutchouc pour protéger vos mains lors des manipulations.

Astuces

Si vous destinez la pierre reconstituée à un tirage dans un moule en alginate, matériau gorgé d'eau qui risque de la fragiliser en surface, il est préférable d'accélérer sa prise en lui adjoignant du plâtre à prise rapide lors de la préparation. Pour ce faire, préparez dans un autre récipient 25 % de plâtre de

synthèse et mélangez-le à la pierre reconstituée. Veillez à bien homogénéiser le mélange pour éviter des différences de couleurs sur l'épreuve.
Attention. L'adjonction de plâtre éclaircit plus ou moins la couleur bis de la pierre. Vous pouvez compenser cette perte de coloration en ajoutant à l'eau de la préparation un colorant ocre jaune à base d'eau. Vous pouvez également, pour obtenir un effet de surface plus grenu, lui adjoindre un peu de sable ou de petits gravillons au moment du mélange.

- **Le tirage s'effectue en deux temps.** Imprimez d'abord l'intérieur du moule à l'aide d'un pinceau-brosse, puis procédez à la coulée en masse. Débullez en tapotant, avec un maillet en caoutchouc ou un marteau, sur une cale de bois placée au contact du moule.
- **Le temps de prise varie de 24 à 48 h** selon la température de l'eau et son dosage. Avec un bon plâtre de synthèse et une eau à température ambiante, la prise de la pierre reconstituée peut être écourtée et ramenée à 10 minutes environ.

Les résines

Une résine synthétique est un produit ayant une très grande analogie avec les résines naturelles (ambre), bien qu'elle soit obtenue par réactions chimiques en partant de corps simples comme l'oxygène, l'hydrogène, le carbone, l'azote, ou encore les résidus de distillation de la houille ou des pétroles. Cette matière plastique, descendante du celluloïd, est apparue et s'est développée après la première guerre mondiale.
Il existe un très grand nombre de variétés de résines.
Nous nous limiterons ici aux résines les plus couramment employées comme matériaux de tirage, à savoir la résine polyester, la résine époxyde et la résine polyuréthane, très différentes les unes des autres tant dans leur préparation que dans leurs usages. Votre choix sera fonction des critères suivants : le prix, la facilité de mise en route, le temps de prise, la coloration et les possibilités de charges, le taux d'agressivité avec les élastomères ou le latex, la fluidité ou la thixotropie.

La résine polyester

Résine la plus couramment utilisée aujourd'hui, elle tient son nom à la fois du résultat de la réaction chimique acide / alcool (*ester*), et du fait que l'alcool spécifique entrant dans sa composition entraîne l'enchaînement de nombreuses molécules d'ester (*poly* signifiant nombreux). Le retrait de l'eau et le mélange avec d'autres substances chimiques produisent les différents types de résines polyester (résine liquide standard, résine liquide non coulante, résine liquide translucide pour inclusions, gelcoat, mastic polyester).
Les résines polyesters sont thermodurcissables. Elles se présentent sous forme d'un liquide (ou d'une pâte) onctueux, se durcissant vers 25°C avec un catalyseur et un accélérateur. Lors de leur préparation, elles peuvent recevoir des charges minérales ou des pigments pour être teintées dans la masse, et être renforcées avec du mat ou des tissus de verre. Elles donnent au final un matériau solide et transparent.
La résine polyester offre de nombreux **avantages** : économique à l'achat, facile à mettre en œuvre, elle vieillit bien dans le temps, offre un gain de poids par rapport aux autres résines, possède une qualité de viscosité permettant un meilleur mouillage des fibres de verre, des supports absorbants et des moules, ainsi qu'une bonne résistance mécanique, notamment en cas d'ajout de fibres de renfort.
Ses **inconvénients** majeurs résident dans son odeur très désagréable, sa réaction sur certains matériaux comme le polystyrène expansé, et dans le fait que les surfaces en contact avec l'air restent souvent poisseuses. Prévoyez également un phénomène de retrait, pendant et après la phase de durcissement, de l'ordre de 2 à 10 %.

Tirages de l'emblème du Quai de la Gare (regroupement d'ateliers d'artistes parisiens) réalisés avec différentes résines

épaisse. Utilisez-la de préférence accompagnée de renforts comme le mat ou le tissu de verre. Elle peut être chargée avec des poudres minérales ou métalliques, pour donner une imitation de matière ou de poids. Ces charges restent en suspension dans la masse.

• **La résine liquide translucide pour inclusion** est, comme son nom l'indique, principalement utilisée pour l'enrobage d'objets : insectes, plantes, pierres, pièces électroniques, bobinages, médailles, etc. C'est une résine très pure, d'une grande limpidité, dont la viscosité permet un bon mouillage des pièces à inclure.

• **Le gel-coat** est une résine épaisse incolore ou rosée, utilisée principalement en fond de moule avant l'application de la résine liquide pour la technique du tirage en stratifié.
Il lui confère alors un bel aspect de surface. Le gel-coat peut être vendu pigmenté ou non.
Il peut être renforcé avec des fibres de verre, ou chargé. Sa consistance maintient les charges en suspension et leur évite de tomber au fond du moule (charges lourdes comme le sable ou l'oxyde métallique) ou de remonter en surface (charges légères). L'utilisation du gel-coat permet ainsi d'économiser les poudres métalliques très fines et relativement onéreuses. Le gel-coat standard restant collant en surface au contact de l'air, il assure une bonne liaison avec les couches successives de résine liquide dans le cas de la technique par stratification. Pour l'utiliser en finition sur la dernière couche, ajoutez environ 15 % de styrène paraffiné au mélange.

• **Le mastic polyester** est un produit de bouchage utilisé en finition pour rectifier les imperfections éventuelles des tirages, ou encore pour la réparation (notamment des carrosseries automobiles). Sa polymérisation est obtenue par ajout de 2 % de catalyseur. Il s'emploie en couches fines et peut être poncé après la prise avec un papier émeri humidifié.

Utilisation

À l'état liquide, les résines polyesters servent à fabriquer des moules ou des contre-moules rigides, et sont réservées, pour les coulées en masse, aux tirages dans des moules réalisés en silicone, en plâtre, en latex ou en polyester. Appliquées en strates tapissées de fibres de verres, elles permettent d'obtenir des pièces de grande taille solides, et pouvant être creuses.

• **La résine liquide standard** peut être utilisée pour des coulées en masse ou appliquée au pinceau en couches successives pour fabriquer des moules, contre-moules ou tirages en stratifiés. Sa viscosité lui permet de bien imbiber les mats ou les tissus de renfort. Pour des applications verticales ou en surplomb, il faut lui rajouter de la silice colloïdale (Aérosil) pour la rendre non coulante.

• **La résine liquide non coulante**, qui contient de la silice colloïdale, est de consistance plus

Mode d'emploi

Attention

Les résines polyesters agressent les voies respiratoires et dégagent une odeur pénétrante dont il est difficile de se débarrasser : travaillez impérativement dans un local bien ventilé, voire en extérieur. Éloignez les jeunes enfants ou les animaux, les vapeurs nocives se concentrant toujours vers le sol.

Protégez vos mains en portant des gants ou utilisez une pâte protectrice spéciale à base de produit inerte : le contact avec les résines peut entraîner des irritations violentes, pouvant se transformer, à la longue, en eczéma.

En cas de projection accidentelle dans l'œil, rincez abondamment à l'eau et consultez un médecin.

Temps d'utilisation et de durcissement avec 100 g de résine transparente à 25°C

Catalyseur	Temps d'utilisation	Durcissement
0,5 %	45 mn	10 h
0,8 %	40 mn	3 h
1 %	35 mn	2 h 30 mn
1,5 %	25 mn	2 h
2 %	20 mn	1 h et demi
2,5 %	15 mn	45 mn
Au-delà, brunissement de la résine		
3 %	14 mn	45 mn
4 %	12 mn	30 mn
5 %	5 mn	30 mn
Durcissement définitif après plusieurs semaines de mûrissement		

Dose de catalyseur en fonction de la quantité de résine transparente, avec une épaisseur de coulée de 3 cm

Quantité de résine	Température	Catalyseur
10 à 50 g	à 25°C	1,5 à 2 %
50 à 200 g	à 25°C	1,5 à 2 %
200 g à 1 kg	à 25°C	1 %
1 à 10 kg	à 25°C	0,8 %
10 à 20 kg	à 25°C	0,6 à 0,2 %

• **Préparation.** Trois facteurs interviennent dans la réussite de la polymérisation : la température ambiante, le dosage et le mélange. Dans la plupart des cas, la résine polyester est vendue préaccélérée ; vous devrez donc simplement lui adjoindre le catalyseur.

Attention

Si l'accélérateur n'est pas incorporé à la résine (ce qui est rare), stockez séparément l'accélérateur et le catalyseur dans votre atelier, afin d'éviter tout risque de mélange accidentel (il serait explosif !). Rangez-les également à l'abri de la lumière et loin de toute source de chaleur.

En règle générale, il est préférable de travailler la résine polyester à une température comprise entre 18 et 25°C maximum.

• **Dosage.** La dose de catalyseur à ajouter varie de 1 à 3 % ; elle est également proportionnelle à la masse du modèle (à quantité égale, il faut moins de catalyseur pour un cube que pour une plaque de 1 cm d'épaisseur). Pour des coulées importantes, elle peut se réduire jusqu'à 0,8 %. Pour des petites coulées, elle peut atteindre 3 à 4 %. Évitez de dépasser 5 %, sauf si la température ambiante est égale ou inférieure à 15°C. En plein été ou dans les pays chauds, vous pouvez sans risques diminuer la dose de catalyseur conseillée. Utilisez, de préférence, des **récipients gradués en plastique semi-rigide.** Mélangez le catalyseur liquide à la résine en remuant, sans fouetter, avec un bâtonnet ou un agitateur en plastique. En cas de besoin, servez-vous d'acétone comme solvant.
Après adjonction du catalyseur, le **temps de travail** du mélange (durée de vie en pot) est d'environ 30 mn, toujours pour une température comprise entre 18 et 25°C.

• **Prise.** Dès le mélange effectué, la réaction commence. Le processus de polymérisation passe alors par trois étapes. Il débute par un temps de gélification (30 mn environ) où le mélange résine liquide / catalyseur se transforme en gel. Puis suit un temps de durcissement (15 h à 25°C, 20 h à 20°C et 24 h à 18°C) jusqu'à ce que la résine soit assez dure pour être démoulée. Le durcissement définitif au cœur de la pièce (ou mûrissement), ne sera obtenu qu'après plusieurs jours, voire plusieurs semaines, lorsque la résine sera stabilisée.

Attention

Le durcissement trop rapide d'une résine polyester non chargée peut créer des tensions, la chaleur dégagée pouvant atteindre 150°C. Cela se traduira par un retrait important, des risques de craquelures et de fissures et un brunissement de la résine. Ce surcroît de chaleur, qui dégage beaucoup de vapeurs nocives, détériorerait donc progressivement votre moule.

• **Inhibition.** Au contact de l'air ou de l'humidité, certaines résines polyester liquides et certains gels-coat réagissent en poissant la surface des tirages. Pour pallier ce problème, vous pouvez au choix, augmenter la dose de catalyseur, chauffer le moule avant la coulée, appliquer un vernis spécial ou un *gel-coat* de finition contenant du styrène paraffiné (*Top-coat*), ou ajouter du styrène paraffiné à la résine standard. En chauffant lors de sa polymérisation, le styrène paraffiné va faire fondre la cire et créer ainsi un film de paraffine en surface. Ce film évitera l'évaporation trop importante du styrène, protègera la résine et lui permettra de durcir dans des conditions normales.
La durée de vie de la résine polyester est de six mois. Stockez-la dans un endroit frais et sec, à l'abri de la lumière, loin de tout autre produit chimique.

Attention

Si vous utilisez la technique de l'estampage, vous ne pouvez pas adjoindre de styrène paraffiné au gel-coat, appliqué avant les couches de résine liquide. La paraffine remontant en surface servirait en effet d'agent isolant entre le gel-coat et la résine. De même, évitez-le pour la résine pour inclusion : vous obtiendriez un aspect de surface imparfait.

Ce problème de poissage se présente également avec le silicone, constitué de molécules perméables. Utilisez une cire de démoulage en spray pour empêcher le contact silicone / résine.

Veillez enfin, si vous coulez la résine en masse dans un moule, à effectuer cette opération en une seule coulée. En effet, la résine polyester se rétractant en polymérisant, elle risque, lors d'une coulée complémentaire, de s'infiltrer entre les parois du moule et la première coulée de résine catalysée. Votre tirage présenterait alors une surface irrégulière.

Techniques particulières

INCLUSION D'UN ÉPI DE BLÉ (Atelier Stéphane Gérard)

1 Préparez la quantité de résine nécessaire à la première coulée, en la dosant à 1% de catalyseur. Choisissez un moule en plastique bien lisse sur lequel la résine n'adhérera pas. Sur l'extérieur, tracez un repère à la moitié du moule. Effectuez la première coulée.

2 Posez délicatement l'épi de blé sur cette première couche de résine. Dans le cas d'un élément léger (comme ici un végétal), attendez qu'il tienne dans la résine avant de poursuivre le travail ; dans le cas contraire, il remonterait à la surface pendant la seconde coulée.

3 Préparez la quantité de résine nécessaire à la seconde coulée, en la dosant à 0,5% de catalyseur (la chaleur de la première couche s'additionne en effet à la seconde lors de la réaction chimique). Versez la résine dans le moule. Pour éviter le contact avec l'air et le froncement de la résine pendant la polymérisation, installez sur le moule une feuille de plastique souple spéciale (therphane) en chassant l'air. Posez une plaque de verre dessus pour éviter la déformation par la chaleur dégagée par la résine lors de la polymérisation. Laissez durcir au minimum 3 h.

4 Démoulez. Le moule étant brillant, la résine l'est également. Vous avez juste à casser les arêtes en frottant avec un papier émeri très fin (800 ou 1000) humidifié. Finissez avec un tampon de lustrage et de la pâte à polir spéciale.

Charges

Les charges les plus couramment employées sont les farines de bois, la poudre de silice, la fibre de verre, les oxydes métalliques, la poudre d'ardoise, le mica broyé, le sable fin, le talc, le kaolin et les billes de verre. Liées à la résine, elles permettent d'imiter divers matériaux naturels tels que la pierre, le bois, le métal, l'ardoise, l'ivoire, etc., ou de simuler le poids (oxydes métalliques, sable)…

L'addition de charges a pour but essentiel d'**économiser** la résine. Elle permet également de diminuer de manière appréciable le coefficient de retrait.

Astuce

Pour imiter la fonte, incorporez de l'oxyde métallique noir à la résine. Pour obtenir un tirage réellement ressemblant, ajoutez au mélange chargé un colorant noir. Appliquez au final une patine de surface ou frottez avec de la laine d'acier fine pour mater et retrouver la charge métallique. L'empreinte doit toujours être prise à partir d'un modèle en fonte ou possédant le même grain.

Coloration

Utilisez des colorants universels spécifiques, opaques ou transparents, pour teinter en masse la résine. Ils se présentent sous forme liquide ou dispersés en forte concentration dans une base résineuse compatible avec la résine. Incorporez cette pâte colorante à la résine, avant le catalyseur, en respectant les proportions indiquées. Pour opacifier totalement la résine, ajoutez une charge à la résine colorée, en augmentant proportionnellement la dose de catalyseur pour compenser.

Renfort

Si vous souhaitez conférer à la résine une **résistance mécanique**, vous pouvez la renforcer en lui associant des matériaux à base de fibres de verre tels que le mat de verre, le tissu de verre ou la véranne.

Le **mat de verre** est constitué de plusieurs nappes de fibres de verre d'épaisseur variable. Leur liant se dissout au contact de la résine, permettant ainsi au mat de verre de se déformer parfaitement pour épouser les endroits arrondis. Le **tissu de verre** (Roving), comme son nom l'indique, est constitué de fibres de verre tissées ; il est plus résistant que le mat de verre. La **verranne** est également un tissu de renfort, mais composé de fibres de verre discontinues très fines. D'aspect laineux, elle sert principalement à renforcer les moules en silicone ou en latex.

Ces produits sont caractérisés par leur poids au mètre carré.

Attention

Les fibres de verre irritent la peau et peuvent provoquer des allergies. Manipulez-les en protégeant vos mains avec des gants et portez un masque.

• **Technique de pose.** Découpez au préalable des bandes de mat ou tissu de verre en quantité suffisante. Appliquez une couche de résine (elle peut être chargée ou teintée) à l'aide d'un pinceau-brosse sur le moule.

Lorsqu'elle devient *amoureuse*, c'est-à-dire collante, appliquez les bandes avec le pinceau imprégné de résine. Tapotez-les pour bien les imprégner et les amalgamer à la résine, et surtout pour éviter la création de bulles d'air entre la résine et le renfort. Recouvrez le tout d'une nouvelle couche de résine, et ainsi de suite jusqu'à l'épaisseur voulue. Le nombre d'applications sera fonction de la grandeur et de la forme de la pièce, de sa résistance et de sa souplesse.

Les proportions en poids peuvent atteindre 45 à 55 % pour les tissus de verre, et 30 % pour le mat. Arasez les éventuels débordements de résine et de tissu avant le durcissement complet de la résine à l'aide d'un cutter. Nettoyez le pinceau en le laissant tremper dans l'acétone.

Astuce

Veillez à bien croiser les bandes lors de la pose. Pour de grandes surfaces, utilisez un rouleau à débuller muni de rondelles métalliques montées sur un axe mobile.

Pose du mat de verre

Attention

Évitez d'armer les stratifiés seulement avec des tissus, car la part importante de résine rassemblée au croisement des fils provoque des tensions internes qui réduisent la solidité. Séparez deux applications de tissu de verre par une couche de mat de verre, qui peut s'appliquer dans n'importe quel sens sans risques pour la résistance à la traction.

La résine époxyde

C'est une résine obtenue par réaction chimique de l'épichlorhydrine, un dérivé du propylène, sur le bisphénol A, fabriqué à partir du phénol et de l'acétone. La résine époxyde se présente sous un aspect visqueux et ambré, surtout lorsqu'elle est utilisée en masse. Elle est transparente mais pas translucide, et peut être teintée et chargée comme les résines polyesters. Sa qualité s'apparente à celle du métal et sa dureté permet son utilisation dans l'industrie dans des domaines divers (revêtements de sols, électroménager, aéronautique...). Elle présente des **avantages multiples :** ne poissant pas au contact de l'air, elle offre un rendu de surface très brillant, une excellente résistance (c'est la résine la plus dure), une parfaite adhésion sur tous les supports dégraissés, un coefficient de retrait insignifiant lors de la polymérisation ainsi qu'une bonne tenue aux agents chimiques. Elle est surtout beaucoup plus simple à mettre en œuvre et ne dégage pratiquement pas d'odeur. Néanmoins, son coût est plus élevé que les autres résines : elle est donc surtout utilisée pour des tirages de petites dimensions (bijoux, pièces de jeux d'échec, maquettes, etc).
Entamée, la résine époxyde se conserve environ 6 mois à 1 an.

Attention

Sa viscosité ne permet pas un bon mouillage des tissus de renfort, à l'inverse de la résine polyester. Sa couleur légèrement ambrée quand elle est coulée en masse, et l'absence de retrait ne facilitant pas le démoulage, empêchent son emploi dans la technique de l'inclusion avec des moules rigides.

***Aquaviva*, sculpture de Fernando Bayro**

Tirage en résine époxyde réalisé à l'atelier Stéphane Gérard, Paris

Utilisation

À l'état liquide, la résine époxyde sert à fabriquer des moules très résistants et peut s'appliquer sur des sculptures en polystyrène expansé sans les dissoudre. Comme matériau de tirage, elle est généralement réservée aux petites coulées, en étant soit versée en masse dans le moule, soit appliquée en couches de surface à l'aide d'un pinceau.
À l'état pâteux, elle permet le modelage de pièces à mouler, et la fabrication, par pression dans des moules rigides ou semi-rigides, de bijoux et d'objets divers (masques, têtes de poupées, etc.).
La résine époxyde peut être directement utilisée dans des moules en latex, en silicone, en plâtre ou en résine.
Comme elle est très agressive, pour optimiser son emploi, il est nécessaire de traiter au préalable la surface interne des moules en élastomère ou en latex, avec un agent isolant (voir tableaux p. 146 à 148).

Mode d'emploi

Attention

Si elle ne dégage pas d'odeur, contrairement aux résines polyester et polyuréthane, son inhalation a néanmoins des effets agressifs. Travaillez impérativement dans une pièce bien aérée. Les catalyseurs irritant la peau, évitez le contact cutané et prévoyez le port de gants. En cas de projection accidentelle, lavez immédiatement et abondamment à l'eau la partie touchée ; en cas de doutes, consultez un médecin.

• **Préparation.** La densité du durcisseur et de la résine n'étant pas la même, il est recommandé d'introduire petit à petit la résine dans le durcisseur plus liquide, évitant ainsi à la résine plus épaisse de coller sur les parois et au fond du récipient. Mélanger sans trop remuer pour éviter l'inclusion de bulles.

• **Le dosage** du durcisseur varie selon les types de résines. Il est généralement de deux tiers de résine pour un tiers de produit. Pour un dosage précis, utilisez des gobelets gradués semi-rigides. Nettoyez-les immédiatement avec de l'acétone ou, après avoir laissé durcir la résine 24 h, en pressant sur le gobelet tout en tournant : la pellicule de résine se décollera d'elle-même.

• **Le temps d'utilisation** du mélange est de 30 mn environ. Dès que la polymérisation commence, la résine devient de plus en plus épaisse.
La quantité de résine utilisée influe également sur la prise. Plus la masse est importante, plus la résine chauffe et plus la prise est rapide. Il est donc préférable de la préparer par petites quantités.

Astuce

Si vous comptez préparer plus de 100 g de résine, diminuez le durcisseur de 10 %.

• **Le durcissement** définitif à température ambiante est obtenu en 24 h minimum. Laissez, de préférence, la résine mûrir plusieurs jours ; elle va ainsi dégager toutes ses vapeurs chimiques et développer ses propriétés optimales.

Charges

Comme les autres résines, la résine époxyde peut être teintée ou additionnée de charges, qui dépendent des propriétés que l'on souhaite lui conférer ou des usages auxquels on la destine (voir *Charges* p. 111).
Les charges permettent également de diminuer le retrait déjà très faible et la réaction exothermique lors de la polymérisation. La quantité de charge peut atteindre 200 % du volume avec les poudres métalliques (cuivre, laiton, bronze, aluminium, oxydes métalliques). La silice en poudre (Aérosil) rend la résine non coulante et permet son emploi en gel-coat au pinceau ou avec une spatule. Le pourcentage de poudre de silice à additionner est fonction de la fluidité de chaque marque de résine.

Attention

La résine époxyde est, à l'origine, plus épaisse que la résine polyester. Trop de charge empêche une bonne coulabilité, surtout dans un moule fermé.

Renforts

Pour des pièces exigeant une grande solidité ou une bonne stabilité dimensionnelle, la résine époxyde peut être renforcée avec des tissus de verre.
Elle présente la particularité de ne créer ni tensions, ni retraits. Mais sa viscosité élevée rend les renforts plus difficiles à imprégner. Certaines marques possèdent une fluidité appropriée à l'application des tissus de renfort.

Attention

Utilisez uniquement les tissus de verre. Le mat possède un liant qui absorbe l'humidité : la résine ne peut donc l'imprégner correctement ou alors empêche sa prise.

La résine polyuréthane

C'est une résine synthétique dont la chimie a été mise au point en 1937, en Allemagne, par le professeur Bayer.
En France, il faudra attendre 1957 pour que démarre la première unité de production.
La résine polyuréthane est composée d'une résine de base nommée poliol et d'un durcisseur, l'isocyanate, deux produits dérivés de la pétrochimie.
Sa fabrication s'effectue à partir de goudron, de charbon ou de pétrole donnant dans un premier temps un produit intermédiaire, le toluène, ensuite transformé en di-isocyanate.
C'est son addition au poliol qui provoque la polymérisation pour donner un polyuréthane.
La résine polyuréthane se présente sous forme d'un liquide onctueux. Elle possède de **nombreuses qualités :** une préparation simple et une prise rapide, une possibilité de mise en œuvre à très basse température (même en dessous de 0°C), une très bonne tenue sur presque tous les supports, une bonne résistance aux agents chimiques et un retrait moindre que la résine polyester.
Elle permet surtout d'obtenir, au choix, une pièce finie souple, semi-rigide ou rigide (selon le type de résine et le pourcentage de catalyseur choisis) et offre des qualités remarquables au ponçage et au polissage.
Certaines de ses propriétés limitent cependant son usage, comme sa sensibilité aux supports et aux charges humides (elle génère un gaz et des bulles en surface), son agressivité vis-à-vis des moules en élastomère de silicone ou en latex (comparable à celle de la résine époxyde), sa rapidité de prise (qui empêche de l'appliquer sur de moyennes ou grandes surfaces) et enfin son changement de coloration à mesure de son vieillissement.
Son coût à l'achat est plus élevé que celui de la résine polyester, sans atteindre toutefois celui de la résine époxyde.
En règle générale, la résine polyuréthane peut être conservée environ six mois à l'abri de l'humidité et à une température comprise entre 15° et 25°C.

À savoir

Certaines résines polyuréthane possèdent un pouvoir de coulabilité et de débullage extraordinaires. Elles sont employées en petites coulées pour la fabrication de maquettes, bijoux et figurines.

Évitez d'utiliser la résine polyuréthane, trop agressive, dans un moule en élastomère de silicone si vous devez réaliser des tirages en série.

La résine polyuréthane est particulièrement adaptée à l'emploi de charges métalliques et permet des imitations de matière proches de l'original. Ici, avec de la poudre de cuivre.

Résine chargée à l'oxyde métallique noir pour imiter l'aspect de la fonte

Résine chargée avec de la poudre de laiton

Résine chargée avec de la poudre de bronze

Résine chargée avec de l'aluminium en poudre

Utilisation

La résine polyuréthane est vendue sous forme liquide pour des coulées en masse ou à la volée dans des moules, ou pour des applications par estampage. Les techniques d'application (gel-coat, stratifié, etc.) sont identiques à celles employées pour les autres résines.

Les résines polyuréthanes peuvent être utilisées dans des moules en plâtre, en alginate, et après application d'un agent isolant, dans les moules en élastomère de silicone ou de latex (voir tableaux p. 146 et 148).

Mode d'emploi

Attention

Certaines résines polyuréthanes dégagent une odeur de goudron. Travaillez dans un local correctement aéré et évitez de fumer ou de manger pendant le travail de la résine. Observez toutes les mesures de sécurité précédemment indiquées pour les autres résines (voir pages 109 et 112). Utilisez l'acétone pour nettoyer mains, pinceaux, récipients, etc.
Certaines résines polyuréthanes ne doivent pas être travaillées avec des outils métalliques.

• **Préparation.** Les résines polyuréthanes sont généralement vendues sous la forme d'une base (voire deux selon les marques) à mélanger avec un catalyseur qui va accélérer le processus de durcissement. Reportez-vous aux notices d'emploi de chaque marque pour plus de précisions sur le rapport et l'ordre des mélanges, les méthodes de mise en œuvre, la durée d'utilisation et les conditions de durcissement.

Attention

Les résines polyuréthanes demandent un dosage précis du catalyseur. En jouant sur sa quantité, on peut en effet influer sur les qualités du produit fini (un surdosage rendra le matériau plus dur et l'inverse un produit fini plus souple).
Sachez qu'une parfaite utilisation s'acquiert avec l'expérience. Le dosage varie, en général, de l'ordre de 0,5 à 5 %, en fonction, également, de la masse du modèle, de la présence éventuelle d'une charge et de sa quantité.

• **La prise** de la résine polyuréthane est elle aussi variable. Elle provoque une réaction exothermique (chaleur). L'élévation de la température accélère la réaction et génère un effet de masse. L'incorporation de charges en faible épaisseur causera un ralentissement de la prise.
La polymérisation s'effectue à toutes les températures, même en dessous de 0°C, l'idéal étant toutefois la température ambiante. **Le temps d'utilisation** est fonction du pourcentage de catalyseur. La résine reste plus ou moins souple après la prise, ce qui facilite le démoulage. Posez le tirage immédiatement après démoulage de manière à ne pas le déformer jusqu'au durcissement complet de la résine ; la déformation serait irréversible. **Le durcissement** complet à température ambiante demande 24 h pour optimiser les propriétés finales.

Charges et coloration

Toutes les charges traditionnelles peuvent être incorporées à la résine polyuréthane qui possède l'avantage, par rapport aux autres résines moins fluides, de pouvoir être chargée jusqu'à 400 % de son poids propre. Cela permet une économie de produit importante et abaisse le prix de revient de la pièce finie. Les charges métalliques très fines, en particulier, lui confèrent une parfaite reproductibilité d'aspect et de toucher de la matière originale.

Attention

Les charges alcalines, comme la poudre d'aluminium, accélèrent la prise. Des charges acides la retardent.

Le retrait de la résine, après polymérisation, est fonction du pourcentage de la charge. Il peut atteindre 2 % sans charges, et de 0,05 % à 0,2 % avec charges.

• **La coloration** de la résine polyuréthane s'effectue avec les mêmes produits que pour les autres résines (voir page 111). Il est recommandé de choisir un coloris foncé, certaines résines polyuréthanes une fois catalysées prenant en effet une couleur ocre jaune. Dans tous les cas, les coloris clairs jauniront progressivement à la lumière du jour. Pour obtenir un tirage parfaitement blanc en résine polyuréthane, vous devez acheter une résine polyuréthane spécifique, déjà teintée en blanc.

La cire

Il existe plusieurs sortes de cires à couler. Leur point de solidification se situe entre 66 et 72°.
L'idéal serait d'utiliser de la cire d'abeille, mais les cires les plus couramment employées sont la cire à couler synthétique, la cire de moulage (utilisée par exemple au musée Grévin, et parfois dans la technique de la cire perdue), la paraffine et la stéarine. Évitez d'employer une cire non raffinée, qui risquerait de coller au moule.

Mode d'emploi et utilisation

D'une manière générale, faites chauffer la cire à une température comprise entre 75° et 120°C pour la rendre liquide, puis coulez-la dans l'empreinte. Mais dans le cas d'un **moule en alginate**, l'eau du moule serait portée à ébullition au contact de la cire chaude, ce qui rend impossible une coulée en masse. Il faut donc effectuer une coulée à la volée. Pour ce faire, procédez à la première coulée de cire et reversez-la immédiatement dans le récipient ayant servi à sa fonte. Recommencez plusieurs fois cette opération jusqu'à éliminer l'effet d'ébullition. Cette technique de coulée à la volée et renversée permet éventuellement des tirages creux d'une épaisseur assez régulière.
Pour un moule en **latex**, la température ne doit pas dépasser 80°C.

Attention

Coulée en masse.
Avec la plupart des cires, il se forme, sous le tirage, lors du refroidissement, un cratère dû à la rétractation. Comblez-le par une nouvelle coulée de cire. Si elle est teintée, prévoyez une plus grande quantité de cire teintée à la première coulée, pour éviter les différences de coloration.

Tirage d'une tête en cire réalisé au musée Grévin

TECHNIQUE DE LA CIRE PERDUE
(Fonderie Avanzini)

Utilisée en bijouterie ou en petite fonderie, cette technique permet de fabriquer un modèle positif à partir duquel on va pouvoir élaborer un moule en plâtre ou en ciment réfractaire, c'est-à-dire pouvant résister à une température d'environ 1 000°C, qui servira pour la coulée de métaux (bronze, or, argent, plomb, etc.).

1 **Création du modèle en cire.** Faites chauffer la cire et versez-la dans un moule en latex, plâtre ou, comme ici, en élastomère de silicone.

2 Laissez refroidir. Procédez alors au démoulage de la pièce en cire. (Ici, le silicone a été versé en masse sur le modèle et coupé au cutter à l'endroit du plan de joint pour obtenir le moule à deux pièces. Cette technique est réservée aux spécialistes du moulage.)

3 Dans le cas d'un modèle complexe, comme cette statuette, il faut créer des **canaux de coulée** pour permettre à la cire (et ensuite au métal) de s'écouler plus facilement. Placez des bâtonnets de cire au contact du modèle aux endroits pouvant constituer des poches de retenue.

4 Chauffez légèrement la base du modèle en cire pour lui permettre d'adhérer, avant de le placer au fond d'un récipient ; en petite fonderie, il s'agit d'un tube en tôle perforée entouré d'un ruban adhésif (vous pouvez par exemple utiliser une bouteille en plastique étêtée).

5 Recouvrez le modèle de plâtre ou de ciment réfractaire, coulé en masse (en petite fonderie, le débullage est effectué sous vide afin que le plâtre réfractaire épouse les moindres détails du modèle en cire).

6 Une fois le plâtre réfractaire solidifié, le moule est placé dans un four froid dont la température va s'élever progressivement jusqu'à atteindre le degré de fusion de la cire. (Chez vous, posez-le à l'envers, sur la grille de votre four de cuisine en plaçant sous la grille un récipient qui recueillera la cire fondue.)

7 Le moule débarrassé de la cire est ensuite calé pour recevoir le métal en fusion. (Chez vous, retournez le moule et posez-le sur une pierre ou sur de l'amiante. Choisissez le métal de reproduction et faites-le fondre. Versez ensuite le métal en fusion dans le moule réfractaire à la place de la cire.)

8 Après refroidissement, cassez le moule en plâtre pour dégager le tirage. Le tirage peut ensuite être laissé brut, ou poncé et poli suivant la finition souhaitée.

La paraffine et la stéarine

La paraffine est un produit de la distillation du pétrole et de schistes bitumeux, utilisé en moulage dans la fabrication de bougies (elle sert par ailleurs à imperméabiliser certains papiers). Elle fond à partir de 50°C environ selon le raffinement subi. Son point de solidification se situe entre 60 et 62°C.
D'un aspect floconneux, la stéarine est un mélange d'acides gras d'origine animale et végétale. (Elle entre également, à proportion de 10 % à 20 % environ, dans la fabrication des bougies.) Le point de solidification de la stéarine se situe entre 58 et 63°C.
La paraffine et la stéarine sont commercialisées sous forme de pains, de poudre ou de granulés.

Mode d'emploi

Pour faire fondre ces deux types de cire, placez-les, de préférence, au bain-marie. Commencez par faire fondre la quantité souhaitée de paraffine. Ajoutez-lui ensuite, la stéarine, qui va la rendre opaque et lui permettre de mieux se mélanger aux colorants. Elle va également faciliter le démoulage en causant un léger retrait du mélange cireux. Ajoutez alors le ou les colorants si vous souhaitez teinter la cire. Ces colorants spécifiques sont vendus sous forme de poudre, de pains ou de bâtonnets. Vous pouvez éventuellement adjoindre au mélange, en dernier lieu, des huiles solubles parfumées sans alcool. Procédez ensuite à la coulée dans le moule de votre choix.

Attention

La paraffine ne doit jamais être chauffée sur une flamme trop vive, mais préparée au bain-marie pour plus de sécurité

- **La cire à bougie** est un mélange de paraffine, de stéarine et d'un peu de cire d'abeille vendu prêt à l'emploi. Son prix est donc un peu plus élevé que celui des matériaux qui la composent, vendus au détail. Son point de fusion est à 86°C environ. Utilisée comme matériau de coulée, elle donne d'excellents résultats, avec un beau brillant de surface.

La cire de moulage

Il existe plusieurs variétés de cires de moulage. Elles sont le plus souvent commercialisées sous forme de granulés ou de poudre. Leur température de fusion varie de 50 à 120°C en fonction de leur composition chimique. Leur point de solidification oscille entre 66 et 72°C. La cire de moulage est la cire utilisée par les ateliers du musée Grévin pour réaliser les personnages. Teintée, elle permet une très bonne imitation de la peau.

MOULAGE D'UNE TÊTE À LA CIRE (musée Grévin)

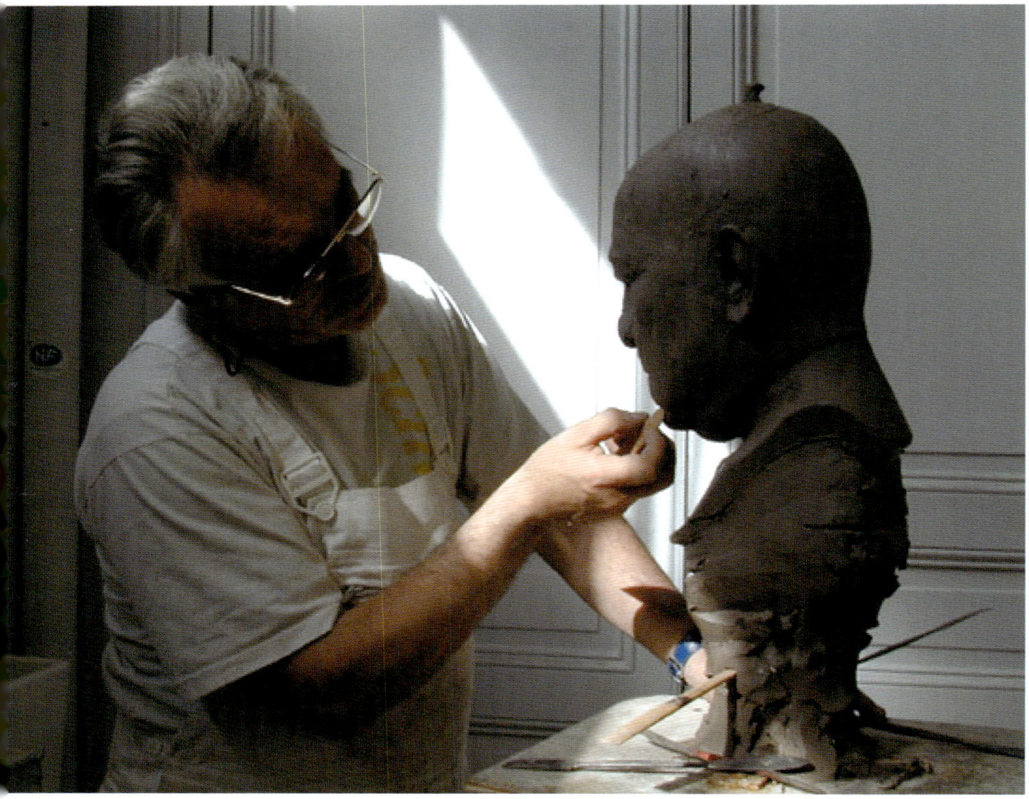

1 Le modèle (tête) qui va servir à la création du moule est d'abord modelé en terre, d'après photographies du personnage.

2 On crée alors un moule à pièces, qui va accueillir la coulée de cire.
Le moule est généralement réalisé en plâtre. On peut également choisir, pour plus de définition, de mouler le visage à l'élastomère, et l'arrière de la tête en plâtre.
Si la cire de modelage est une cire synthétique, il n'est pas nécessaire d'appliquer d'agent isolant avant la coulée. S'il s'agit d'une cire naturelle, il faut alors passer une couche d'huile de silicone à l'intérieur de chacune des pièces.
Le moule est ensuite porté à la température de la cire (environ à 58°C au coulage) pour éviter un choc thermique. La cire de moulage est alors versée dans le moule selon la technique du renversé, de manière à obtenir au final un tirage creux.

3 **Démoulage.** Après la prise de la cire, on procède alors à l'ouverture du moule. Elle doit s'effectuer à plat dans le cas d'un moule en plâtre si la coulée s'est faite dans la journée, car alors la cire est encore un peu molle et peut se déformer. Dans le cas d'un moule en élastomère ou d'une coulée plus ancienne, on place la main à l'intérieur du tirage en creux de la tête et l'on écarte le moule.

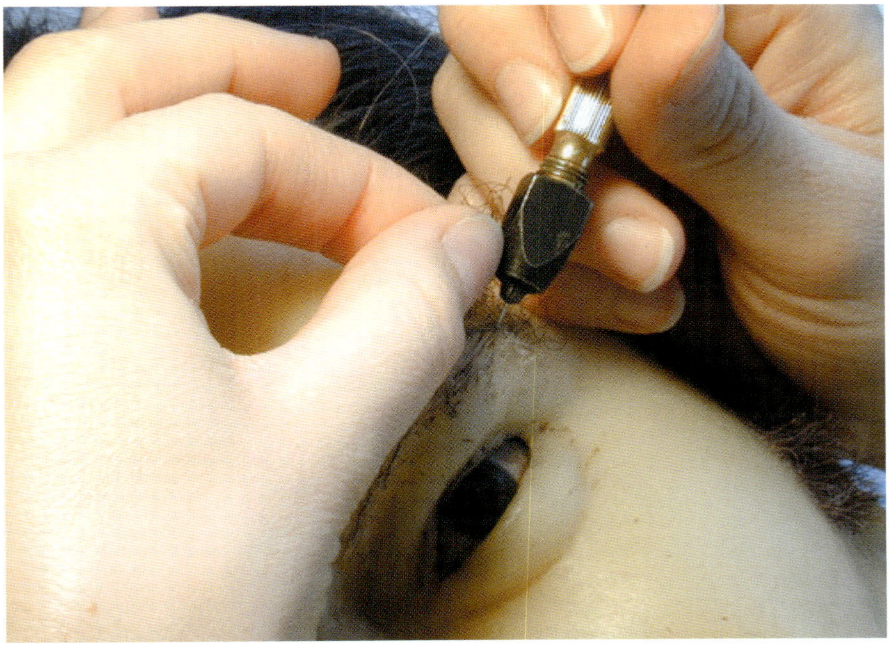

4 La tête est alors prête à recevoir les différentes finitions. Elles débutent toujours par la pose des cheveux et autres éléments pileux (sourcils, barbe, moustache). Il faut compter environ 50 h de travail en moyenne pour couvrir une tête. La pose s'effectue à l'aide d'un mandrin d'horloger et d'une aiguille dont le chas est coupé en deux, sur la cire légèrement réchauffée sous une lampe. L'avant de la chevelure, les sourcils et la barbe sont posés cheveu par cheveu (ou poil par poil). Pour l'arrière de la tête, on procède par touffes. Le maquillage du visage s'effectue ensuite à la peinture à l'huile. On commence par poser les tons clairs, puis on monte progressivement en teinte. On laisse alors la tête reposer quelques jours, la cire absorbant certaines couleurs comme le rouge, et l'on procède à un second maquillage. On termine par la pose des yeux (jadis en verre, aujourd'hui en résine) et des dents.

Stock ancien d'yeux en verre trouvés par le musée Grévin chez un oculariste

Les métaux à bas point de fusion

Les principaux métaux utilisés pour la coulée sont l'étain, le plomb et les alliages.

L'étain

C'est un métal argenté très souple, dont la température de fusion est de 232°C. Son inconvénient réside dans son coût élevé.

• **Utilisation.** L'étain peut être ajouté à d'autres métaux, comme par exemple le cuivre pour fabriquer le bronze. Il peut aussi être utilisé seul. Évitez de l'utiliser pour des modèles très fins, demandant une grande précision des détails (petits soldats munis de lances, têtes, etc.), sa souplesse risquant d'entraîner des déformations.

Le plomb

C'est un métal argenté moins souple que l'étain, et plus lourd. Il devient gris et ternit en s'oxydant au contact de l'air. Sa température de fusion est de 327,5°C.

• **Utilisation.** Pour rendre le plomb plus rigide et résistant, ajoutez environ 25 % d'antimoine (corps simple augmentant la dureté des matériaux). Il peut également être utilisé seul, mais son point de fusion étant élevé, il va refroidir très rapidement entre le moment où il est retiré du feu et celui où il est versé dans le moule. Le plomb se rétracte de 3 à 4 % après avoir été chauffé. En conséquence, moins il y aura de plomb dans un alliage, et moins celui-ci se rétractera en refroidissant.

Attention

Pour une utilisation en maquette, sachez que le plomb s'oxyde très vite : la peinture ne tiendra donc pas très longtemps dessus.

Les alliages

Il existe toutes sortes d'alliages contenant une plus ou moins grande quantité d'étain. Leur température de fusion varie en fonction de leur composition.

• **Utilisation.** Les alliages sont utilisés en maquette pour fabriquer petites figurines, soldats, chevaux, canons… ou encore pour la création de bijoux, médailles, pièces, boutons, etc. L'alliage utilisé pour les petits soldats est composé de 60 % de plomb, 10 % d'étain et 30 % de bismuth. Son point de fusion est de 140°C. L'alliage pour figurines est le seul métal qui se dilate, contrairement au plomb et à l'étain. Le mélange des trois métaux lui confère un équilibre et une stabilité qui évitent le retrait. Cet alliage ayant un bas point de fusion, on lui adjoint du bismuth et de l'antimoine afin de lui permettre de rester liquide plus longtemps.

Astuce

Pour vos premières coulées, préférez l'alliage conditionné sous forme de tablette, doté d'un point de fusion de 140°C. Comme il est tendre, cassez chaque morceau par simple pression.

Mode d'emploi

La reproduction de figurines (ici, des soldats de plomb)

• **Création du moule.** Utilisez un élastomère de silicone particulier, de couleur rouge, seul produit pouvant être utilisé pour des coulées de métaux à bas point de fusion. C'est en effet un silicone résistant à des températures élevées, pouvant aller jusqu'à un maximum de 360°C (au-delà, le silicone brûle, et le moule ne résisterait pas à plus d'une ou deux coulées). Reportez-vous au chapitre 9, *Moule bateau à deux pièces*, pp. 77-78 pour réaliser votre moule. Pour réunir parfaitement les pièces du moule et obtenir une pression égale sur toute la surface, placez deux planchettes de bois de chaque côté et serrez avec des serre-joints ou des pinces spéciales.

Attention

Évitez de fermer le moule avec des élastiques. S'il arrivait que des gouttes de métal fondu coulent dessus, le caoutchouc casserait, entraînant l'ouverture du moule et la coulée du métal liquide sur le plan de travail.

Prévoyez un **trou de coulée** en forme d'entonnoir, suffisamment gros pour pouvoir contenir une assez grande quantité de métal en fusion et l'empêcher de refroidir trop vite. La masse de produit permettra également, par pression, de remplir rapidement le moule jusqu'aux extrémités de chaque cavité.

Astuce

Pour éviter au métal de refroidir trop vite, surtout dans le cas de modèles à cavités fines et longues (avec épée, lance, plumet...), chauffez préalablement le moule sur une source de chaleur sans flamme comme un radiateur, ou à l'intérieur d'un four éteint, préalablement chauffé à environ 70-80°C.

Les trous de coulée sont ici situés à la base du moule. Les filaments de métal du tirage correspondront aux évents réalisés dans le moule.

Le métal doit être **fondu** dans un petit creuset muni d'un long manche.

Attention

Préférez les creusets munis d'un manche en bois. En effet les manches en plastique finissent par ramollir sous l'effet de la chaleur, et le poids du métal fondu ferait alors bouger la tige métallique et renverserait brusquement le creuset au moment du remplissage du moule… ce qui pourrait être la cause d'accidents graves !

Placez le creuset sur une plaque chauffante. Dès qu'il ne reste plus qu'un ou deux morceaux de métal non fondus sous forme d'îlots (c'est un bon repère pour obtenir la température optimale), retirez-le du feu. Le métal continuera alors à fondre. Dans le cas d'un alliage trop chauffé (plusieurs centaines de degrés), apparaissent rapidement en surface des zones bleuâtres foncées.

Astuce

Pour trouver le point de fusion idéal, plongez l'extrémité non soufrée d'une allumette dans l'alliage fondu. Si ce bout ressort presque blanc, l'alliage n'est pas assez chaud. S'il est consumé, il est trop chaud. Si le bout est simplement bronzé, il est prêt à être utilisé.

Le métal, en chauffant, dépose en surface une pellicule foncée appelée *crasse*, résultant de toutes les impuretés qu'il contient. Retirez cette pellicule en effleurant la surface avec un couteau ou une spatule. Avant chaque **coulée**, talquez le moule pour faciliter la coulée du métal jusque dans les moindres recoins, et le démoulage ultérieur.
Versez le métal liquide rapidement et sans vous arrêter jusqu'à ce que le cône de coulée soit rempli à ras bord. Laissez refroidir dix minutes environ, puis ouvrez le moule. Retirez le tirage encore chaud à l'aide d'une pince. Débarrassez-le des bavures éventuelles, du cône de coulée et des évents. Ôtez les inégalités avec une lime douce. Pour finir, frottez avec de la laine d'acier.

• **Patine et décoration.**
Pour donner un aspect vieilli au tirage, utilisez des patines spéciales pour plomb et étain. Pour peindre votre tirage, vous pouvez utiliser au choix : de la peinture spéciale à base de résine (utilisée par les maquettistes et les figurinistes), ou de la peinture à l'huile, employée surtout par les professionnels. La peinture à l'huile nécessite un temps de séchage très long et, dans le cas de superpositions, il faut attendre près de 10 h avant d'appliquer une seconde couche.
Vous pouvez également employer de la peinture dite *Alkyde*, permettant un séchage beaucoup plus rapide, tout en ayant la même technique d'application que la peinture à l'huile. Terminez en passant un vernis protecteur compatible avec la peinture choisie.

Pour ces soldats, les têtes ont été réalisées à part, ce qui entraîne un travail minutieux de ponçage et d'assemblage. (Placez une vis coincée entre les deux parties du moule avant la coulée pour créer l'emplacement de la tête ; après refroidissement, dévissez.)

Création M. Lemoine, Dax

Techniques de tirage

12

Il existe plusieurs manières d'effectuer un tirage à partir d'un moule, correspondant à des techniques différentes de remplissage du moule : la coulée directe en masse, la coulée au renversé et le tirage par estampage ou à l'imprimé.

La coulée directe en masse

C'est la méthode la plus rapide et la plus simple. Elle consiste simplement à remplir l'intérieur du moule avec le produit de reproduction (la grande majorité des tirages utilise le plâtre comme matériau de coulée).
Pour éviter la formation de bulles d'air, appliquez, au préalable, une première couche d'impression au pinceau pour bien imprimer le moule jusque dans ses moindres recoins.
Si nécessaire, inclinez-le lors de la coulée afin de bien faire pénétrer le produit, surtout pour les modèles comportant des contre-dépouilles.
Dans le cas d'un moule **à creux perdu,** le produit ne peut être préalablement étendu. Si sa taille le permet, remplissez le moule à moitié, puis videz-le tout en le tournant. Remplissez à nouveau, le long de la paroi, en veillant à verser le produit un filet fin et en inclinant le moule à 45° pour éviter les remous. Pour permettre aux éventuelles bulles d'air de remonter en surface, faites vibrer le produit en tapotant les parois du moule par petits coups secs.
Dans le cas d'un moule **chaussette en latex**, remplissez le moule aux trois quarts, pressez-le en le pinçant (toujours pour chasser les bulles éventuelles), et coulez le restant du produit de reproduction jusqu'au remplissage total du moule.

Ci-contre : Atelier Lorenzi

La coulée à la volée

Ce procédé ancien ne s'applique qu'à des moules de petite ou moyenne taille, faciles à manier et pour des matériaux de coulée à prise moyennement rapide comme le plâtre, le chocolat, le sucre cuit et certaines résines. (Technique présentée par M. Bourgeois, atelier Moulage de la Manufacture de Sèvres.)

1 Commencez par effectuer une première couche d'impression du moule au pinceau.

2 Refermez le moule et remplissez-le à environ un tiers de sa contenance avec le matériau de coulée.

3 Faites-le alors pivoter sur lui-même dans un mouvement rotatif afin que le produit se répande sur les parois. Continuez l'opération jusqu'à ce que le produit prenne. Répétez éventuellement l'opération. Si le diamètre du trou de coulée le permet, retirez le surplus de produit avec la main.

Il ne vous reste plus qu'à ouvrir le moule pour découvrir votre tirage.

La coulée au renversé

Cette technique de coulée est fréquemment utilisée dans l'industrie et par divers artisans (céramistes, chocolatiers, pâtissiers, créateurs d'effets spéciaux, etc.). Le but est d'obtenir un tirage creux et fin, d'une épaisseur régulière, avec des matériaux comme la barbotine, le latex, le chocolat, la gelée, la résine, le plâtre, le ciment, etc.

1 Il s'agit de remplir directement le moule avec le matériau de reproduction. Dans le cas d'un tirage effectué à la **barbotine**, comme ici (mais également dans le cas d'un tirage au latex), le moule doit obligatoirement être réalisé en plâtre avec un trou de coulée ayant la forme d'un entonnoir pour servir de nourrice.

Remplissez le moule à ras bord avec le matériau de coulée. Poreux, le plâtre va absorber l'eau contenue dans le produit, ce qui va entraîner une baisse consécutive du niveau de la coulée. Comblez-la régulièrement par l'ajout de barbotine ou de latex, le temps d'absorption variant selon la qualité du plâtre utilisé pour le moule, la fluidité du matériau de tirage et l'épaisseur désirée.

2 Attendez quelques instants : le moment choisi dépend de la rapidité d'absorption du moule. Videz alors le moule en le retournant lentement pour permettre au matériau encore liquide (ici de la barbotine) de s'écouler. Placez alors le moule en position renversée sur deux tasseaux de bois et tapotez-le, ou secouez-le par petits coups secs, pour permettre au surplus de couler.

3 Dès qu'il semble vide, posez-le à l'envers sur un seul tasseau de bois pour le laisser s'égoutter.

4 Répétez l'opération deux à trois fois en fonction de l'épaisseur désirée. Attendez bien que la dernière couche ne coule plus avant d'en ajouter une autre. Veillez à bien dégager, avant chaque nouvelle coulée, le pourtour du trou de coulée (la pellicule formée par le matériau ayant pris à la surface du moule risquerait de l'obstruer ou de gêner la coulée suivante).

5 Après la prise, procédez au démoulage et dégagez votre tirage.

Astuce

Pour obtenir un tirage creux complètement fermé comme le socle d'une statuette, bouchez-en l'orifice avec une planchette de bois ou une plaquette de verre avant de retourner le tout.

Le tirage par estampage ou à l'imprimé

C'est une méthode économique (elle nécessite une moindre quantité de produit de reproduction), qui permet également de réaliser des tirages plus légers (ce qui est appréciable lorsqu'il s'agit de pièces importantes ou d'un matériau lourd).

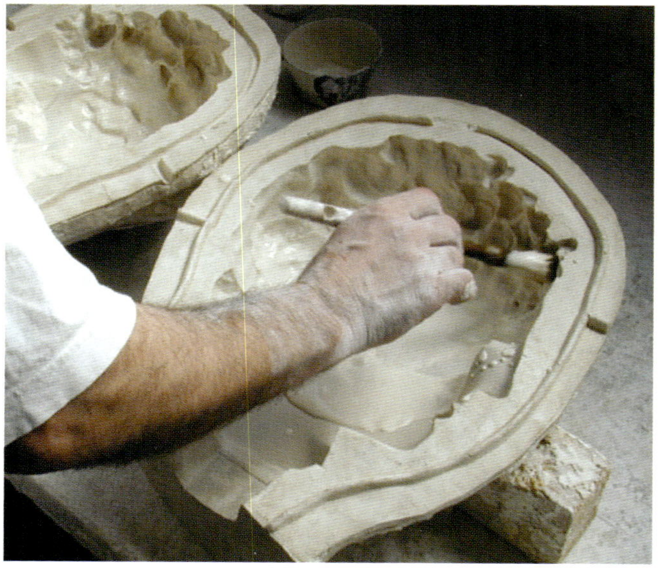

1 Appliquez une première couche d'impression au pinceau à l'intérieur du moule.

1Bis. Vous pouvez également, en vue d'obtenir un tirage solide, choisir d'imprimer à la main des couches épaisses les unes sur les autres (au lieu du pinceau). Cette méthode a cependant l'inconvénient d'alourdir la pièce et d'utiliser plus de produit.

2 Toujours pour obtenir un **tirage solide**, vous pouvez choisir de renforcer le tirage en apposant sur la première couche un matériau de renfort qui sera stabilisé par une deuxième couche. Pour le plâtre et la pierre reconstituée, ajoutez de la filasse ou une toile imbibée de plâtre. Pour les résines et la cire : du mat ou des tissus de verre. Pour le latex et les silicones : du verranne ou des morceaux de bas nylon. Si la taille du moule est importante, consolidez-le avec des tiges de métal, du grillage, du fer ou des tasseaux de bois, maintenus avec de la filasse trempée dans du plâtre.

3 Procédez ensuite, toujours au pinceau, à l'application des couches suivantes jusqu'à obtention de l'épaisseur souhaitée. Dans le cas d'un **moule à pièces**, comme ici, il faut estamper séparément chaque pièce avant de reconstituer le moule.

4 Refermez ensuite le moule en le serrant fortement.

5 Procédez alors à une petite coulée qui va permettre aux pièces de se solidariser.

6 Laissez prendre et démoulez.

Imitations et patines

13

Surtout si vous avez choisi le plâtre comme matériau de reproduction, il est conseillé de procéder à un certain nombre de finitions pour protéger, renforcer, décorer la surface du tirage, voire même lui rendre son aspect original. Vous pouvez soit lui donner ce que l'on appelait autrefois une patine (le terme perdure encore) et que les professionnels désignent aujourd'hui sous le terme d'imitation, soit la transformer ou la décorer en utilisant divers produits tels que le gel-coat, les vernis céramique ou les vernis vitrail, la patine noire ou brune, la dorure liquide ou en aérosol, la cire métallisée en pâte, la cire d'antiquaire, la peinture à maquette… Toutes sortes de peintures peuvent être utilisées. Choisissez-les en fonction du support. Si vous préférez obtenir une **coloration en masse**, vous devez la prévoir avant la coulée en ajoutant divers pigments au matériau de reproduction. Veillez dans ce cas à l'homogénéité du mélange.

Attention

Avant d'intervenir sur votre tirage, il faut vous assurer qu'il est parfaitement sec, quel que soit le matériau de reproduction utilisé.

La patine à la gomme-laque

Appliquer une patine consiste à modifier l'aspect de surface d'un tirage brut pour imiter, le plus parfaitement possible, les caractères de matières naturelles comme le bois, les pierres, les métaux, le marbre, la terre… voire les caractéristiques d'une époque, d'un style.
La technique de patine à la gomme-laque tient à l'utilisation de vernis gomme-laque comme liant pour réaliser les teintes. Elle peut être appliquée sur tout type de supports, y compris les supports poreux comme le plâtre ou la résine. Toutefois, la tenue dans le temps et l'accroche seront meilleures sur un support absorbant que sur un support lisse et fermé.
La gomme-laque est soluble dans l'alcool et possède des propriétés adhésives remarquables. Elle pénètre les supports poreux et permet ainsi de ne pas rajouter d'épaisseur au tirage.

Mode d'emploi

• **Préparation.** Le vernis gomme-laque est le plus souvent commercialisé sous forme de paillettes à diluer dans de l'alcool à 95°, 48 h avant application. Il existe également sous forme de vernis prêt à l'emploi, donc déjà dilué, mais il est alors d'un coût plus élevé.
Le vernis gomme-laque est de couleur ambre foncé transparente. Si vous désirez l'utiliser pour des patines imitant le marbre, l'ivoire ou une autre matière claire, procurez-vous un vernis gomme-laque spécifique, déjà éclairci à cet effet. La fluidité adéquate du vernis est fonction de la qualité du plâtre et de son degré d'absorption.

Attention

Pour déterminer la fluidité adéquate, procédez au moins à un test sous le socle ou sur un échantillon de même matière. Effectuez trois ou quatre applications successives de vernis gomme-laque, en laissant sécher entre chaque couche avant de poser la suivante. Si la surface devient brillante, cela signifie que le vernis est trop épais. Diluez-le en ajoutant de l'alcool à 95° et recommencez le test.

Astuce

L'idéal est de découper une palette dans un carton d'emballage absorbant, qui permet de mieux effectuer le mélange pigments/vernis que sur des surfaces lisses comme le verre ou le plastique.

Avant de démarrer votre travail, placez le tirage devant recevoir la patine sur une tournette de potier pour faciliter l'accès à tous les côtés. S'il est lourd, posez-le simplement. S'il est léger, fixez-le en déposant sous son socle un filet de colle contact néoprène.
Le choix des **pinceaux** est très important. La rapidité de passage et la manière de poser les couleurs dépendent en effet du volume de leurs soies. Pour le vernis gomme-laque, choisissez une brosse à rechampir, pinceau idéal pour la pose des pigments. Reportez-vous au tableau et aux recettes indiquées qui suivent pour le choix des pigments.

Choix des pigments selon les imitations de matière souhaitées

Matériau	Base	Vieillissement
Terre cuite ancienne	Vernis + ocre rouge, ocre jaune, terre de Sienne naturelle, terre d'ombre et blanc de titane	- Encaustique + ocre jaune, terre de Sienne, - Talc + terre d'ombre et ocre jaune
Marbre	Vernis + blanc de titane et ocre jaune	- Encaustique + blanc de titane et bleu de Prusse - Talc + terre d'ombre
Bois	Vernis + terre d'ombre brûlée et noir d'ivoire	- Encaustique + noir de fumée, blanc de titane et terre d'ombre
Bronze antique	Vernis + noir d'ivoire, vert anglais, vert oxyde de chrome, ocre rouge et terre d'ombre naturelle Dorure : Vernis + poudre de bronze	- Encaustique + vert anglais, vert oxyde de chrome, ocre rouge et terre d'ombre naturelle - Talc + vert anglais, vert oxyde de chrome et terre d'ombre

Astuce

Dégraissez un tirage en résine au préalable avec de l'alcool à 95°C. Au besoin, matez la surface en la frottant doucement avec de la laine d'acier fine. En effet, le vernis tient mieux sur une surface mate que sur une surface brillante.

Pour **appliquer la patine**, tapotez lentement la surface du bout des soies. Évitez de peindre en lissant : vous risqueriez de racler le pinceau sur les reliefs ou les arêtes et ainsi de le vider de son contenu. Nettoyez de temps en temps le pinceau avec de l'alcool à 95° pour qu'il n'empâte pas et ne perde pas sa souplesse.

Première étape de la patine

Les recettes

Imitation terre cuite ancienne

• **Coloration.** Déposez sur la palette un peu de pigments ocre rouge, blanc de titane, terre de Sienne naturelle, terre d'ombre et ocre jaune. Trempez votre pinceau dans le vernis gomme-laque et prélevez un peu de chaque couleur. Mélangez le tout sur un coin de la palette jusqu'à obtenir une teinte légèrement rosée, semblable à celle des objets antiques découverts dans un site archéologique comme des lampes à huile. Appliquez le vernis coloré. Recommencez l'opération afin de couvrir intégralement le support. Pour réaliser des contrastes, variez la quantité de couleur prélevée. Attendez deux à trois heures entre chaque application pour éviter de dissoudre la précédente.

• **Vieillissement.** Votre tirage semble maintenant en terre cuite neuve. Pour plus de charme et d'authenticité, mieux vaut donc lui apporter quelques nuances ! Préparez une encaustique naturelle de fluidité comparable à celle de la cire liquide, en faisant dissoudre quelques copeaux de cire vierge dans de l'essence de térébenthine. Prévoyez une dose de cire pour trois doses d'essence. Laissez dissoudre 48 h en remuant de temps en temps. Prélevez un peu de cette préparation et ajoutez-lui un peu de pigments ocre jaune, terre de Sienne naturelle et ocre rouge.

Attention

La teinte de l'encaustique doit être légèrement plus claire que celle de la gomme-laque colorée recouvrant le support.

Avec un pinceau-brosse, badigeonnez toute la surface de la pièce en insistant bien dans les creux. En fonction de la température ambiante, attendez 5 à 10 mn que l'essence s'évapore et que l'encaustique épaississe. Essuyez toute la surface du support avec un chiffon doux. Dans les creux ou reliefs difficiles d'accès, retirez le surplus d'encaustique avec le bout du pinceau-brosse et essuyez sur un chiffon. Veillez à en laisser un peu pour que le talc puisse adhérer. Laissez reposer environ 15 mn. Pour donner un effet de poussière dans les creux, mélangez à du talc un peu de pigment terre d'ombre et ocre jaune. Saupoudrez le tirage de talc coloré en tapotant à l'aide d'un pinceau-brosse souple. Laissez l'encaustique durcir pendant 10 h environ. Retirez le surplus de talc avec le pinceau-brosse. Au besoin, soufflez dans les petits creux et les contre-dépouilles et frottez, sans lustrer, avec un chiffon de laine.

Imitation bronze antique

• **Coloration.** Procurez-vous un objet ancien en bronze qui vous servira de modèle pour l'intensité et la nuance des couleurs. La recette de la coloration de base est identique à celle de la terre cuite ; seules les couleurs des pigments diffèrent. Appliquez un mélange de vernis gomme-laque et de pigments noir d'ivoire, vert anglais, vert oxyde de chrome, ocre rouge et terre d'ombre naturelle. Contrastez en variant la proportion de tel ou tel pigment. Laissez sécher 2 h environ, puis déposez de la poudre dorée très fine sur la palette en carton. Fabriquez un tampon légèrement bombé avec un chiffon. Imbibez-le de vernis gomme-laque et tapotez-le sur la palette en carton jusqu'à ce que le vernis n'en sorte plus. Prélevez un peu de poudre dorée et essuyez aussitôt le tampon sur la palette pour éviter les phénomènes d'empâtement. Déposez la poudre d'or sur les reliefs, toujours plus dorés que les parties basses ou les creux. Chargez plus fortement les reliefs prédominants de poudre dorée pour donner l'impression de reflets de lumière.

Original (en bas à droite) et différentes patines réalisées en changeant les couleurs des pigments.

• **Vieillissement.** Laissez sécher une dizaine d'heures. Puis recouvrez toute la pièce d'une encaustique chargée de pigments vert anglais, vert oxyde de chrome, ocre rouge et terre d'ombre naturelle. Sans attendre le séchage, essuyez légèrement votre cire teintée avec un chiffon afin de dégager les effets de dorure. Poudrez avec du talc teinté de vert oxyde de chrome, vert anglais et terre d'ombre. Attendez de nouveau une dizaine d'heures et enfin, finissez en lustrant à l'aide d'un chiffon de laine pour donner un effet de brillance métallique.

• **Ces deux recettes constituent les bases des patines.** Pour obtenir des variations de teintes dans les terres cuites et les bronzes, ou pour imiter d'autres matériaux, créez vos propres recettes en jouant sur les pigments et les poudres de votre choix (cuivre, aluminium, etc).

Exemples de techniques décoratives sur tirages en plâtre (de gauche à droite) : imitations vert-de-gris, terre cuite, albâtre

La décoration

Divers produits peuvent être utilisés pour transformer ou décorer vos tirages, et ce quel que soit le matériau de reproduction utilisé. Ces produits et leurs techniques d'application permettent d'obtenir des effets qui peuvent parfois s'approcher des patines.

La peinture acrylique

Imitation vert-de-gris

La peinture acrylique peut être utilisée sur de nombreux supports. Les magasins spécialisés en loisirs créatifs et artisanat vendent des ensembles prêts à l'emploi où sont réunies les trois couleurs nécessaires (vert foncé, vert clair, bleu clair) pour une imitation vert-de-gris. Pour votre premier essai, procurez-vous un objet en cuivre, laiton ou bronze vert-de-grisé pour vous servir de modèle. Sur des supports poreux ou métalliques, passez au préalable un bouche-pores ou une couche primaire d'accrochage.

• **Mode d'emploi.** Avec un pinceau-brosse à poils souples, appliquez d'abord le vert foncé sur toute la surface du tirage pour la recouvrir entièrement. Laissez sécher 30 mn environ. Teintez alors certains reliefs avec le vert clair. Pour cela, prélevez un peu de peinture à l'aide d'une brosse à pochoir à poils courts, essuyez-la sur un chiffon, et appliquez-la en tapotant, tout en balayant la surface.

Après séchage, appliquez de la même manière du bleu clair. Éventuellement, après séchage, appliquez au doigt un peu de cire métallisée (cuivre, bronze, ou doré). Pour ce faire, passez le doigt sur la cire sans appuyer, essuyez-le pour ne garder que la quantité nécessaire et effleurez la surface du modèle en effectuant un mouvement circulaire. Laissez sécher 2 h environ, et frottez avec un chiffon de laine.

Attention

Veillez à ne pas encrasser ou remplir les creux.

Imitation albâtre ou marbre clair sur plâtre

• **Préparation** (à faire la veille). Préparez la quantité d'encaustique naturelle nécessaire selon la taille du tirage en râpant un morceau de cire vierge et en le faisant fondre dans de l'essence de térébenthine. Comptez une dose de cire pour quatre à cinq doses d'essence. Laissez reposer 24 h.

• **Pose.** Recouvrez entièrement le tirage avec une ou deux applications de peinture acrylique blanche légèrement diluée. Laissez sécher plusieurs heures entre les couches. Attendez 24 h environ après la dernière, et appliquez l'encaustique préparée la veille sur l'ensemble de la pièce, à l'aide d'un pinceau-brosse. Laissez sécher 2 h au minimum, puis frottez avec un chiffon de laine et du talc.

Astuce

Vous pouvez également utiliser des encaustiques teintantes pour obtenir d'autres effets.

Le gel-coat

Le gel-coat est une résine polyester chargée, se présentant sous la forme d'un gel translucide légèrement rosé auquel est ajouté un catalyseur afin de le durcir. Cette résine prête à l'emploi est non coulante et applicable au pinceau-brosse par stratification à l'intérieur des moules (élastomère de silicone, plâtre), même si ces derniers sont positionnés verticalement. (Pour plus de précisions, reportez-vous au chapitre 11 *Les matériaux de coulée : la résine polyester*, p. 107 et suiv.)

Imitation métal

• **Mode d'emploi.** Vous pouvez préparer vous-même votre gel-coat en ajoutant à la

Attention

L'Aérosil est très volatile. Manipulez-le le plus lentement possible. Pour plus de sécurité, protégez-vous en portant un masque.

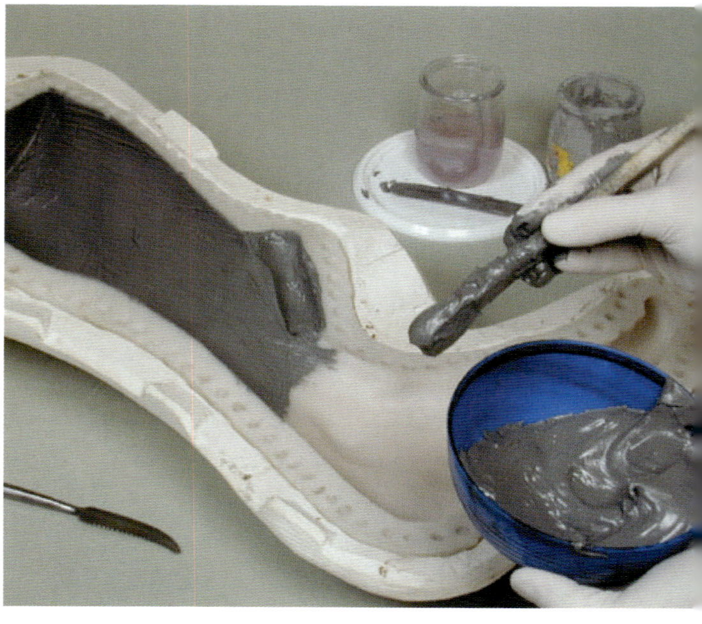

résine assez de silice en poudre très fine (Aérosil) pour qu'elle prenne la consistance d'une pommade.
Ajoutez-lui la charge colorante ou la poudre de votre choix (ici de la poudre d'aluminium). Mélangez pour obtenir une préparation homogène. L'intérêt du gel-coat est qu'il permet d'utiliser une quantité réduite de charge, la poudre restant en suspension dans le mélange (certaines poudres métalliques sont onéreuses !). Procédez alors à la première application à l'aide d'un pinceau. Après la prise, préparez de la résine polyester liquide en lui ajoutant son catalyseur, et appliquez-la sur le gel-coat. Vous pouvez également verser la résine liquide en masse.

Vous pouvez renforcer en posant du mat de verre entre deux couches de résine liquide.

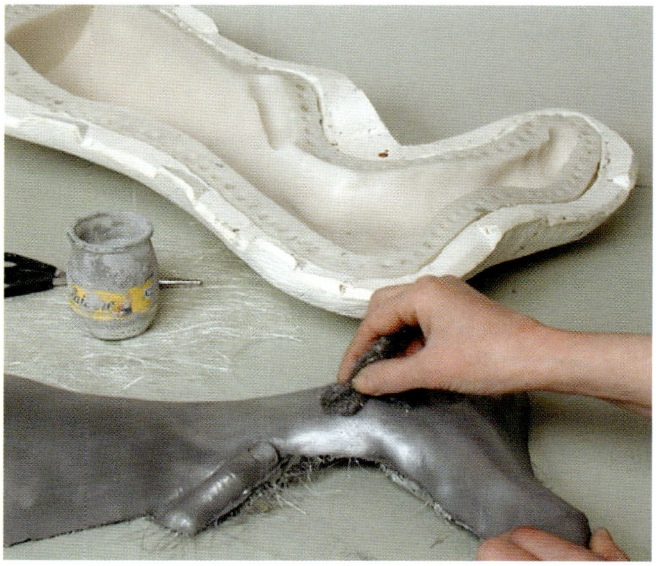

Après la prise de la résine, démoulez et frottez avec de la laine d'acier fine légèrement humidifiée pour retrouver les grains de poudre métallique. Il ne vous restera plus qu'à polir la surface du tirage pour lui conférer les effets de brillance du métal.
Vous obtiendrez de très bons résultats avec l'ensemble des poudres métalliques (laiton, cuivre, bronze, aluminium, etc.).

(réalisé à l'Atelier Gérard)

La peinture acrylique ou à l'huile offre une excellente durabilité des décorations. (Soldats napoléoniens, peints par C. Pascal, J.-M. Abadie et M. Gauthey, Sté Prince August)

Le vernis céramique

Le vernis céramique s'utilise sur tous supports (notamment le plâtre et la résine). Les couleurs sont miscibles entre elles, ce qui permet d'obtenir une gamme étendue de teintes.

• **Mode d'emploi.** Pour des matériaux absorbants, appliquez une sous-couche pour couleur céramique afin de boucher les pores. Une fois sèche, passez le vernis en couches fines à l'aide d'un pinceau doux pour éviter les bavures. Avant de superposer d'autres couleurs, attendez que la première couche soit bien sèche. Le travail terminé, couvrez pour protéger la pièce de la poussière dans l'attente du séchage définitif.

Le vernis vitrail

Ce vernis brillant et transparent peut être appliqué sur des tirages en plâtre ou en résine. Il se décline en différentes couleurs, miscibles entre elles. Il se dilue à l'essence de térébenthine. Ce produit donne un effet de profondeur, idéal pour peindre, par exemple, l'intérieur des yeux d'une tête de poupée réalisés en résine.

• **Mode d'emploi.** Appliquez-le rapidement avec un pinceau souple, le produit séchant assez vite. Le travail de décoration effectué, couvrez pour le protéger de la poussière.

La patine noire ou brune

Vendue prête à l'emploi en tube, la patine noire ou brune sert à vieillir les creux des pièces en plâtre ou en résine, peintes ou brutes de tirage.

• **Mode d'emploi.** Appliquez la patine à la brosse en tamponnant, essuyez les reliefs et laissez sécher. Vous pouvez ensuite passer au doigt, au chiffon ou au pinceau, de la dorure en pâte, des cires d'antiquaire, du cirage, etc. Pour rendre ce produit plus liquide, vous pouvez le diluer avec de l'essence de térébenthine ou de pétrole.

La dorure liquide

Elle existe en plusieurs couleurs, les teintes argent, or pâle, antique, classique, cuivre, étant les plus couramment utilisées. Réservez-la aux tirages en plâtre ou en résine.

• **Mode d'emploi.** Avec un pinceau souple, étalez le produit sur toute la surface de la pièce. Après séchage, enduisez avec du noir ou du brun de patine. Retirez le surplus de matière avec un chiffon doux.
Pour donner l'aspect d'une dorure ancienne avec des reflets rougeâtres (comme des moulures de vieux cadres), appliquez d'abord une sous-couche appelée *assiette à dorer*.

La dorure en aérosol

De couleur or pâle, clair ou foncé, aluminium, ou cuivre, la dorure en aérosol s'applique sur les tirages en plâtre ou en résine.

• **Mode d'emploi.** Protégez le plan de travail avec un papier et vaporisez en effectuant un mouvement de va-et-vient de haut en bas ou de droite à gauche, tout en tournant autour de la pièce ou en la faisant tourner sur un support comme une tournette de table.
Veillez à vous placer à 20 ou 30 cm du tirage pour effectuer la vaporisation. Trop près, la peinture va se déposer avec des effets de coulures ; trop loin, la surface de l'objet deviendra granuleuse.
Après séchage, procédez à une seconde vaporisation si nécessaire. Vous pouvez éventuellement, en finition, appliquer du noir de patine dans les creux de la pièce et essuyer.

La cire métallisée en pâte

Réservez son utilisation aux tirages en plâtre ou en résine.

• **Mode d'emploi.** Enduisez la surface de la pièce de noir de patine légèrement dilué. Essuyez les reliefs avec un chiffon. Laissez alors bien sécher, avant d'appliquer la pâte au

doigt en effleurant les reliefs. Après séchage, passez une couche de vernis adapté à ce produit.

La cire d'antiquaire

La cire d'antiquaire permet d'apporter l'aspect du bois aux tirages en plâtre. Elle existe en divers coloris correspondant aux différentes essences de bois (acajou, noyer clair ou foncé, chêne, etc.).

• **Mode d'emploi.** Tamponnez l'ensemble de la pièce avec une brosse enduite de cire. Pour faciliter sa pénétration, chauffez avec un séchoir à main. Laissez sécher plusieurs heures et lustrez avec un chiffon doux.

La peinture à maquette

La peinture à maquette existe dans un grand nombre de couleurs mates ou brillantes et de couleurs métallisées. À base de résine polyuréthane, ces couleurs s'appliquent sur tout support avec un pinceau souple, elles sont miscibles entre elles. Très résistantes et couvrantes, elles ne nécessitent pas de vernis.

• **Mode d'emploi.** Laisser sécher la première couche avant d'en superposer d'autres. Pour simplement vieillir une pièce brute de tirage, enduire toute la surface avec la couleur noire mate et essuyer aussitôt avec un chiffon doux.

Bien d'autres produits de décoration de surface existent sur le marché. Vous pouvez également essayer ceux que vous possédez déjà. Un seul impératif préside en la matière : leur bonne tenue dans le temps !

Stockage des moules à la Manufacture de Sèvres

Annexes

Produit de moulage
Alginate

	Agents isolants									
Matériau du modèle	**Savon liqueur**	**Lubricérafine**	**Cire liquide**	**Alcool polyvinylique**	**Vaseline graisse**	**Eau**	**Rien**	**Impossible**	**Talc**	**Fécule ou amidon**
Aliment							●			
Bois			●							
Ciment	●					●				
Cire							●			
Corps humain							●			
Dorure							●			
Métal lisse							●			
Métal mat							●			
Mousse polyuréthane								●	●	
Paraffine							●			
Pâte à modeler					●					
Peinture							●			
Pierre poreuse	●					●				
Pierre lisse							●			
Plastiline							●			
Plâtre	●					●				
Résine lisse							●			
Résine mate							●			
Stéarine							●			
Terre cuite						●				
Terre crue humide						●				
Terre sèche	●				●					
Végétaux							●			
Vernis							●			
Verre					●		●			

Produit de moulage

Élastomère de silicone

Matériau du modèle	Agents isolants									
	Savon liqueur	Lubricérafine	Cire liquide	Alcool polyvinylique	Vaseline graisse	Eau	Rien	Impossible	Talc	Fécule ou amidon
Aliment							●			
Bois			●							
Ciment	●					●				
Cire							●			
Corps humain							●			
Dorure							●			
Métal lisse							●			
Métal mat							●			
Mousse polyuréthane								●	●	
Paraffine							●			
Pâte à modeler					●					
Peinture							●			
Pierre poreuse	●					●				
Pierre lisse							●			
Plastiline							●			
Plâtre	●					●				
Résine lisse							●			
Résine mate							●			
Stéarine							●			
Terre cuite						●				
Terre crue humide						●				
Terre sèche	●				●					
Végétaux							●			
Vernis							●			
Verre			●		●					

Produit de moulage

Latex

	Agents isolants									
Matériau du modèle	**Savon liqueur**	**Lubricérafine**	**Cire liquide**	**Alcool polyvinylique**	**Vaseline graisse**	**Eau**	**Rien**	**Impossible**	**Talc**	**Fécule ou amidon**
Aliment								●		
Bois							●			
Ciment	●					●				
Cire								●		
Corps humain								●		
Dorure								●		
Métal lisse							●			
Métal mat							●			
Mousse polyuréthane							●			
Paraffine								●		
Pâte à modeler						●				
Peinture								●		
Pierre poreuse						●				
Pierre lisse							●			
Plastiline								●		
Plâtre						●				
Résine lisse							●			
Résine mate							●			
Stéarine								●		
Terre cuite						●				
Terre crue humide								●		
Terre sèche	●									
Végétaux								●		
Vernis								●		
Verre								●		

Produit de moulage

Plastiline

	Agents isolants									
Matériau du modèle	**Savon liqueur**	**Lubricérafine**	**Cire liquide**	**Alcool polyvinylique**	**Vaseline graisse**	**Eau**	**Rien**	**Impossible**	**Talc**	**Fécule ou amidon**
Aliment								●		
Bois									●	
Ciment									●	
Cire									●	
Corps humain								●		
Dorure									●	
Métal lisse									●	
Métal mat									●	
Mousse polyuréthane									●	
Paraffine									●	
Pâte à modeler								●		
Peinture									●	
Pierre poreuse									●	
Pierre lisse									●	
Plastiline								●		
Plâtre									●	
Résine lisse									●	
Résine mate									●	
Stéarine									●	
Terre cuite									●	
Terre crue humide								●		
Terre sèche									●	
Végétaux									●	
Vernis									●	
Verre									●	

Produit de moulage
Plâtre et bandes plâtrées

	Agents isolants									
Matériau du modèle	**Savon liqueur**	**Lubricérafine**	**Cire liquide**	**Alcool polyvinylique**	**Vaseline graisse**	**Eau**	**Rien**	**Impossible**	**Talc**	**Fécule ou amidon**
Aliment			●							
Bois			●							
Ciment	●		●	●						
Cire							●			
Corps humain					●					
Dorure			●	●						
Métal lisse			●							
Métal mat			●							
Mousse polyuréthane			●							
Paraffine							●			
Pâte à modeler					●					
Peinture			●	●						
Pierre poreuse			●	●						
Pierre lisse				●						
Plastiline							●			
Plâtre	●	●								
Résine lisse			●							
Résine mate			●							
Stéarine							●			
Terre cuite	●					●				
Terre crue humide						●				
Terre sèche	●				●					
Végétaux					●					
Vernis			●	●						
Verre					●					

Moule
Plâtre

Matériau du tirage	Agents isolants										
	Savon liqueur	Lubri-cérafine	Cire liquide	Alcool poly-vinylique	Vaseline graisse	Eau	Alimen-taire vernis	Rien	Impossible	Talc	Fécule ou amidon
Barbotine								●			
Beurre							●				
Chocolat							●				
Ciment	●				●						
Cire					●	●					
Paraffine					●	●					
Stéarine					●	●					
Élastomère de silicone	●		●								
Étain								●			
Glace							●				
Glace royale							●				
Latex								●			
Margarine							●				
Mousse latex			●								
Mousse polyuréthane			●								
Pastillage											●
Pâte à modeler (estampage)										●	
Pâte d'amande (estampage)											●
Pâte époxy (estampage)										●	
Pierre reconstituée	●										
Plâtre	●	●									
Plomb								●			
Résine époxy			●	●							
Résine polyester			●	●							
Résine polyuréthane			●	●							
Saindoux							●				
Sucre cuit						●					
Sucre massé						●					
Terre (estampage)										●	

Moule
Élastomère de silicone

	Agents isolants										
Matériau du tirage	**Savon liqueur**	**Lubri-cérafine**	**Cire liquide**	**Alcool poly-vinylique**	**Vaseline graisse**	**Eau**	**Alimen-taire vernis**	**Rien**	**Impossible**	**Talc**	**Fécule ou amidon**
Barbotine									●		
Beurre								●			
Chocolat								●			
Ciment								●			
Cire								●			
Paraffine								●			
Stéarine								●			
Élastomère de silicone			●		●						
Étain										●	
Glace								●			
Glace royale								●			
Latex									●		
Margarine								●			
Mousse latex								●			
Mousse polyuréthane								●			
Pastillage											●
Pâte à modeler (estampage)										●	
Pâte d'amande (estampage)											●
Pâte époxy (estampage)										●	
Pierre reconstituée								●			
Plâtre								●			
Plomb										●	
Résine époxy			●								
Résine polyester			●								
Résine polyuréthane			●								
Saindoux								●			
Sucre cuit								●			
Sucre massé								●			
Terre (estampage)										●	

Moule
Alginate

	Agents isolants										
Matériau du tirage	**Savon liqueur**	**Lubri-cérafine**	**Cire liquide**	**Alcool poly-vinylique**	**Vaseline graisse**	**Eau**	**Alimentaire vernis**	**Rien**	**Impossible**	**Talc**	**Fécule ou amidon**
Barbotine									●		
Beurre									●		
Chocolat									●		
Ciment									●		
Cire								●			
Paraffine								●			
Stéarine								●			
Élastomère de silicone								●			
Étain									●		
Glace									●		
Glace royale									●		
Latex									●		
Margarine									●		
Mousse latex									●		
Mousse polyuréthane									●		
Pastillage									●		
Pâte à modeler (estampage)									●		
Pâte d'amande (estampage)									●		
Pâte époxy (estampage)									●		
Pierre reconstituée									●		
Plâtre											
Plomb									●		
Résine époxy									●		
Résine polyester									●		
Résine polyuréthane								●			
Saindoux									●		
Sucre cuit									●		
Sucre massé									●		
Terre (estampage)									●		

Moule
Latex

	Agents isolants										
Matériau du tirage	Savon liqueur	Lubri-cérafine	Cire liquide	Alcool poly-vinylique	Vaseline graisse	Eau	Alimen-taire vernis	Rien	Impossible	Talc	Fécule ou amidon
Barbotine									●		
Beurre								●			
Chocolat								●			
Ciment	●										
Cire								●			
Paraffine								●			
Stéarine								●			
Élastomère de silicone			●								
Étain									●		
Glace									●		
Glace royale									●		
Latex									●		
Margarine								●			
Mousse latex									●		
Mousse polyuréthane			●								
Pastillage									●		
Pâte à modeler (estampage)									●		
Pâte d'amande (estampage)									●		
Pâte époxy (estampage)									●		
Pierre reconstituée	●										
Plâtre	●										
Plomb									●		
Résine époxy			●								
Résine polyester			●								
Résine polyuréthane			●								
Saindoux								●			
Sucre cuit									●		
Sucre massé									●		
Terre (estampage)									●		

Moule
Plastiline

	Agents isolants										
Matériau du tirage	Savon liqueur	Lubri-cérafine	Cire liquide	Alcool poly-vinylique	Vaseline graisse	Eau	Alimen-taire vernis	Rien	Impossible	Talc	Fécule ou amidon
Barbotine									●		
Beurre									●		
Chocolat									●		
Ciment				●							
Cire									●		
Paraffine									●		
Stéarine									●		
Élastomère de silicone				●							
Étain									●		
Glace									●		
Glace royale									●		
Latex									●		
Margarine									●		
Mousse latex									●		
Mousse polyuréthane									●		
Pastillage									●		
Pâte à modeler (estampage)									●		
Pâte d'amande (estampage)									●		
Pâte époxy (estampage)									●		
Pierre reconstituée				●							
Plâtre				●							
Plomb									●		
Résine époxy				●							
Résine polyester				●							
Résine polyuréthane				●							
Saindoux									●		
Sucre cuit									●		
Sucre massé									●		
Terre (estampage)									●		

Glossaire

Moules en plâtre à la Manufacture de Sèvres

A

Agent isolant
Produit appliqué sur le modèle avant de procéder au moulage, ou à l'intérieur du moule pour empêcher l'adhérence avec le matériau de reproduction utilisé et faciliter le démoulage.

Alginate
Produit de moulage constitué principalement d'alginate de sodium, extrait d'algues marines (les *Phaeophyceae*) et de silice fossile appelé terre de Diatomée.

B

Barbes
Irrégularités de surface (reliefs) créées notamment au niveau du plan de joint dans le cas d'un moule à pièces.

Barbotine
Argile délayée dans l'eau employée soit dans la technique de façonnage des céramiques consistant à verser une barbotine dans le moule en plâtre, ou pour fixer les ornements rapportés sur des pièces de céramique.

Bas-relief
Ouvrage (terre, plâtre, bois, pierre, etc.) dont le relief est en faible saillie sur un fond uni, qui se démoule facilement.

Blanc de Meudon
Poudre de carbonate de calcium extrêmement pure et finement pulvérisée utilisée notamment dans la restauration de cadres.

Bouche-pores
Produit utilisé pour boucher les pores d'un matériau.

C

Catalyseur
Produit à mélanger dans l'élastomère ou la résine, qui permet la prise.

Chamottée (terre)
Terre contenant des terres cuites pulvérisées.

Chape
Coque permettant de réaliser la membrane souple d'un moule, souvent réalisée en plâtre et filasse. On parle alors de moule sous chape.

Charges
Produits en poudre ajoutés au matériau de tirage (résine, latex, plâtre, etc.) pour le renforcer, l'économiser ou modifier son aspect de surface.

Chaussette (moule)
Désigne la membrane souple d'un moule qui est retirée comme une chaussette.

Clés de positionnement
Encoches mâles et femelles permettant l'ajustage des différentes parties d'un moule.

Contre-dépouille
Partie rentrante ou en rétention du modèle, qui rend le démoulage délicat. Elle nécessite la fabrication d'un moule à pièces ou l'utilisation d'un moule flexible qui sera déformé pour permettre le démoulage.

Contre-moule
Support rigide permettant de maintenir et renforcer la membrane souple obtenue par estampage ; il est souvent réalisé en plâtre et peut être en une seule ou plusieurs pièces.

Creux perdu
Moule destiné à être cassé pour dégager l'épreuve, et que l'on ne peut donc utiliser qu'une seule fois.

D

Dépouille
Modèle ou forme se démoulant facilement, sans accrochage. On dit d'un objet à mouler qu'il est de dépouille.

E

Ébauchoir
Outil de modelage en bois en forme de spatule, dont les extrémités sont plates, rondes,

Application de patines dans l'atelier de Marc-André Figueres

biseautées, pointues ou recourbées.

Ébarber
Débarrasser un tirage des aspérités ou bavures inhérentes au moulage.

Élastomère (de silicone)
Matériau souple obtenu par polymérisation. L'élastomère de silicone est un produit de moulage visqueux qui vulcanise à température ambiante sous l'action d'un catalyseur.

Épreuve
Premier tirage réalisé dans un moule à partir d'un original.

Estampage
Technique d'application d'un produit de moulage en une ou plusieurs couches, à la main ou au pinceau.

Évent
Canal aménagé dans un moule pour permettre l'évacuation de l'air venant se bloquer aux endroits en forte contre-dépouille pendant la coulée du matériau de tirage ou de moulage.

F

Filasse
Filaments extraits de la tige du chanvre ou du lin, utilisés pour renforcer un moule (ou contre-moule) en plâtre.

G

Gâche
Préparation du plâtre ; elle s'effectue en ajoutant progressivement le plâtre en poudre dans l'eau.

Gesso
Préparation à base de blanc de Meudon, de plâtre et de liant acrylique ou colle de peau utilisé pour enduire et apprêter les surfaces.

Gel-coat
Mélange de résine et de silice en poudre appliqué au pinceau à l'intérieur d'un moule afin de rendre la résine non coulante.

Gomme-laque
Sécrétion produite par une cochenille de l'Inde, diluée dans l'alcool et utilisée comme bouche-pores ou pour réaliser des patines (voir *La patine à la gomme-laque*, p. 131 et suiv.).

Goujons de centrage
Encoches réalisées pour permettre un meilleur ajustage des différentes pièces d'un moule.

H

Haut-relief
Ouvrage (terre, plâtre, bois, pierre, etc.) dont les reliefs sont bien détachés du fond et présentent des parties rentrantes.

I

Imprimer
Première application d'un produit au pinceau pour éviter la formation de bulles.

Inhibition
Réaction chimique entre deux matériaux incompatibles, qui se traduit généralement par la non-prise du matériau de reproduction.

L

Latex
Produit constitué de caoutchouc naturel extrait de *l'Hevea brasiliensis*, utilisé comme matériau de moulage et de reproduction.

Coquillage et Coquille Saint-Jacques en résine colorée

Démoulage de la danseuse (technique de la cire perdue)

Lissage de la statuette (cire perdue)

M

Mat de verre
Matériau de renfort constitué de fibres de verre, d'épaisseur variable, qui permet de conférer au matériau sur lequel il est appliqué (la résine notamment) une meilleure résistance mécanique.

Mirette
Outil de modelage constitué de bandes ou fils métalliques montés à chaque extrémité dans un manche en bois pour former une boucle, et servant à retirer l'excédent de matière.

Modelage
Création d'un modèle en terre ou en pâte à modeler.

Moule
En une ou plusieurs pièces, il permet la reproduction. Le moule est soit autoportant, soit souple (membrane) et doté d'un contre-moule.

N

Noirs
Parties rentrantes d'un modèle, avec un fond plus large que l'ouverture (goulot), créant des zones d'accrochages.

P

Patine
Technique de vieillissement artificiel obtenue par coloration ou pose de vernis.

Plan de joint
Ligne qui délimite les différentes parties d'un moule.

Plastiline
Pâte à modeler spéciale pour le moulage, qui ne sèche pas et n'adhère pas.

Plâtre à modeler
Plâtre multi-usages pour modelage et tirage (les proportions du gâchage sont généralement de un pour un, c'est-à-dire 1 l d'eau pour 1 kg de plâtre).

Plâtre de synthèse
Plâtre très dur utilisé principalement pour le tirage de petites pièces (les proportions sont

ici d'un quart pour un, c'est-à-dire 25 cl d'eau pour 1 kg de plâtre).

Polymérisation
Processus chimique permettant à une base de passer d'un état liquide à un état solide.

R

Raisonner (un moule)
Action préalable à toute prise d'empreinte consistant à étudier et diviser la surface d'un modèle, afin de visualiser le moule fini (choix du produit de moulage, du nombre de pièces et de la technique à utiliser).

Rifloir
Ébauchoir métallique à bout rond, pointu, droit, triangulaire ou carré, recouvert de stries parallèles ou de petites piqûres, utilisé pour rectifier le modelage après séchage ou cuisson.

Réticulation
Se dit de la prise d'un élastomère.

Ronde-bosse
Ouvrage en relief dont les formes sont travaillées sur toutes ses faces (et donc autour duquel on peut tourner pour l'observer de tous les côtés).

RTV
Sigle signifiant *Room Temperature Vulcanising* et qualifiant tous les élastomères qui vulcanisent à température ambiante sous l'action d'un catalyseur.

S

Styrène
Hydrocarbure benzénique entrant dans la composition de nombreuses matières plastiques (comme par exemple le polystyrène).

T

Thixotrope
Qui ne coule pas.

Tirage
Multiple réalisé dans un moule à partir d'un original.

V

Verranne
Tissu de fibres de verre très fines utilisé pour renforcer les membranes en élastomère de silicone ou en latex.

Vulcanisation
Opération consistant à incorporer du soufre au caoutchouc afin d'améliorer sa résistance en lui conservant son élasticité.

Tirage d'une tête en plâtre et son moule à deux pièces - atelier Lorenzi

Adresses utiles

Association pour la connaissance et l'évolution du moulage
(A.C.E.M.)
Manufacture nationale de Sèvres
4, Grande Rue - 92310 Sèvres
Elle regroupe des professionnels qui recensent et perpétuent les techniques liées au moulage.
L'A.C.E.M organise des expositions et a élaboré la charte du moulage.

Où trouver le matériel ?

Pour trouver des adresses de magasins spécialisés dans la vente de matériel pour le moulage, vous pouvez :

- consulter les Pages Jaunes de France Télécom de votre département
- consulter les Pages Jaunes sur internet http://www.pagesjaunes.fr, pour étendre votre recherche aux départements voisins.

Ils sont répertoriés sous la rubrique « artisanat et travaux manuels : fournitures ».

Centres de formation et stages

La liste d'adresses donnée ci-dessous n'est en aucun cas exhaustive. Elle donne simplement des indications.

Les auteurs proposent des stages de moulage.
Pour plus de renseignements, contacter : Esprit composite
(Patrick Afghoun)
10, rue Brézin – 75014 Paris
Tél : 01 40 44 47 97
Fax : 01 40 44 49 51

LES ARTS ASSOCIÉS
17, rue de Cergy - 95000 Neuville-sur-Oise
Tél : 01-34-24-08-18.
François Plisson donne des cours de modelage et de moulage (plâtre, élasto, résine) dans son école d'art Les Arts Associés, à Neuville-sur-Oise (près de Cergy).

L'A.D.A.C. à Paris
www.adacparis.com
Propose des stages de moulage, sculpture (terre, plâtre, métal, pierre), fonderie, tirages en résines.

L'Art du moulage au service de la création
(Atelier de Jean-Pierre MAURY)
43, avenue du Maine - 75014 Paris
Tél. : 01 43 22 02 80
Propose l'apprentissage des bases de la sculpture par le modelage en terre, mais aussi le moulage en plâtre et élastomère de silicone, l'utilisation des résines, cires, ciment latex, chocolat et autres matières alimentaires (stages et cours à l'année)

Le G.R.E.T.A. Arts Appliqués
9, rue Pierre Bourdan - 75012 Paris
Tél. : 01 43 46 71 99
Fax : 01 43 41 00 69
Propose des stages de modelage et moulage (acquisition des méthodes traditionnelles de modelage et du moulage par le travail de la terre et du plâtre).

La Société d'Encouragement aux Métiers d'Art (S.E.M.A.)
Centre de ressources sur les Métiers d'Art
23, avenue Daumesnil - 75012 Paris
Tél :01 55 78 86 08
www.eurosema.com
Propose pour les demandeurs d'emplois qui souhaitent se perfectionner à l'issue d'une formation de base, des stages au sein d'ateliers conventionnés.

LENÔTRE (SA)
40, rue Pierre Curie - 78370 Plaisir
Tél : 01 30 81 46 46 (standard)
www.lenotre.fr
Propose des stages de moulage pour pâtissiers, confiseurs, glaciers, chocolatiers.

École nationale supérieure de la Pâtisserie
Montbarnier - 43200 Yssingeaux
Tél. : 04 71 65 72 50
www.ecoledelapatisserie.com
Propose des stages de moulage pour pâtissiers, confiseurs, glaciers, chocolatiers.

Adam Montparnasse
11 bd Edgar Quinet - 75014 Paris
Tél : 01 43 20 68 53
Stages de moulage

Enseignement technique et supérieur

Lycée technologique Henri Brisson
25, avenue Henri Brisson - 18100 Vierzon
Tél. : 02 48 52 74 00

Lycée Paul Langevin
3, avenue Montaigne - 60000 Beauvais
Tél. : 03 44 12 17 17
www.ac-amiens.fr

Lycée technique Auguste Renoir
24, rue Ganneron - 75018 Paris
Tél. : 01 45 22 35 83

Lycée de Sèvres
21, rue du Docteur Gabriel Ledermann - 92310 Sèvres
Tél. : 01 46 26 60 10
www.ac-versailles.fr

Centre de formation d'apprentis du bâtiment
80, rue Jean Joannon - 06600 Antibes
Tél. : 04 92 91 09 76

Lycée polyvalent Andréossy (B.T.P.)
1, rue Saint-François - 11400 Castelnaudary
Tél. : 04 68 23 14 78

Lycée professionnel de la céramique Henri Moisand
21110 Longchamp
Tél. : 03 80 47 29 30

Lycée polyvalent du Domaine du Gué-à-Tresmes
77440 Congis-sur-Therouanne
Tél. : 01 64 35 52 56
Fax : 01 64 35 59 56
Formation de staffeurs, ornemanistes ; préparation au CAP et Brevet des métiers d'art ; formation continue.

Lycée professionnel Mas-Jambost
7, allée du Maréchal Fayolle - 87100 Limoges
Tél. : 05 55 01 41 17

Institut de Céramique française
6, Grande Rue - 92310 Sèvres
Tél. : 01 41 14 06 40
Apprentissage, formation professionnelle, CFA des industries céramiques

Lycée technique Duperré, École supérieure des Arts Appliqués
11, rue Dupetit Thouars - 75003 Paris
Tél. : 01 42 78 59 09

École nationale supérieure de création industrielle
48, rue Saint-Sabin - 75011 Paris
Tél. : 01 49 23 12 12
www.ensci.com

École nationale supérieure des arts décoratifs
31, rue d'Ulm - 75005 Paris
Tél. : 01 42 34 97 00

École nationale supérieure des Arts Appliqués et des Métiers d'art
63, rue Olivier de Serres - 75015 Paris
Tél. : 01 53 68 16 90
Fax : 01 53 68 16 99
Sculpture, prototype, moulage.

École nationale supérieure des Beaux-Arts
14 rue Bonaparte - 75272 Paris Cedex 06

École nationale supérieure de céramique industrielle
47, avenue Albert Thomas - 87100 Limoges
Tél. : 05 55 45 22 22

Université Paris I, département Arts plastiques
www.univ-paris1.fr

Université Paris VIII, départements Arts Plastiques
2, rue de la Liberté - 93526 Saint-Denis cedex 02
Tél. : 01 49 40 66 02
www.univ-paris8.fr

École supérieure Arts Technique Environnement Publicité
16 bis, avenue Parmentier - 75011 Paris
Tél. : 01 40 09 14 10
www.atep.fr

Table des matières

Remerciements

Fernando Bayro,
pour la réalisation
en résine époxyde.

Francis Bueno et **Dominique Le Bidan**,
pour leur judicieuse relecture du manuscrit.

Jacques Chevallereau et **Anne Duffala**,
modèles des prises de vues
sur la restauration de cadres.

Lydie Delpech,
modèle de la tête en alginate.

Jean-Louis Guindollet, I.F.O.C.A.
(Institut national de formation
et d'enseignement professionnel
du Caoutchouc), ingénieur chargé
d'enseignement, spécialiste des technologies
du latex, pour ses précieux conseils.

Catherine Jan et **Pierre Bueno**,
pour les figurines en pâte
thermodurcissables.

Jacques Laurent,
Chef d'atelier moulage de la Réunion
des Musées Nationaux, Meilleur Ouvrier
de France 1986.

Micha Laury,
réalisation du gel-coat métal en résine.

Joseph Limousis,
mouleur spécialisé plâtre
et élastomère.

Michel Martel,
consultant en produits
et techniques de moulage.

J.-F. Martin,
réalisation des boutons de portes
en résines.

Maud Mazur,
modèle de la tête en bandes plâtrées.

Emmanuel Nguyen Ngoc
qui, par ses prises de vues,
a magnifiquement mis en valeur
tous les modèles de l'ouvrage.

Margaux Subirats et sa maman, **Cécile**,
modèles de la prise d'empreinte de la main
de bébé en alginate.

Catherine Talamoni,
coordinatrice éditoriale de l'ouvrage,
pour nous avoir accompagnés
tout au long de ce travail.

Jean-Michel Avanzini,
chef d'atelier, fondeur, mouleur à la Fonderie Avanzini- UCPI (fonderie d'art traitant tous les matériaux, or, argent, bronze, laiton. Toutes disciplines : orfèvrerie, luminaire, statuaire, bijoux - 3, rue d'Amiens - 93382 Pierrefitte Cedex). L'œuvre visible dans le reportage « Technique de la cire perdue », p. 20 (la danseuse) est de Patrick Laroche.

Guy Bohin,
secrétaire général de l'A.C.E.M. (Association pour la connaissance et l'évolution du moulage 4, Grande Rue - 92310 Sèvres). Guy Bohin est conseiller technique de la C.A.T. (Création Artistique et Technique).

Bernard Dupré,
artisan d'art (Atelier Ardustyl : restauration et création de cadres tous styles, dorure, lavis anciens - Viaduc des Arts - 87, avenue Daumesnil, 75012 Paris).

Alain Duverne,
marionnettiste, créateur des ***Guignols de l'info***, producteur d'émissions, (ateliers images et mouvements).

Danielle Allemand et **Stéphane Gérard** des Ateliers Stéphane Gérard (moulage des résines, plâtres et matériaux nouveaux, création de matières, équipement et locaux adaptés pour les séries et la pièce unique jusqu'à la finition : polissage, sablage, patine - réalisations pour institutions, musées, municipalités, architectes, galeries 91, quai Panhard et Levassor - 75013 Paris).

Didier Quessandier, responsable des ateliers **Stéphane Lannes**, **Bernard Coincé**, anciens mouleurs du musée Grévin à Paris.

Gérard Lemoine,
créateur de figurines en alliage plomb / étain (143, avenue Georges Clémenceau 40100 Dax).

Les Ateliers Lorenzi,
mouleur éditeur (reproductions de musées, moulages pour artistes, reproductions de monuments historiques : Assemblée Nationale, jardin des Tuileries, château de Sceaux - Décoration et patines, 19, rue Racine - 75006 Paris).

Georges Touzenis,
directeur de la Manufacture Nationale de Sèvres (4, Grande Rue - 92310 Sèvres),
Barbara Dassin de Montaigu, chargée de mission,
Alfred Delepine, chef de l'atelier de moulage tournage en plâtre,
Didier Bourgeois, mouleur, tourneur en plâtre,
Alain Coudreau, chef de l'atelier de petit coulage,
Jean-Claude Duvic démonstration de petit coulage.

René Martineze
la Poterie La Vieille Jarre (spécialiste de moulage et création d'articles de jardin en pierre reconstituée ZA La Grand Selva - 66530 Claira).

Gilles Oderigo,
sculpteur décorateur, de la Société Les Étains Du Graa (Moussy-le-Vieux). Gilles Odérigo est spécialiste, entre autres, de la sculpture et du modelage des résines époxydes.

François Plisson,
sculpteur, mouleur. Enseigne le modelage et plusieurs techniques de moulage au sein de son école *Les Arts Associés* à Neuville-sur-Oise. Il est aussi dessinateur B.D.

Sabine Petit,
AXON à Saint-Ouen-l'Aumône.

Jacqueline Brados,
Bärlocher France SA à Marseille Cedex 11.

François de Gouberville, Patrick Ode,
Codim à Aulnay-sous-Bois Cedex.

Marie Kunn,
Laboratoires Dentoria à Gentilly

M. Nuger,
Herbin Sueur

M. Daubaire,
Plâtres Lambert SA à Suresnes

M. Desobry,
Lamberty à Limoges.
Martine Sempéré,
Logistica

M. Mahloul,
Polyester 93 à Bobigny

Maria Carvalho,
Prince August à Thoiry.

Philippe Chartier,
Smith & Nephew au Mans.

Mme Marlin,
Sogeco à Ivry-sur-Seine.

Françoise Caron,
Solitaire à Courbevoie.

Fabrice Dervillez,
Philippe Lacroute et **Aldo**, Soloplast à Montreuil.

Crédits photos
Toutes les photographies de cet ouvrage ont été réalisées par Emmanuel Nguyen Ngoc, exceptées :
pages 8-9-11 (droite)-16-64-70 : Rhône-Poulenc ;
p. 19 (haut) : Gilles Oderigo ;
p. 41 : Laboratoires Dentoria ;
p. 50 (réalisation d'un élément de char) : Smith & Nephew ;
pages 59 à 61 : François Plisson ;
p. 65 : I.F.O.C.A ;
pages 72-136-137 : © avec l'aimable autorisation de Prince August, photos Dominique Breffort et Jérôme Boboh ;
p. 106 (bas) : Atelier *La Vieille Jarre.*

Aux Éditions Eyrolles,
des livres pour les métiers d'art
et les loisirs créatifs

SECRETS D'ARTISANS

J.-C. BIDAUX, Murs : plâtre, formes et volumes, 2002
J-P. DELPECH & M.-A. FIGUERES, Guide du moulage, 2001, 2006
X. DYEVRE, Vos meubles : entretien, restauration, 2002
M. O'DONNELL, Tournage de bois vert, 2004
T. BIRKS, L'Art de la Fonte de Bronze, Alchimie de la sculpture, 2006

L'ATELIER EN IMAGES

F. AARON, Peindre des meubles de brocante, 2005
G. BERNOUX, Émaux sur cuivre, 2002
A.-M. CHOAIN, Encadrement, décoration des baguettes, 2005
B. GRANIER, Encadrer avec naturel, 2001, 2004
B. GRANIER, Encadrement, jeux de matières, 2006
M.-A. FIGUERES & J.-P. DELPECH, Empreintes et moulages du corps humain, 2005
E. MACCOTTA-SOFFIATI, Créer ses bijoux en pâte polymère, 2006
I. SEMANCHUK-DEAN, Imitations en pâte polymère, 2005

LE GESTE ET L'OUTIL

A. AUSTIN, Travailler l'argent, techniques d'orfèvre, 2005
Y. BENOIT, Travailler le bois avec une machine combinée, 2001
Y. BENOIT, Mieux utiliser sa machine à bois combinée, 2004
G. BIDOU, Les bases du tournage sur bois, 2000
G. BIDOU, L'art du tournage sur bois, 2001
P. BRUNOT-FIEUX, L'Art de la reliure : bradel, demi-reliure, pleine peau, 2003
M. BURTON, Placage et frisage, 2002
J.-P. GRIMAUX, L'art de la sculpture sur pierre, 2004
S. O'KEEFFE, Techniques de la bijouterie, 2005
J. MC GRATH, Finitions en bijouterie, 2006
C. PYE, Gravure de lettres sur bois, creux et relief, 2002

GRAPHISME TECHNIQUE

M. DELGADO & E. REDONDO, Dessin d'architecture à main levée, 2005
D. HORNUNG, La Couleur : cours pratique, 2006
F. JULIAN & J. ALBARRACIN, Design industriel, dessin de conception, 2006
G. KRISZTIAN & N. SCHLEPP-ÜLKER, Croquis au marqueur - de l'idée au rough, 2006
K. MICKLEWRIGHT, Le Dessin : maîtriser son langage, 2006
G.-W. REID, Dessin d'architecture paysagère, 2006

GUIDES COULEURS

M. CLINCH, Nuancier de l'aquarelle, 1993, 2003
R. CUTHBERT, Nuancier de la peinture à l'huile, 1994, 2003
R. CUTHBERT, Nuancier du pastel, 1994, 2004
N. LOFTHOUSE, Nuancier des finitions de bois, 1993, 2001
I. SIDAWAY, Nuancier de l'acrylique, 1994, 2004
A. STARMER, Jeux de couleurs, décoration d'intérieur, 2006
M. CLINCH, Aquarelle, 2700 mélanges, 2006
I. SIDAWAY, Acrylique, 2700 mélanges, 2006

ARTISANAT

L. BERTHAUX, Le parfait serrurier : 250 modèles de ferronnerie (1856), 2001
E. BIGGS, Techniques de la mosaïque, 2000-2005
H. BOWEN, Bijoux en bois tourné, 2002
C. CONSTANT & S. OGDEN, Céramique : engobes et glaçures, 2001
J. CROCHEMORE, Meubles sculptés : motifs traditionnels, 2001
R. CUNNING, Encadrement, techniques et création, 1995, 2002
J.-P. DELPECH, M.-A. FIGUERES & N. MARI, Techniques du moulage, 1998
J.-P. DELPECH, M.-A FIGUERES & N. MARI, Techniques du latex, 1997
A. DENNING, Sculpture sur bois, 2000
P. DIAZ, Rénovation d'objets de brocante, 2000-2005
J. FIELDEN, R. GARNIER, P. DAVIDSON & B. LUCKHURST, Prendre soin de ses objets de collection, 2004
F. FOX-WILSON, Sculpter le bois : animaux, feuilles et fleurs, 2001, 2007
N. FRENCH, Céramique : profils et création, 2001
Ph. IRONS, Tournage sur bois, 2000
W.-E. MATTHES, Émaux et glaçures céramiques, 2002
A. LOPEZ SANTACRUZ, Patines et finitions à l'ancienne, 2000, 2005
S. MATTISON, Céramique, 1999
J. PLOWMAN, Sculpture, guide des finitions, 2005
J. PLOWMAN, Sculpture, techniques et création, 1998, 2002
G. RONDEAU, S. RONDEAU & M. PONS, Techniques et pratique du staff, 2000, 2004
G. SURNOM, 230 modèles de ferronnerie : lampadaires, lustres, appliques, guéridons, poignées et marteaux de porte, objets décoratifs, ornements d'église, 1968, 2002
G. SURNOM, 143 modèles de ferronnerie : grilles, portes, balcons, rampes, ascenseurs, 1955, 2002
L. TARDIO-BRISE, La poterie avec les enfants, 2006
D. WELDON, 580 profils de tournage : bois, plâtre, terre, 2002
COLLECTIF, Peindre sur bois, motifs norvégiens, 2000

GUIDES PRATIQUES

École Atelier de Restauration du Centre Historique du Léon (Espagne)
Taille de la pierre, 1999-2007
La Ferronnerie d'art, 1999
La chaux et le stuc, 2001

ET BIEN D'AUTRES TITRES A DECOUVRIR SUR WWW.EDITIONS-EYROLLES.COM

Achevé d'imprimer : février 2007
N° éditeur 7555
Imprimé en Italie

RACINE